天下文化
BELIEVE IN READING

社會人文 462

國家為什麼會成功

The Fix: How Nations Survive and Thrive in a World in Decline

Jonathan Tepperman
強納森・迪波曼 著　譚天 譯

獻給一開始就與我同行的亞莉克西絲（Alexis）、

吉洛米（Gerome）與諾維（Novi），以及最後與我會合的里奧（Leo）

目錄

推薦序

張善政

《國家為什麼會成功》是一本篇幅可觀，超過四百頁的書。我接到撰寫推薦序的邀請，心理壓力自不待言。對這樣篇幅的書，我習慣上是先看最後一章結論，再決定這本書值得細讀的章節。結果欲罷不能，很快瀏覽了大半。

欲罷不能，是因為一邊讀、一邊心驚肉跳，覺得看似書中都是在介紹其他國家，可是處處也都在暗指我們台灣的困境與問題。另一方面，也不止是指出問題，這書也在提示我們國家應該努力的方向與路徑。

最該看這本書的，應該是上從總統、下到各部會首長的官員，以及任何有意角逐政治職位的人。但是，也不能只期待官員自發性的改變。我們一般民眾，常對國內各種政經局面抱持不滿意的批評態度。這些批評，是客觀有所本，還是基於意識形態？這本書也可以用來喚醒我們對台灣政治與民主發展的認知，也就是說，我們民眾應該秉持什麼心態與原則，來要求我們政府的行事準則？如何客觀看待、評斷我們政府的表現？

這本書介紹的，都是某些國家成功處理棘手問題的案例。有先進的美加、我們鄰近的星、韓和印尼。但最令人意外的，卻是我們不熟悉而印象中覺得很落後的非洲波札那。如果想像中這樣落後的國家都可以成功，我們台灣就沒有道理不成功啊！

對照當今許多國內的局面，我尤其對書中介紹的幾個觀念，有很深的感觸與迴響：愛默生（Ralph Emerson）曾說：「愚昧的堅持，是心胸狹隘者揮之不去的心魔。只有那些目光如豆的政客、哲人與教士才會將它奉為聖旨。」

但是，什麼是愚昧的堅持，什麼是睿智的堅持？我們希望當政者有足夠智慧來判別。

愛默生創造了「實用主義」，就是開放心胸尋找解決方法，不讓任何黨派、部族、門閥或習俗阻撓搜尋之路。實用主義要成功，要有「無所不包的多元異質性」。

所以，多元與包容，不被意識形態綁架，是務實解決問題的成功要素。

只有在重大危機期間，非傳統的候選人才有可能成為這個城市的市長（指九一一事件以後的紐約市長），因為只有在災難與迫在眉睫的緊急狀況，才能使當權者撇開日常政治與傳統決策，展現創意，從「非常大」的大處找出解決辦法。

那麼，台灣目前有沒有重大危機？有沒有機會出現非傳統、做事由大處著眼的人物？台灣是否正在期待這樣的人物出現？

需要建立治理規範，避免領導人過分的理想主義，而忽略了「人會做壞事」的現實。

我們政府有沒有在執政時，有意無意已經超越法律、人權規範界線的疑慮？

改革要是漸進式、符合人道的。領導人面對過去不公不義，要放棄報復的意念，免得欲速則不達。不畏艱辛去訂定新的價值觀共識，才能替國家打下安定發展的基礎。

所以，我們的轉型正義，做法有沒有落入這樣的盲點？

看完這幾點，讀者們有沒有與我一樣「心驚肉跳」的感覺，好像都在暗指台灣？

通常一個人不容易面對與接受他人對自己的指責。如果能讓一個人藉由觸類旁通的機會先放下戒心看到他例，再來想到反省自己，可以說是最高招的勸說技術。對於我們來說，這本書沒有用台灣當案例，是件好事。因為這樣，大家可以坐下來客觀安心閱讀，不擔心有被批評的機會而先建起防禦之牆，排斥這本書。

接下來就是看我們讀者的智慧。有人看完本書後只是覺得看完一本近代政治改革史，有人看完則是體會到真正能名留青史的為政之道，或是體會能良性驅動政府走上長治久安的永續民主機制。親愛的讀者，您希望自己是上面哪一種人呢？

（本文作者為行政院前院長）

前言
秋日傳奇

這是一本宣揚好消息的書。我用了幾年時間環遊世界，搜尋世人今天面對的許多重大問題的解決之道，探訪解決這些問題的領導人。這本書就是我這幾年找出的成功故事。我要在以下十篇故事當中，將這些領導人介紹給你，帶你參觀他們的實驗室——這些實驗室也正是世上最成功，至少是最有趣的幾個國家。在參觀過程中，我汲取他們的經驗，整理領導題材，就解決問題之道提出實用的建議。我還要在這個充滿悲情的時代鼓吹希望。但寫這本書最重要的目的，是要證明人可以成事。當大多數人都怨聲長嘆，說我們的政府已經殘破，眾多內政與外交問題都解決不了之際，我要證明一件事：只要人對了，如果遵循的策略也對，再棘手的障礙也能克服。在烏雲壓頂、一片愁苦聲中，這本書以數據資料為根據，對我們的前途表示樂觀。

不過，就像今天你聽到的種種其他議論一樣，在談好消息以前，我們得先從壞消息談起。

畢竟，我們今天活在一個前所未見的衰退時代；至少大家都是這麼說的。翻開報紙或雜誌，到書店看看非小說類書籍的名字，或打開有線新聞台，壞消息的滾滾黑潮不費吹灰之力就能將我們吞噬。

《紐約客》雜誌（*The New Yorker*）記者喬治・派克（George Packer）說得好：歡迎來到大「亂套」（unwinding）時代。

當然，不用人說，我們也知道世道沉淪，人心不古。因為我們每天都感覺得到。聽到恐怖份子殺害無辜百姓，讓我們為家人的安全提心吊膽。好不容易盼到發薪，卻見到鈔票愈來愈薄，讓我們感到內心一陣絞痛。如果你像我一樣住在紐約這樣的大城市，每當回家途中，或在坑坑疤疤的道路上踟躕而行，或在人潮擁擠的地鐵中掙扎站穩，你的腳就能告訴你這社會已經敗壞。終於回到家，擺在眼前的帳單與銀行催款單更讓你愁眉深鎖；根據聯邦準備理事會（Federal Reserve）最近發表的一項研究，今天有百分之四十七的美國人，儲蓄少得無力支付僅僅四百美元的緊急開銷。見到孩子矇過人手不足的校方耳目、溜回家門，你就知道有更多問題在等著你。如果孩子夠幸運，居然進了大學，高得驚人的學費又是一大煩惱。別指望孩子以後能還你錢；與過去幾代不同的是，今天的美國年輕人在他們這輩子賺的錢，絕大多數比不上他們的父母。

覺得惶惑不安嗎？如果覺得是的話，你並不孤單：百分之七十二的美國人仍然認為我們處於不景氣中。根據二〇一五年十二月的一項民調，只有四分之一的美國人認為美國已經走上正軌。這種悲觀情緒也並非美國獨有，根據最近另一項民調，只有百分之四十七的以色列人、百分之三十八的俄國人、百分之三十五的土耳其人與百分之二十的法國人，認為他們的經濟前景會在之後一年改善。

讓問題雪上加霜的是，許多人因驚嚇過度，至今仍然沒能回過神來。專家與政客不很久以前還在向我們保證，說好時光會長長久久。還記得二十一世紀之交那最初十年嗎？那段進步、進步、再進步的黃金歲月？在創新、教育程度提高，與火熱的房地產市場推波助瀾下，世界第一的美國經濟引擎加足馬力往前衝刺。幾乎世上每一個國家的經濟都欣欣向榮；在一九九九年至二〇〇八年那段繁華歲月，似乎不論哪個國家，只要總統或總理還有一口氣在，它的經濟就保證昌隆。到二〇〇五年左右，新興市場年均經濟成長率超過百分之七，開發中世界開始享受夢寐以求的繁華。僅僅十年間，約四億四千萬人脫離貧困線。二〇〇七年，新興市場經濟成長率創下百分之八點七的新高，全球中產階級人口突破十八億。就算是一般不愛說話的經濟學者也開始放言高論，說我們正進入「匯聚」（convergence）時代：一個早已有人預言將至、世上其他國家趕上富裕西方國家的時代。

大崩盤接踵而至。二〇〇八年九月，雷曼兄弟（Lehman Brothers）瓦解，美國經濟停滯。沒多久，歐洲也受到感染。接下來，就像看活死人恐怖片一樣，疫情擴散到開發中世界。荷包收緊的西方人不再購物，外國製造的智慧型手機與鞋子賣不出去，從深圳到西貢、到聖薩爾瓦多，工廠開始關門。工廠一關門，原物料需求銳減，世界各地的原物料生產國開始臥病。隨著需要運輸的貨品減少，算計成本的駕駛人開始省油，石油與天然氣大國也染病了：以俄羅斯為例，經濟成長率從二〇一〇年的百分之四點五跌至二〇一五年的負數。

風暴席捲全球經濟，地緣政治預測也轉趨黯淡。獨裁者在埃及、巴林各地奪權，二〇一一年的「阿拉伯之春」也在冰風雪雨下化為烏有。兇殘的內戰從中東一端的利比亞打到另一端的葉門。戰火最熾的，莫過於位於中東心腹要地的敘利亞。

二〇一四年春夏禍事不斷。北京在南海與東海加緊霸凌，鑿油井、建機場，還在引起爭議的珊瑚礁與窄灘沙地駐軍。俄國祕密派遣突擊隊加入東烏克蘭內戰，隨即正式兼併克里米亞：自第二次世界大戰結束以來，歐洲發生這樣厚顏無恥、強占土地的事件，這還是第一次。一個原本默默無聞、名叫「達伊沙」（Daesh）或「伊斯蘭國」（ISIS）的「基地」（al-Qaeda）組織分支團體，從敘利亞戰火摧殘的廢墟打出來，衝進伊拉克。它抹去一九一八年邊界，占領三分之一的伊拉克土地，包括伊拉克第二大城摩蘇爾（Mosul），還有油田，以及由美國供應、價值數億美元的軍事裝備。它自稱伊斯蘭國，並且開始用毆打與斬首的手段迫使伊拉克與敘利亞民眾屈服。同一時間，另一伊斯蘭邪惡教派「博科哈拉」（Boko Haram）[1]，也在西非屠殺數萬平民百姓。伊波拉病毒（Ebola）疫情隨即在利比亞、獅子山共和國、幾內亞等國蔓延，讓好幾十萬人死於非命。

情況在二〇一五年與二〇一六年理當好轉，因為若說還會更糟實在令人無法想像。但除了極少數例外——最重要的就是美國與伊朗的核能交易——事情變得更糟。二〇一五一月，巴黎諷刺雜誌《查理週刊》（*Charlie Hebdo*）遭伊斯蘭恐怖份子亂槍掃射。在「大衰退」（Great Recession）七年過後，全球每一主要區域的經濟成長仍然低於危機前的平均值。瀕臨破產邊緣的希臘，因為與歐盟罅隙愈深，揚言要拆了整個歐盟。伊斯

1 譯按：即「禁止西方腐敗教育」之意，中國大陸譯為「博科聖地」，不甚妥當。

蘭國在奪取的新土地上加緊控制，暴虐行徑更令人髮指。之後，在戰事逐漸失利的情況下，它開始向海外輸出暴行：十月間在西奈半島上空擊落一架民航機；十一月再次攻擊巴黎，煽動兩名加州人在十二月犯下集體謀殺罪行；二〇一六年三月在布魯塞爾殺害三十幾名無辜百姓。伊朗與俄國加強干預敘利亞，野蠻暴行持續升高。沙烏地阿拉伯與它的波斯灣盟國介入葉門內戰，殺了上千無辜平民，讓當地的「基地」分支趁勢崛起。幾百萬難民逃離這個地區，其中許多人逃往歐洲，在歐洲造成恐慌與本土主義反撲，讓歐盟內部更加鬧成一團。中國經濟狀況的不斷惡化以及全球商品價格的重挫，使大多數新興市場光芒盡去。在二〇一〇年至二〇一五年間，新興市場的經濟成長率平均值，從百分之七點四跌到百分之三點八。整個世界似乎都朝向又一場危機沉淪。

所有這些事件即便只是孤立事件，也已經足夠令人喪膽；前美國參謀長聯席會議主席馬丁・鄧普西（Martin Dempsey）將軍曾說，這段時間是他這輩子「最危險的時刻」，這話頗能反映大多數人的心聲。但這些事件似乎還因為暴露兩個更讓人擔憂的走勢，而變得更加恐怖。首先在中東、非洲薩赫爾（Sahel）與俄羅斯草原等全球多個地區，西發里亞式的民族國家正在緩緩解體。其次，這許多事件似乎凸顯，以自由與法治為基礎的全球秩序，正從核心部位逐漸衰弱。由華府與其盟國在第二次世界大戰結束後建立、在冷戰過後鞏固擴展的這個秩序，戰後許多年來為世界帶來無比繁榮與和平。但它現在似乎正在更多陣線上面對更多威脅。

＊＊＊

我知道，我說了這是一本宣揚好消息的書，也知道你一直看到這裡，還看不出它有什麼好。再給我一點時間，我們就快談到好消息了。不過在這以前，我需要再對前面說的那些令人不快的事略加補充。

這本書有一項基本前提：目前困擾世界的種種禍害，雖說細節上各不相同，但它們有一個重要的共同導因——政界人士領導無方。更精確地說，這些禍害大多數是因為領導人不能適當處理十大問題——其中約半數是政治問題，另一半是經濟問題——而造成的。這些問題合在一起，形成今天世界各國面對最棘手、最難纏的挑戰。它們之所以演變成今天這種難以收拾的局面，大多數政府的無能難辭其咎。

領導當局的一再失敗，讓許多分析師認為問題本身就無解。但依我看，這些分析師都錯了。我要在以下十章向你證明這一點。

不過首先，我們需要對這些問題作一番稍加深入的探討。這樣的探討能讓我們了解這些問題攸關重大。它們確實攸關重大——事實上，領導人如果繼續失敗下去、不能克服我即將在下文提到的挑戰，會把我們全體打入比今天更淒苦、更混亂的困境。美國與少數幾個國家剛開始享有的一些仍然脆弱的經濟復甦，也將因他們的無能而窒息。

深入了解這些問題，也是謀求問題解決之道的第一步。因為這本書還有第二項基本前提：與悲觀論者所見相反，所有這些問題其實都能解決。而且不止是理論上可以解決而已。解決問題的答案已經在那裡；誠如以下十章所述，一小群有創見、往往遭到輕估的領導人，已經排除萬難，在眾人不看好的情況下解決了這些問題。我要告訴你他們怎麼解決——每一章講一個政府與一個解決之道。

不過在說這十個故事以前，我們且先仔細觀察這些問題的本身。

十大恐怖問題

一．貧富懸殊

貧富懸殊不是一種新現象。它是資本主義必然帶來的一種副產品，是現代國家幾乎自存在以來就一直揮之不去的一項挑戰。由於它始終是政界人士、抗議份子與一般民眾關注的核心，或許還是本書討論的諸多挑戰中，最能詮釋我們這個時代的大問題，以它作為這趟功能失調探討之旅的第一站應該很合適。

此外，貧富懸殊也是一個兩面的問題，這使它加倍難纏。我的意思是，貧富懸殊既是這「十大」清單所列其他挑戰帶來的後果，也是助長與造成其他許多挑戰的原因。貧富懸殊鼓勵貪汙，讓貧窮纏繞不去，升高仇外情緒，讓人喪失鬥志，並且損及民眾對民主與自由市場的信心。新的研究顯示，它甚至有礙健康：生活在貧富懸殊社區的居民，對人生的期待一般比生活在較公平社區的居民為低。

貧富懸殊的問題還會不斷惡化。經濟合作暨發展組織（Organization for Economic Cooperation and Development, OECD）最近預測，如果目前的走勢持續，全球貧富差距將在今後五十年擴大百分之三十。貧富差距目前已經是極度惱人的問題。甚至在法國經濟學者托瑪．皮凱提（Thomas Piketty）於二〇一四年出版討論貧富懸殊的暢銷書以前，貧富懸殊問題的嚴重性已經迅速升高。這本七百頁密密麻麻的經濟學巨著，竟然能成為暢銷書，足證公眾對這個問題的關心實在非同小可。二〇一〇年代之初，抗議人潮聚集紐約市祖科提公園（Zuccotti Park），以及出現在全球各地的九百多起占領示威事件，說明這股民怨的廣度與深度。再將時間拉近，貧富懸殊民怨也造成不少非傳統政界人物的崛起，伯尼・桑德斯（Bernie Sanders）與西班牙的帕洛・伊雷西亞斯（Pablo Iglesias）這類左派，與唐納・川普（Donald Trump）以及法國的瑪琳・勒朋（Marine Le Pen）等極右派就是例證。

民怨如此洶湧不難理解。以美國而論，最富有百分之二十的美國人取走美國全年總收入的半數，最富有百分之十的美國人擁有全國四分之三的財富。以比較具體的方式來說，現在美國最頂尖二十五名避險基金（hedge-fund）經理人的總收入，比美國全國十五萬八千名幼稚園教師賺的錢加起來還多。生活在赤貧狀態——每天生活費只有兩美元，甚至不到兩美元——的美國人，其人數二十年來增加了一倍。同時就全球而言，百分之一的頂尖富人現在控有的資產，比所有其他人加起來的總資產還多。想解決所有這些貧富懸殊的問題，答案似乎都很明顯：我們只需提高經濟成長就行了。這項策略在過去管用；國家將大餅整體規模擴大，人人都能分到一杯較大的羹。美國在二戰剛結束過後幾年的狀況就是如此。中國在二十世紀七〇年代末期擁抱資本主義，讓全國十億人口中超過四分之三的人脫貧，情況亦若是。

但近年來這套辦法不靈了，單靠成長似乎不再能發揮神效。以中國為例，一九九九至二〇〇〇年的景氣就造成前所未有的貧富差距。在美國，由於極少數美國人因近年來經濟復甦大發利市，也出現類似狀況。如前文所述，四分之三的美國人根本不知道美國經濟正在復甦。失業率或許大幅滑落，但特別在零售、餐廳與居家保健這類服務業，薪酬也同步重挫。說起來或許令人難以置信，但美國工資（經過通膨調整）均值高峰出現在四十多年前的一九七三年。之後跌跌不休以迄於今。

根據經濟學家羅伯．萊克（Robert Reich）的說法，工資之所以滑落，是因為美國經濟近年來的進帳大多數歸進主管薪酬、公私盈餘與股票市場。美國稅務系統透過各式各樣抵稅與漏洞，對富人大開方便之門，當然對這個問題的解決也幫不上忙。

但經濟成長與財富公平之間的聯繫之所以斷線，還有更深一層原因。這類原因從全球化到自動化、到貪腐，到已開發國家從製造業進入金融服務業的轉型，所在都有。金融服務業以不成比例的方式獨厚富人。它現在占有美國全國公司獲利總值百分之四十一，但雇用員工人數僅占勞工市場百分之六。近年來的研究也認為，高度貧富懸殊與社會動能低落有關，這個問題之所以這麼難解決，原因也就在這裡。根據美國經濟顧問委員會（Council of Economic Advisers）前主席亞倫．克魯格（Alan Krueger）的說法，想預測今天的年輕人這輩子能賺多少錢，只要看他們的父母賺多少錢就知道了。美國本來不是這樣的。但今天的美國情況就是這樣。

你一定會認為，有了這麼多令人憂心的事，全球各地現在應該已經繃緊神經、努力應對了。但基於各種理由，事情並無進展。儘管所有的證據都指著反方向，大多數美國人依然相信，只要肯努力，不論任何人都能在美國發財致富——正因如此，他們公開抗拒財富重分配政策。金融服務業也使盡渾身解數，阻撓稅改與其他改革。歐洲國家雖說根據傳統，比較能接受社會改造，但迫於這一波金融危機，大多數歐洲國家政府厲行撙節，想維持既有安全網已經很難，更別說將它擴大了。至於開發中世界，許多政府也曾針對貧富懸殊問題大舉展開行動，結果卻是一筆爛帳，錢花了不少，卻功效全無，使有心改革之士更加卻步。

在沒有進展的情況下，貧富差距愈來愈大。全球各地的民怨也更加有增無已。

二．移民

二〇一五年夏天，中東與非洲突然出現許多逃避貧窮與戰亂的難民，人數愈聚愈多，形成自二次世界大戰以來最大的難民出亡潮。這些難民大多數前往歐洲，其中光是逃進德國的就超過一百萬人——於是引發醜陋的本土排外情緒，造成歐洲領導人間激烈爭執，進一步損傷了歐盟已經孱弱不堪的體質。不過，這場難民危機雖是矚目焦點，另一個更大、更老的相關問題，也正因遲遲無法解決而逐漸發酵、潰爛：已開發世界的各國政府不肯理性因應正常移民問題——這類移民之所以選擇移民，為的不是像難民那樣逃避戰亂或迫害，而是想為他們自己、為他們的子女在新土地上建立較好的人生。

美國在這類移民問題上的失敗最為人詬病（但有關犯行最嚴重的絕不是美國）。幾乎打從一開始，二〇一六年共和黨總統初選就出現一場獨特的競爭：候選人競相以最嚴厲的說法譴責移民政策、譴責移民。早在以二〇一五年發生在西方的恐怖攻擊事件為藉口、辱罵伊斯蘭教穆斯林以前很久，唐納．川普已經開始肆意抨擊黑人、猶太人、墨西哥人與亞洲人。他保證要在美國南方邊界建立巨型圍牆，保證趕走所有非法移民，還誓言廢除憲法的「出生權條款」（根據這個條款，只要是出生在美國的人就能取得美國國籍），為這次選舉定了調。川普那些理當比較成熟的共和黨對手，由於急著想在這塊人心惶惶、充滿自以為是白人男性的豐富票倉分一杯羹，於是也迅速跟進。雖說他們沒有一個像川普這樣口無遮攔，但他們都忙著用比較文明的語言呼應他的仇外論調。

這種做法不僅讓人看了傷心，不僅是一種懦夫行徑，不僅完全不符美國精神，它還很怪異。雖說經濟動盪與恐怖主義造成人心惶惶，但在沒有少數族裔支持就無法贏得白宮的美國，攻擊移民政策與移民是一種政治自殺。也正因為這樣，移民改革的重要性尤其迫切——改革之利也特別深遠。

這是因為，無論怎麼說，目前的美國系統已經夠殘忍的了：根據現行法規，自二〇〇八年以來，聯邦政府已經將幾近三百萬非法移民遞解出境，大約每天驅逐一千一百人[2]。

目前的系統也很不理性。美國今天的大學教育出許多全球最優秀的青年，但之後，美國政府把他們遣送回國，讓他們在美國以外的地區創業。百分之六十的矽谷第一流高科技公司，由第一代或第二代移民經營：鑒於這項事實，這樣的移民政策也荒唐透頂。美國最頂尖的執行長了解這個問題；在臉書（Facebook）的馬克・祖克柏（Mark Zuckerberg）領導下，一群執行長組織了一個大型的政治行動委員會（PAC），鼓吹移民改革。美國老百姓也了解問題的嚴重性：根據最近的民調，超過七成的美國人支持放寬移民法。

改革這個系統還能帶來龐大物質報酬。大多數移民都充滿雄心壯志、都願意奮力工作——若不是這樣，他們不會把自己與家人連根拔起，前往半個世界之外尋找新生。與傳統說法大相逕庭的是，移民不會搶走美國人飯碗，不會壓低美國工資。他們也不會讓美國犯罪率升高；根據美國國家科學、工程與醫學院（National Academies of Sciences, Engineering, and Medicine）二〇一五年九月的報告，美國境內十八歲到三十九歲移民男性的犯罪入監比率，只有土生土長美國公民的四分之一。無數其他國家進行的研究，得到的結果也類似。移民創辦新企業的可能性也較高。不久前發表的另一項研究報告估計，只要讓已經進入美國國境的非法移民工享有正式身分，讓這些移民工賺取收入的能力提高，就能使美國的個人淨收入在僅僅三年間，增加三百億到三百六十億美元。這些錢能為國庫帶來五十四億美元的新稅收，帶動的新消費者開支足以支撐七十五萬到九十萬個新就業機會。

萬一這些經濟與人道理由仍然不能讓你信服，還有一個愈來愈嚴重的問題應該能讓你不再猶豫，相信事情已到了非改不可的地步，而且不只是美國如此而已。大多數先進工業民主國家都在迅速老化，銀髮族人口不斷增加，足以作為支撐的兒童人口愈來愈嫌不足。除非能找出有效方式引進大量外來人口，從法國到日本（日本的人口已經開始減少），這類先進國家都將面臨經濟崩盤危機。而且我所謂的「大量」，是指真正的大

2 歐巴馬政府在二〇一四年與二〇一五年曾設法壓低這個數字，但成效有限。

量；據經濟合作暨發展組織估計，想在今後五十年維持起碼百分之三的經濟成長率，美國與歐洲需要各自吸收五千萬移民。

少數富裕國家確實已經採行比較寬鬆的入境政策。但由於大部分這類政策的結構方式，它們製造的問題不少於它們解決的問題。以德國為例，它的難民收容政策非常慷慨，與美國大不相同。但許多年來，德國也透過層層限制，使它的合法移民幾乎不可能取得公民籍。這種做法造成一個人數眾多、充滿仇怨的少數族裔次等公民階級。不能適當整合這些居民——北歐其他許多國家及英國也犯了同樣錯誤——導致激進運動與民粹主義崛起，在全民大眾之間引發醜陋反撲。在二〇一五年上半年，單單德國一個國家就發生兩百多起攻擊移民與移民設施的事件。約於同一期間，縱火犯在瑞典燒毀三座清真寺，一個反移民的政黨其聲勢還扶搖直上，在民調中高踞榜首（類似情況也在丹麥出現）。

大多數歐洲政界人士不僅沒有抗拒這種冥頑，還刻意迎合它們。二〇一五年五月，英國首相大衛・卡麥隆（David Cameron）儘管剛當選連任，仍然保證將進一步縮緊英國已經很吝惜的移民配額。美國境內的反移民論調也愈來愈荒唐。如果不是那麼可悲，不是那麼自找失敗，共和黨這種連提到「移民改革」幾個字都談虎色變的心態，著實可笑。一項讓加拿大退休人士每年冬天在佛羅里達州多玩幾天的法案，在二〇一四年遭到國會保守派議員封殺，就是例證。撇開川普與他那些半法西斯的種族歧視政策不提，只要想一想，不過是幾名富有的白髮老人想在薩拉索塔（Sarasota）海灘多曬幾天太陽，就讓美國那些政治領導人忙著撇清，你就知道這系統確實病得不輕。

三．伊斯蘭教極端主義

當敘利亞內戰於二〇一一年爆發時，許多外交政策分析專家（包括我本人）認為，美國與其盟國基於一個重要理由，應該干預這場內戰：這理由就是防阻中東最俗世人口之一的敘利亞人走上極端。我們的論點是，如果西方國家不協助叛軍，這些叛軍很快就會向其他地方尋求支持，造成的後果將不是我們所樂見。當然，後來的發展正是這樣。西方國家遲遲沒有行動，卡達、沙烏地阿拉伯與土耳其卻積極介入，為更極端的伊斯蘭叛軍組織提供數以十億美元計的援助、武器與訓練。那些溫和派叛軍苦於孤立無援，沒隔多久就在阿薩德（Assad）[3]的大軍與激進派圍剿下潰不成軍。同時，許多境外的遜

3 譯按：敘利亞獨裁者。

尼派（Sunni）穆斯林開始成群結隊進入敘利亞，投入聖戰。到二〇一五年十二月，估計有來自八十六個國家的大約三萬人加入這場內戰——比阿富汗對抗蘇聯之戰前後九年間，投身阿富汗戰爭的外國人人數還多。

事實證明，對這些滿懷夢想的聖戰士而言，為新兵提供高薪與性奴隸，讓新兵有機會共襄盛舉、同創伊斯蘭教新國家的伊斯蘭國，最具吸引力。這個團體所以引起全球側目，固然主要因為它在戰場上的野蠻行徑，但它帶來的危害比這多得多。伊斯蘭國的黨羽於二〇一五年十月在西奈半島上空擊落一架俄國民航機，殺害兩百二十四人，同年十一月在巴黎殺了一百三十人，又於二〇一六年三月在布魯塞爾殺害三十五人。這個團體現在號稱已經在阿富汗、阿爾及利亞、利比亞、奈及利亞、沙烏地阿拉伯、索馬利亞與葉門建立分支。它已經成為困擾沮喪、孤獨無依年輕人夢寐中的歸宿，二〇一五年十二月二日發生在聖伯納迪諾（San Bernardino）[4]的悲劇就是例證。同時，基地組織仍是一項重大威脅，它完全有能力發動自己的攻擊。根據蘭德公司（Rand Corporation）政治分析家塞斯．瓊斯（Seth Jones）的分析，全球各地的聖戰團體數目在二〇一〇年至二〇一三年間增加了百分之五十八，而且還在不斷增加。在二〇一四年（有統計數字的最後一年），全球各地恐怖攻擊事件較之前一年多了百分之三十九，死難人數多了百分之八十三。連孟加拉與泰國這類與恐怖事件扯不上關係的國家，也淪為恐怖攻擊目標。

這究竟怎麼回事？既然已經殺了賓拉登（Osama bin Laden），華府又啟動了無人機行動，全球聖戰運動怎麼還能興風作浪？

這有三個原因。首先，如前文所述，敘利亞與伊拉克北部已經成為全球各地潛在恐怖份子的溫床。其次，基地組織的中央領導層確實因美國持續攻擊而元氣大喪，但它已經分散，由個別自治幹部利用地方苦難藉機擴張（別忘了，伊斯蘭國就是這麼起家的）。最後，儘管在阿拉伯之春最初幾個月，激進伊斯蘭意識形態受到重挫，和平的全民革命似乎也開始在極端組織與伊斯蘭教世界高壓政權之外另闢蹊徑，問題是隨之反彈而起的鐵腕獨裁（對於這些獨裁，西方國家或暗中支持或不加聞問），卻讓全新一代暴力聖戰士趁機崛起。

四．內戰

作家史蒂芬．平克（Steven Pinker）曾提出一個著名論點說，儘管我們每天都在新

4 譯按：恐怖份子在這座加州城市亂槍掃射，造成十四死，二十二重傷。

聞報導上看見許多血腥畫面，自一九四五年以來，這世界事實上一天天變得更加平和。他舉證說，六百年來幾乎每年都會打兩場戰爭的西歐，現在已經承平了七十年，連一場戰爭都沒有出現。平克並且指出，每年死於武裝衝突的人數也在遞減。

至少衝突在減少。平克的主張或許在幾年前很有道理，但近年來讓人愈來愈難以信服。國與國之間的戰爭或許仍極為罕見，但國境內的戰爭卻在不斷增加。

看起來或許讓人難以置信，不過這些新戰爭都打不了多久就宣告結束。事實上，如學者克里斯蒂安・柯德・格里蒂奇（Kristian Skrede Gleditsch）所示，內戰現在比過去熄火熄得快。他發現，自一九九一年以來，內戰平均持續長度縮短了百分之二十。也就是說，每一場持續中的內戰，例如此刻正在利比亞、敘利亞與烏克蘭進行的那些衝突，都會出現一個「斯里蘭卡」（已於二〇〇九年停止戰鬥）。它也意味，就算是利比亞、敘利亞與烏克蘭，也終究有一天能夠達成和平。

問題是，人類雖然歷經那麼多戰爭，對於如何貫徹停火、停火後如何療傷，我們直到今天仍然不在行。

在目前諸多危機中，最能說明這種現象的，莫過於美軍戰鬥部隊已於二〇一一年撤離的伊拉克。儘管華府做了巨額投資，今天的伊拉克就像斷了四肢的病人一樣，一點希望也沒有。在美國支持下，從二〇〇六年到二〇一四年擔任伊拉克總理的努里·馬里奇（Nuri al-Maliki）加深派系分裂、大搞貪腐、掏空伊拉克政府與軍隊，把全國弄得烏煙瘴氣。伊斯蘭國在二〇一四年深入伊拉克發動勢如破竹的閃電戰，就是證明。他的接班人海德·阿巴迪（Haider al-Abadi）接掌的政府，只能控制一部分伊拉克土地，而且極度仰仗外來支援——包括伊朗與最近重返伊拉克的美軍。要說阿巴迪或其他任何人還能重振伊拉克，也實在令人難以想像。

這些事件讓華府憂心忡忡，而且憂心得很有道理。伊拉克的亂象不僅直接威脅一處關鍵性區域，還為阿富汗帶來令人捏把冷汗的衝擊；根據預定計畫，美國也要在短期內從阿富汗撤軍（只不過撤軍日期已經一延再延）。阿富汗自一九七九年以來一直處於戰爭狀態。它的種族與派系分裂嚴重性不亞於伊拉克，在數量與複雜度上都尤有過之。若不能建立確實有效的國家重整機制，阿富汗想憑藉自己的力量生存，勝算極其渺茫。

因內戰而分裂成至少三個要塞化迷你國的敘利亞應當如何？還有那些最近剛從本身內戰脫身，幾乎稱得上是奄奄一息的中非共和國、剛果民主共和國、象牙海岸、馬利或南蘇丹，又當如何？若不能建立某種援助療傷系統或做法，想讓這些國家長治久安真是談何容易。特別也因為西方陣營意見紛歧、資金短缺、厭戰心態愈來愈重的事實，這些國家想取得西方援助更是難上加難。

五．貪腐

像貧富懸殊一樣，貪腐也是一種兩面的挑戰，既是一種原因，也是這張清單所列其他許多問題造成的後果。

西方人經常認為貪腐，至少是大規模貪腐，是窮國特有的病，是窮極不擇手段、是統治者寡廉鮮恥、是教育程度不佳、缺乏共同價值觀的產物。住在富裕國家的人，如果看見新聞報導說瓜地馬拉（人均國內生產毛額：三六六七美元）前總統奧圖．佩雷斯．莫利納（Otto Pérez Molina），在二〇一五年夏天因貪汙醜聞而被迫下台；說突尼西亞（人均國內生產毛額：四三一六美元）最後獨裁者宰因．阿比丁．班．阿里（Zine el-Abidine Ben Ali）遭人揭發，在遭到罷黜以前盜了國家二十六億美元公帑；或中國（人均國內生產毛額：七五九四美元）前總理溫家寶的家屬，於溫家寶在位期間聚斂了近二十七億美元資產，大概都會見怪不怪。

但事實真相是，貪腐是一種機會均等的病，無論富國或窮國都一樣會遭感染（不過規模或許有所不同）。舉例來說，二〇一五年五月，以色列（人均國內生產毛額：三七〇三二美元）前總理艾胡德．歐麥特（Ehud Olmert）因受賄被判入獄服刑八個月，為一長串面對類似指控的以色列領導人名單又添了一人。大約同時，美國（人均國內生產毛額：五四六二九美元）檢察官指控紐澤西州參議員羅伯特．曼尼迪茲（Robert Menendez）販賣權力，紐約州議會前議長謝爾登．西佛（Sheldon Silver）也因類似罪名遭大陪審團起訴。沒有國家可以免疫：幾年前，甚至是清廉名聲在外的加拿大（人均國內生產毛額：五〇二七一美元），也因為幾名參議員濫報開銷的醜聞而引起一場朝野大震撼。加拿大這次事件，與再之前幾年英國上議院發生的另一件醜聞類似得出奇。

看著有權有勢的男女垮台或許有趣（像吃垃圾食品一樣，你會感到罪惡，但樂此不疲）。但如果你碰巧也住在事件發生地區附近，這種事就沒那麼好玩了。因為貪腐無論出於什麼形式，都能造成可怕的損害，讓個人與社會元氣大傷。據估計，就全球而言，民眾每年被迫付出一兆美元賄賂，全球國內生產毛額因貪腐而損失約百分之五。貪腐還能殺人：高貪腐國家的兒童死亡率較清廉國家高了三分之一。

貪腐還會腐蝕政府機制，破壞人民對領導人與統治系統的信心。你若必須向官員行賄才能辦事；若發現自來水總是不來，或電力時有時無，原來是因為繳的稅已被領導人中飽，要你相信那些政客自然很難。貪腐意味道路殘破，橋梁塌陷，學校教師也敷衍塞責。它能以無數方式讓你更難過日子。像是速效劇毒藥劑一樣，它能讓一切碰到它的東西中毒。

所有的證據都在在顯示，貪汙情況愈來愈糟糕。

六・資源的詛咒

今後幾年，開發中世界的大片土地就要經歷一場經濟轉型大地震。地震震央將出現在非洲，造成這波大轉型的推手是新發現蘊藏於地下的石油與天然氣。

非洲原本就有豐富的天然資源。蘇丹與奈及利亞等國多年來一直享有巨額石油收益。但近年來發現的石油與天然氣礦藏，更使過去的那些發現小巫見大巫。就算能源價格持續走低，這些新發現帶來的暴利也高達好幾兆美元。衣索比亞、肯亞、賴比瑞亞、馬拉威、模里西斯、尼日、獅子山共和國、坦尚尼亞與烏干達等等，許多全世界最窮的國家都將因而獲利。

這項規模最廣的轉型雖說出現在非洲，遠離非洲的幾處未開發地區，也即將出現類似的資源寶藏。專家預估，巴布亞紐幾內亞不久就能將它的天然氣銷售額增加六倍。地廣人稀的蒙古，已經發現能賺進超過一兆美元的新礦藏。遭受戰火摧殘的阿富汗，也發現至少三倍於本身價值的地下金礦與其他礦藏。

對一些窮得發慌的國家來說，這些都像是天大喜訊。如此大規模的天然資源也確實能讓這些國家改頭換面。據麥肯錫全球研究所（McKinsey Global Institute）估計，如果能夠善加利用這些新資源帶來的財富，能幫助世上半數窮人脫困。

不幸的是，這類財富幾乎永遠不可能被善加利用。

事實上，根據經濟學家所謂「資源的詛咒」（Resource Curse）這一種似非而是的現象，突然發現的礦藏所帶來的意外之財，往往會使已經貧窮的國家更加貧困。能夠善加利用、甚至只是適當利用這類財富的國家寥寥無幾。加拿大與挪威就是這類國家，不過它們擁有太多其他優勢，不能用它們的經驗作例子。

原因是，天然資源帶來的財富，幾乎免不了導致一堆毛病弊端。排在第一位的就是貪腐。原因不難理解：一旦金錢開始湧進貧窮、脆弱的政府，從中撈油水的誘惑會讓人無法抗拒。這類盜取行徑一般從統治階層頂端展開，然後向全民釋出能貪就貪的訊號。舉例來說，二十世紀九〇年代中期，當奈及利亞獨裁者薩尼·阿巴查（Sani Abacha）一夥開始斂財、盜走約三十億美元的石油收益時，中低層官員也迅速起而效尤。

採到大金礦的政府就算沒有明目張膽的竊取國家財富，一般也愛投入昂貴、沒有必要、彷彿戰利品的專案，例如興建機場、體育館，或在一些莫名其妙的地方打造閃閃發光的新首都。同時，對於教育這類真正重要的大事，他們卻一毛不拔。既然在地上開挖就能致富，何必勞神辦什麼學校？

問題並不就此打住。天然資源帶來的財富還會推高本國貨幣幣值，使進口商品更加便宜，但也削弱了出口競爭力。原物料商品富足的國家因此通常對農業、製造業這類非採掘經濟領域不加重視。一旦農業、製造業這類產業式微，這些國家只得靠出售商品支撐——有鑒於商品價格的變化莫測，這是一種危險做法。

受害最烈的，當然永遠是那些最無權無勢的百姓。舉例來說，尚比亞與奈及利亞自成為資源輸出大國之後，不出數年，兩國的貧窮人數都大幅上升。在盛產石油的赤道幾內亞，情況更加惡劣。二〇一四年，這個八十萬人口的小國，其人均國內生產毛額高於波蘭，但其中超過四分之三的人極端貧窮，每天的生活費只有不到兩美元。當然，赤道幾內亞或許是極端例子，但比較沒那麼極端的例子隨處可見。根據經濟學者傑佛瑞．薩克斯（Jeffrey Sachs）與安德魯．華納（Andrew Warner）首先記錄的這種現象，主要資源輸出國的經濟成長通常都比一般國家遲緩得多。事實正是如此：在過去幾十年，百分之八十天然資源豐富國家的經濟成長表現，低於全球平均值。

挑戰不僅是經濟而已：天然資源帶來的財富還能破壞廉能政府。就像穆安瑪爾・格達費（Muammar Gadhafi）憑藉石油收益，在利比亞展開古怪而殘暴的統治一樣，羅伯・穆加比（Robert Mugabe）也靠鑽石在辛巴威橫征暴斂。而且這不是特例：根據學者麥克・羅斯（Michael Ross）的分析，天然資源豐富國家出現獨裁統治的機率，比一般國家高出百分之五十。之所以如此的原因很簡單：你若能用錢買通民眾，想不理會民眾的願望太容易了。「阿拉伯之春」期間所有在發生示威抗議之後垮台的政府，只有利比亞擁有龐大資源財，而這並非偶然。因為沙烏地阿拉伯與它那些波斯灣友邦王國，都能使用過去那套辦法，憑藉同樣手段逃過這波劫數：他們除大舉散財以外，還讓民眾嘗到許多甜頭。

最後，就像引發特洛伊戰爭（Trojan War）的那個金蘋果一樣，地下財富的突然出現，往往也帶來爭奪財富控制權的血腥戰爭。無數研究發現，天然資源豐富國家發生內戰的機率，比缺乏資源的國家高一倍。只需觀察一下安哥拉、獅子山共和國與它們那些血腥的鑽石，你就知道這是怎麼回事了。

自一八五〇年代的澳洲淘金熱以來，礦業興衰一直就是禍害災難的根源。但在非洲、阿富汗與其他地方的新發現，由於規模太大，可能造成的傷害也特別驚人，尋求解決之道的緊迫性也猶勝以往。

七・能源

天然資源不僅引發國境內的爭鬥而已，它們還造成國與國之間的衝突。不過這倒不是說資源一定就是一種詛咒。事實遠非如此。只要看看美國發生的狀況就知道了。

儘管華府政壇在最近幾年因嚴重對立而幾近癱瘓，但美國經濟並沒有像許多人預期一樣陷於停滯。事實上，美國經濟還在緩步復甦，自二〇一〇年以來，每年都有超過百分之二的年均成長率。造成這一波復甦的推手很多，其中最大、同時也最出人意外的是頁岩氣革命。

這股熱潮規模之大，幾乎超過每一個人的想像，讓美國人在今後許多年都蒙其利。但就一種意義而言，這股熱潮仍嫌不足：它的規模雖說龐大，但仍然無法滿足世人對燃料不斷增高的渴求。今後幾十年間，單單印度一個國家的能源消費就會增加百分之一百三十二。已經是全球化石燃料最大使用國的中國，儘管經濟成長放緩，能源消費仍將增長百分之七十一。美國無論鑿多少新油井，想滿足這些需求仍然不可能。

但美國不必這麼做。改造世界的真正潛在性頁岩礦，不在北美洲膾炙人口的巴坎層

（Bakken Formation），也不在美國境內其他巨型油田。美國在全世界可開採頁岩資源總蘊藏量中，只占約百分之十五。其他潛在性頁岩油田位於距美國遙遠的阿根廷、中國、法國與波蘭。開採這些油田有很大的好處：它可以重振全球經濟，緩和氣候變化（因為燒天然氣比燒煤乾淨得多），甚至還能減少國際衝突。

但至少在短期內，阿根廷、中國、法國與波蘭都不大可能開採它們這些豐富的資源。在可以預見的未來，由於主控這些國家能源產業的國營能源公司行動太慢，政策遭到誤導，法律規定不友善，缺乏適當資金市場，加以民眾對鑽油的抗拒，沒有一個國家可以複製美國的能源革命，甚至只做到近似也辦不到。就算能源價格很快開始回升也一樣，因為阻礙事情進展的問題太多。

最大的矛盾是，所有這些問題都出自人為，都與實際的天然資源或原物料無關。但也正因為如此，問題才更難解決。

八．中等收入陷阱

據說，奧圖．馮．俾斯麥（Otto von Bismarck）曾說，上帝「獨厚酒鬼、傻瓜與美國」。美國這場突然而至的能源革命說明，這位十九世紀的普魯士老宰相還真有點先見之明。

但除了美國以外，能靠天然資源——或靠上帝獨厚——而帶動經濟的國家少之又少。其餘國家需要尋找其他帶動與維持成長之道。

對美國以外的其他國家而言，不幸的是，想找出持之久遠的成長之道真是談何容易。走馬看花，翻一遍過去百年歷史你就知道，雖說能夠擠進中等收入（人均國內生產毛額約達一萬美元現值）這一類的國家也不在少數，但這些國家絕大多數隨即墜入經濟學家所謂的「中等收入陷阱」（Middle-Income Trap）。

掙脫這個陷阱的機率很低。過去一百年，好幾十個國家擠進中等收入行列，但其中大多數在之後十年的成長大幅放緩。有經濟史學者說，平均放緩幅度為百分之二點八，其他史學者則認為比百分之二點八更大。無論放緩幅度究竟多大，後果很明顯。一九六〇年列入「中等收入」的幾十個國家中，只有十三國之後能更上一層樓而成為富裕國，並保持富裕。今天，全世界只有三十四個國家（人口僅占全球人口百分之十八），是這個富國俱樂部的成員。

擠不進這個俱樂部的原因很簡單。經濟開發的最初階段相當直接了當：只須建立基礎建設，讓勞工投入低成本製造業，然後把產品賣到海外就行了。但之後，開發之路會突然陡峭得多。就業不充分的農村勞工人數不斷減少，工資與其他成本於是開始上揚。出口變得更昂貴，競爭力於是降低。為克服這些挑戰，有志成為富裕國的政府必須採取全新策略。摩根士丹利（Morgan Stanley）新興市場基金管理人魯奇爾・夏瑪（Ruchir Sharma）認為，這樣的新策略必須能夠提升生產力，透過教育厚植人力資本，並且朝價值鏈上游邁進。想加入富國俱樂部還需要削減官僚與繁瑣法規以鼓勵競爭，建構可靠的法庭以保護實體與智慧財產權，以及協助疏通對新創與其他有創意企業的投資管道。

這些步驟聽起來都並不特別困難。但大多數政府發現要一一做到，而且年復一年做到，幾乎不可能。既得利益者總是反對顛覆性改革，政客們很快喪失奮戰的胃口。大多數領導人就這樣在國家達到些許成長以後，開始放鬆油門。

問題是，所謂「中等收入」類別並不是國家流連忘返的好去處。沒錯，它比一天只有一美元生活費的貧困強，但不要被這個名稱騙了：中等收入國家的意思並不是說國民都是中產階級，至少就西方意識而言並非這樣。以中國為例，二〇一二年，它的人均國內生產毛額約為六千美元。雖說這個數字看起來還不錯，但它不表示大多數中國人真能賺到那麼多錢，因為這是用中國經濟總產值除以中國人口數得出的數字。在二〇一二年（可以取得統計數字的最新一年），中國家庭平均收入實際上只有兩千一百美元。換言之，所謂中等收入國家意指大多數國民仍然活得艱苦，意指政府缺乏資源，無力推動許多重要施政優先項目。

所以說，對世界各地的開發中國家而言，掙脫這個陷阱非常重要。這些國家理論上都知道需要做些什麼，但將這些理論付諸實現是完全不同的另外一回事。

九．停擺之一

當政府做政府當做的工作時，當領導人領導、當議員議事、當法官審案時，前文所述的許多問題已經讓國家窮於應付。當政府因黨派紛爭、個人敵對與特殊利益而不再做這些工作時，想克服這些挑戰更是難若登天。

在這本書裡占有重要地位的墨西哥（見第九章）就是例證。自二〇〇〇年民主轉型以來，三大政黨之間的議會戰爭使墨西哥無力解除對經濟的層層束縛，無力打破令人窒息的壟斷，無力迫使效率不彰的國營石油企業對外開放。在內鬥不斷的義大利，七十年間產生了四十一名總理與六十三個政府，貪腐、沒效率與過度舉債這類問題逐漸惡化。黎巴嫩的腐爛更是名符其實：政治上的敵對使國會長達一年多時間推不出一名新總統。由於沒有總統，加上其他許多原因，在二〇一五年的炎炎夏日，垃圾只能堆在貝魯特街頭無人清理。鄰國以色列的情況幾乎一樣糟（或許氣味沒那麼臭）：難以駕馭的聯盟政治以及單薄到極點的國會多數，使國家既不能推動和平進程，又無力實施迫切需要的社會改革。

這種停擺的狀況不僅限於西方。號稱全球第三大經濟體的日本，自二〇一二年安倍晉三當選首相以來，經濟已經開始走出纏擾幾十年的陰霾。但主要因為安倍還沒能推動最艱巨、也是最迫切需要的一項改革，日本的復甦並不穩健。這項改革方案之所以延滯的原因，是日本國會及安倍所屬自民黨內部的激烈政爭。

在世界最大民主國的印度，情況可能比這還更惡劣。由於經濟在過去十年飛速成長，許多分析家開始預測，比較親西方的印度很快就會趕上它東北方的巨型鄰國，成為可以制衡北京的超級強國。問題是，執政黨國大黨（Congress Party）與聯盟夥伴內部那些政客，不但沒有全力投入總理曼莫漢・辛格（Manmohan Singh）的改革大業，還在辛格第二任總理任期間彼此爭權奪利，纏鬥不休。結果不難預期：印度的經濟榮景消退，成長率在二〇一〇年至二〇一二年間跌了一半。情況不斷惡化，憤怒的選民終於在二〇一四年五月將辛格趕下台，選出納倫德拉・莫迪（Narendra Modi）。莫迪在古吉拉特邦（Gujarat）省長任內振興省內經濟，以幹練著稱。

莫迪自上任以來，印度經濟再次恢復成長。不過這位新總理很快就發現，在新德里（New Delhi）辦事，要比在岡迪納加（Gandhinagar，古吉拉特邦首府）難上好幾倍。許多人擔心莫迪上任以後會像強人一樣、施展鐵腕統治。但由於只在大選中贏得百分之三十一的選票，他的統治不但不像強人，還似乎畏首畏尾得出奇：話雖說得狠，卻沒有實際作為。他需要重整印度的銀行，需要精簡印度浮腫的國營企業；但直到目前為止，他的改革連影子都還沒看到。同時，在聯合一些小黨之後仍然控有國會上議院的國大黨，已經封殺了他的稅改與土地改革法案。像之前的辛格一樣，莫迪也迅速學到一個令人沮喪的教訓：停擺能使領導效率蕩然。停擺意味不能解決問題。停擺會扼殺進步。

十．停擺之二

黨派僵持不但非常難纏，還會造成其他各種問題惡化，也因此，本書闢出兩篇專章專門討論這個問題：一篇討論美國以外的狀況，一篇專責討論美國國內的挑戰。由於黨派僵持對美國內政造成的影響實在太大，我不得不用一整章篇幅加以討論。

早自歐巴馬二〇〇八年首次當選總統、保證要使美國重新團結以來（歐巴馬說：「沒有自由派美國，沒有保守派美國，只有美利堅合眾國。」還記得那些令人鼓舞的話嗎？），美國內部的分裂就在持續擴大，政府的工作也因此幾近停擺。

造成這種惡果，兩黨都脫不了關係。歐巴馬一直沒有展現任何結納國會議員（無論哪一黨）的誠意。曾在歐巴馬政府任職的共和黨眾議員雷．拉胡德（Ray LaHood）就說：「儘管總統說的是另外一套，白宮從未真正全力投入兩黨合作。」

但再怎麼說，造成這種狀況，共和黨要負最大責任。參議院多數黨領袖米奇．麥康奈（Mitch McConnell）在二〇一〇年說：「我們要達成的最重要一項目標，就是讓歐巴馬只能當一任就下台。」自此以後，共和黨在各式各樣、不勝枚舉的議題上阻撓政府行動。死忠保守派不僅將一名眾議院議長趕下台，還讓許多繼任人選不敢接下這攤子。儘管面對幾乎永無止境的干擾，歐巴馬仍然奮力向前，完成健保改革、伊朗交易與氣候變化協議等三件大案。不過這些案例也突顯了問題深度——前兩項法案是在沒有共和黨支持票的情況下通過的，氣候變化案靠的是行政命令。除了這三件大案與另幾件政績（例如通過貿易條約快速審批權）以外，歐巴馬任內最後幾年，是華府有史以來政府表現最乏善可陳的幾年。

這裡隨便提幾件美國政府沒有完成的工作。移民改革已經失敗。基礎建設年久失修，重建經費的撥款卻遭國會封殺。國會共和黨人還一再拒絕通過預算，小題大作地關閉整個政府，並且反覆阻撓舉債上限延展，還差一點因此毀了美國的債信等級。共和黨人讓極度需要的長期失業福利過期，不肯通過房市金融改革，阻止農業法案通過（希望藉以廢除食物券），甚至坐視槍殺案像傳染病一樣在全美各地肆虐，對槍枝設限建議卻連考慮都不肯考慮。美國聯邦準備理事會前主席班．柏南克（Ben Bernanke）曾說，國會「不但不幫忙提振經濟」，還經常「似乎在積極阻撓它」。二〇一五年，國防部長艾希頓．卡特（Ashton Carter）在答覆我的問題時說，黨派大戰「顯示我們不能成事，讓全世界的人對美國產生一種不實的不良印象」。

二〇一四年，共和黨八年來首次控制國會兩院，黨領導人於是保證要有所行動。不過這些保證都流為空談。就連教宗方濟各（Pope Francis）在二〇一五年夏天親自出面調停，也不見成效。國會不僅繼續拒絕立法、徵稅或開支，就連它批准總統人事任命的憲法職權也放棄了。問題遠遠不只是最高法院大法官人事案而已。在歐巴馬執政期間，參議院的共和黨人使用冗長辯論戰術阻撓行政首長提名人事案的次數，竟比美國歷屆所有其他總統碰上的阻撓戰術次數總合還要多。國會花了幾近六個月時間才確認洛麗泰．林奇（Loretta Lynch）的司法部長人事案。它在二〇一五年上半年同意的聯邦法官人事案，比一九六九年以來任何一年通過的案件都少。這種做法使聯邦法官大量出缺，造成超過二十四個法庭宣布進入「司法危機」狀態。

但不要搞錯了：美國人已經發現這種現象，而且憤怒異常。民調顯示，美國人對聯邦政府的信任已經降到創紀錄的低谷，兩黨聲望也已壞到無以復加。國會的民意支持度在個位數左右搖擺，讓共和黨參議員約翰．麥坎（John McCain）忍不住挖苦說，仍然支持國會的人，現在只剩下血親與領錢的工作人員了。

唯一的問題是，為什麼這些人也還沒放棄希望？

＊＊＊

放棄希望毫無疑問很誘人，特別是在這個世界似乎已經亂到不行的今天，尤其如此。不過放棄希望有一個大問題：它不能帶來任何成果。面對今天世上種種亂象，放棄希望尤其危險。

所幸我們也沒有必要放棄希望。以下的篇章就會說明，所有這些挑戰（儘管看起來那麼難纏），事實上都是可以克服的。停擺、以及前文所述所有其他問題的解決之道，已經擺在那裡。

你只要知道上那裡找它們就行了。

第一章

歸利於民

巴西如何讓全民財富均霑

「你知道，」魯拉（Lula）傾前他壯碩的身軀，揚著臉對我說，「聽我說這些話，有時會讓我那些受過高等教育的友人受不了。但我這一生的第一號教師，是一位一輩子到死都沒讀過書的婦人：我母親。我不是不尊敬那些學者專家，但他們對窮人根本一無所知。他們知道許多統計數字，但那不一樣，是不是？對知識份子來說，把五十美元塞進窮人手裡是做好事；學者哪裡知道窮人可以用這些錢做些什麼。不過，那是因為大學裡面沒有教你怎麼照顧窮人。因為大多數專家從未經歷過窮人每天都得過的日子。他們從不可能沒吃早餐就工作。他們從沒住過淹在水裡的房子，從不會為了搭公車等三個小時。對專家來說，貧富懸殊這類社會問題不過是一堆數字罷了。但我把社會問題當成一種政治問題，一種實際問題，並且設法解決。」

那是十二月，在巴西是夏天。魯拉與我坐在伊皮蘭加（Ipiranga）他那間掛了許多地圖的私人辦公室裡。伊皮蘭加是聖保羅一處稍嫌凌亂的中產階級社區。我來到這裡，為的是拜訪這位巴西前總統——他的正式姓名是路易．伊納西歐．魯拉．達西華（Luiz Inácio Lula da Silva），不過沒有人這麼稱呼他——向他請教究竟怎麼辦到這一切：魯拉怎麼將貧富懸殊如他所說，當成一種可以透過政治手段管理的問題，然後加以管理，並且取得如此驚人的成功？

這是一個急待解決的問題。畢竟近年來，貧富懸殊危機已經在世界各地引爆，成為全球性緊張不安的根源。無論在任何地方，超級富人與其他人之間的差距似乎都在倍數增長。而且沒有人知道該怎麼辦。

造成這種束手無策窘境的一個原因是，長久以來一直公認是改善全民福祉關鍵的經濟成長，不再能像過去那樣收效。儘管政客們常將這波貧富懸殊危機歸咎於大衰退和它的餘波，但這類說法站不住腳。因為你若觀察許多近年來收入差距急遽擴大的國家，會有一種反直覺的發現：這些國家中，有許多是中國這類全球成長最快速的經濟體。

也就是說，僅僅重振經濟並不能拉近這種急遽擴大的收入差距。它或許只能再造出幾個中國而已。想真正解決貧富懸殊問題，得有更有創意、更全面得多的策略才成。

追求這項策略的工作早已展開多時，學者專家與愈來愈多國家領導人為找出答案而絞盡腦汁。就目前已經提出的各項解決方案而言，最著名的，或許是法國超級巨星經濟學者托瑪·皮凱提在二〇一四年的暢銷書中提出的辦法：課征全球性財產稅。

這個辦法之所以能獲得這麼多人青睞，理由不難理解。它的做法很簡單，而且它主張對有錢人課征懲罰性重稅，也大快人心。只是皮凱提這項計畫與其他類似的極端做法有兩個大問題。首先，基於政治性與技術性理由，這類做法從來沒有成功過，因為全球各地菁英早已練就一身保護自身利益的本事，就連根據現有稅法應該支付的稅，他們都能想方設法逃避、拒繳。

其次，這類引起爭議的策略其實沒有必要。

十多年來，有一個國家已經證明，想解決貧富懸殊問題還有一個比這好得多、沒那麼激烈，而且還更能投合市場機制的辦法。這個國家是巴西。它採取的做法經過測試，證明確實有效。

巴西這個做法是全球難得一見最成功、破壞性也最低的社會轉型，那個炎炎夏日，在伊皮蘭加坐在我對面的魯拉，正是這項轉型的推手。

＊＊＊

小說中的故事情節一般有一定脈絡可循。長得漂亮的女人在情場獲勝，口袋深、頭髮濃的政客在選戰獲勝。有錢人變得更有錢，其他人活該倒楣。現實生活中的情況更是如此。看似不可能、始料未及的勝利極為罕見。

但每隔一段時間，總會出現特例，巴西的故事就是這樣一個特例。在說明巴西怎麼辦到以前，值得我們先想一想，巴西能有圓滿的結局為什麼這麼難能可貴，也因此這麼令人鼓舞。

首先是故事發生的場景。要說巴西能作為任何成功典範都很難讓人置信。這是一個危機連續不斷、早已殘破不堪的國家。事情逐漸亂套，國會使政府停擺，政治架構也因高層貪汙醜聞而孱弱不堪。魯拉本身也曾在一項大規模調查行動中成為嫌疑人。

此外，直到不久以前，若說巴西能在貧富懸殊問題上為世人帶來一些教訓，一定被大家當作笑談。幾十年來，巴西不僅只有貧富懸殊問題而已，它本身就是一個問題。這個拉丁美洲最大的國家，也是全世界貧富懸殊問題最嚴重的國家，想到巴西，就讓人想到社會的極度不公。當然，巴西也得天獨厚，有龐大的年輕人口，還有豐富的天然資源，包括擁有全球八分之一的淡水資源，還有全球為數最大的外海石油與天然氣蘊藏。但在財富分配的問題上，巴西的表現要多壞有多壞，就連可憐的小小海地都比它強。在整個二十世紀八〇與九〇年代，儘管巴西已從獨裁轉型為民主，費南多・恩里克・卡多索（Fernando Henrique Cardoso）總統的大舉改革也終於壓制了超級通膨，但它的窮苦大眾仍在貧困農村、仍在都市貧民窟裡苦苦掙扎，少數有錢人卻坐著直昇機，在已經失控的超級大城之間盤旋來去。在世紀交替之初，約三分之一的巴西人口生活在國際貧窮線下（一般指每日生活費不到兩美元），約百分之十五的人屬於赤貧，每日生活費不到一點二五美元。

但也就在這一刻，巴西終於開始轉變，一開始進度緩慢，之後從二〇〇三年起開始加足馬力衝刺。到二〇一一年，由於卡多索的改革及魯拉隨後推出的鼓勵措施，巴西經濟出現百分之四的成長佳績，失業率也創下新低。而且還首次真正做到福利全民共享。就在同一期間，將近四千萬巴西人掙脫貧窮，成為中產階級。家庭平均收入增加百分之二十七。而且，或許讓人印象最深刻的是，當貧富懸殊問題在世上其他幾乎每一個角落都日趨嚴重時，巴西的貧富差距卻大幅拉近。

＊＊＊

這項大轉型的速度固然令人震驚，促成這項轉型最主要人物的身分同樣令人稱奇。

在最近的醜聞傳出以前，魯拉早已是一位偶像人物。在歐巴馬總統稱他為「地球上最受歡迎政治人物」後不久，魯拉於二〇一二年以百分之八十七的民眾滿意度離職——這讓人很難想起二〇〇二年魯拉的總統選戰開始升溫時，他的形象要多極端就有多極端。當時的他一頭亂髮，兩眼圓睜，還有碼頭工人般矮壯的身體，巴西的菁英、企業、投資人以及它的許多外國夥伴，特別是美國，見到他都唯恐避之不及。

魯拉的前任卡多索，是都市學者出身的中間派，魯拉卻粗獷、不文雅到極點，而且從不設法掩飾。他來自巴西貧困的東北部，一九四五年出生於窮苦省份伯南布科（Pernambuco），他的家（有八個孩子，魯拉排行第七）原本已經窮困，魯拉出生後不久，更因為父親不告而別、酒醉致死而變得更糟。魯拉不得已在小學二年級時輟學，幫人擦皮鞋賺錢。十歲那年，魯拉開始自學讀書，十四歲時還想辦法擠進一家工廠，幾年後左手小指遭工廠機器輾斷。沒隔多久，他參與巴西工運，開始嶄露頭角。他在聖伯納度金屬加工工人工會（São Bernardo Metalworkers Union）組織架構中迅速晉升，三十歲那年成為這個公會的領導人。在巴西仍在軍事執政團統治下的一九八〇年，魯拉為了讓被壓迫工人在國家舞台上發聲，協助創建左派「工人黨」（一般以葡萄牙文縮寫稱為PT）。

在二〇〇二年大選展開以前，魯拉已經三度競選總統。他雖說從來不是馬克思主義信徒（他在工人黨的許多同志都是），但在早先幾次選戰中，他一直以產業國家化與不償還外債為主打口號。由於這樣的言論，加上他出身貧困，以及他要在三十年內根絕貧窮的競選保證，當他的民調聲勢終於開始攀升時，巴西的有錢人與外國資本家都嚇壞了。在里約熱內盧採訪新聞多年的記者麥克．馬格利（Mac Margolis）回憶說，魯拉的崛起讓許多巴西人嚇得臉色發青，大家都怕「那個毛茸茸的左派工會頭子會贏得大選，把巴西變成一個超大型古巴」。

雖說魯拉本人提出抗議說，「巴西已經改變，工人黨已經改變，我也已經改變」，但沒有人相信他這番話。在美國，眾議院國際關係委員會共和黨籍主席亨利．海德（Henry Hyde）譴責魯拉，說魯拉是「親卡斯楚激進派」。高盛（Goldman Sachs）開始發表「魯拉計量表」（Lulameter），追蹤工人黨一旦取勝，可能為投資人帶來的風險。據說，甚至連喬治．索羅斯（George Soros）也警告說魯拉若當選會帶來混亂。神經緊張的外國銀行開始緊縮融資。巴西才剛起步、還十分脆弱的經濟於是應聲重挫。主要股價指數跌了百分之三十。投資人開始拋售持有的巴西股票，不出數月，就從巴西撤出一百二十幾億美元資金。巴西貨幣里爾（real）兌美元匯率也於二〇〇二年年底，創下新低紀錄。

但巴西的封建社會結構，卡多索推動的那些必要、但不受歡迎的結構性改革與撙節措施，已經讓太多巴西民眾再也無法忍受，魯拉就這樣當選總統。在這個粗獷的工會頭子準備就職、經濟情況持續惡化聲中，巴西全國也屏息以待，準備迎接免不了的大對抗。

＊＊＊

但有趣的事出現了：預期中的大風暴一直沒有來。

魯拉在就職之初確實想發動一場革命。但事實證明，他發動的轉型革命與那些保守派批判人士擔心的大不相同。

早先幾次競選的挫敗，以及終於勝選後招來的許多不友善反應，都沒有削弱魯拉對社會改革的承諾。不過這些經驗大大改變了他的社會改革做法，事實證明，這是本篇

「歸利於民」故事的重要關鍵。所有這些挫敗以及有關他的種種爭議，使魯拉不得不做一番徹底的研究考證。在一九九三年至二〇〇一年間，他與禿頂、留一口大鬍子、美國出生的農學家荷西．格拉吉安諾．達西華（José Graziano da Silva，兩人雖同姓，但沒有親戚關係）在巴西各地展開一項全程九萬公里、兩人所謂「親民之旅」（caravanas da cidadania）的旅程，聽取民眾心聲。經過這趟旅程洗禮的魯拉，遠較大多數人心目中的他溫和、妥協，也更富有政治智慧。

這位新總統從過去的失敗中學得很多教訓，其中最重要的一項是，如果他只代表一部分巴西進行統治，永遠也別想有什麼深遠的建樹。想利用總統職權推動真正改革，首先他得讓許多權高勢大、批判他的人轉而支持他。也就是說，他必須找出一條途徑，讓所有的人都能因他的轉型受惠。

就這樣，這位靠煽動暴亂起家的「革命家」，轉型成為「大妥協家」。魯拉自此絕口不提拒償外債與財富再分配的事。他修剪頭髮，開始穿上西裝。他自我重塑形象，成為記者馬格利所謂「與執行長講悄悄話的人，中產階級的好朋友，以法治為基礎的市場民主的鼓吹人」。這種改走中間路線的行動，在工人黨內部引發許多雜音——魯拉回憶說，「許多同黨黨員，以及許多來自工會的人對我這些構想完全不以為然」——但他堅持己見。在就職時，魯拉保證繼續推動卡多索緊縮財政與金融的政策。在二〇〇三年一月就職後不久，他果然信守承諾，任命恩里克・梅里萊斯（Henrique Meirelles）出任巴西中央銀行行長。梅里萊斯是極具聲望的前波士頓銀行（BankBoston）主管，也是卡多索所屬政黨巴西社會民主黨（PSDB）的黨員。魯拉並且任命另一名中間派人士安東尼奧・帕洛西（Antonio Palocci）為財政部長。之後，魯拉開始大幅削減浮濫的國家預算，就任第一年就刪減約四十億美元開支，實施比國際貨幣基金組織（IMF）建議的還更嚴厲的預算盈餘目標。

這套施政做法效果立竿見影。許多過去一年一直指責他的對手轉而對他盛讚支持。二〇〇三年三月，當時擔任券市巨人、太平洋投資管理公司（PIMCO）負責人的穆罕默德・埃里安（Mohamed El-Erian）就宣布，總統上台後的做法，「從政策聲明到人事任命，到實施」都做得「非常好」。市場表示同意；魯拉就職後不到半年，巴西證券回升百分之二十。就連高盛也愧然承認，之前提出的警告是誤判。

不過，在拉攏金融專家的同時，魯拉在另一陣線上也積極備戰，準備用他逐漸累積的政治資本，發動一場極具抱負的社會福利之戰。在當選之後的幾個月，魯拉責成近二十個政府部會，推出總計四十幾項專案的「零飢餓」（Fome Zero）運動。這項運動又以規模、抱負與設計都具有劃時代意義的「家庭補助」（Bolsa Família）專案為核心。

＊＊＊

「家庭補助」有幾項創意，事實證明，無論就政策與政治而言，這幾項創意都是它終於能夠成功的重要關鍵。

首先，家庭補助專案不像當時大多數開發案那樣，為窮人提供貨品或服務，它採用的做法更加大膽得多：直接發錢給窮人。巴西其實早在幾年前，就已經開始實驗這種做法。坎皮納斯（Campinas）與巴西利亞（Brasília）兩個城市早在一九九五年，就已經展開發放小額津貼的實驗。由於扶貧效果奇佳，一百多個地方政府紛起效尤。二〇〇一年，卡多索總統展開一項全國性的類似實驗，不過付款金額很小，執行過程也有瑕疵。但實驗成效已經足以讓魯拉心動。魯拉於是在格拉吉安諾建議下做成決定，將所有這些實驗整合成一項精簡的全國性專案，而且將規模擴大到令大多數專家都認為不可能辦到的地步。

坎皮納斯與巴西利亞的實驗雖說成功，但家庭補助專案在魯拉於二〇〇三年十月首次推出時，曾引起極端爭議。當時，大多數專家與國際組織仍然認為，直接把錢交給窮人的做法錯得離譜。這種做法在直覺上就讓人覺得不對勁。對幾十年來的社會學研究成果，以及世界銀行所謂最佳做法而言，這種做法也大為離經叛道。魯拉回憶說，「專家不接受這種做法。他們認為應該向窮人發放食物，或為窮人提供服務。」里約熱內盧聯邦大學（Federal University of Rio de Janeiro）福利問題經濟學家琳娜．萊文納斯（Lena Lavinas）對我說，那是因為當年大家都認為「窮人不知道如何正確分配資源」。用白話來說，根據一般概念，窮人會用領到的錢買酒喝，買菸抽，或把錢隨意揮霍。但最了解問題的是決策人，不是民眾，所以錢怎麼花應由決策人來決定。

基於三項認知，魯拉與他的顧問決定不採信這種概念。首先，巴西本身的經驗顯示，發放貨品的大規模扶貧方案不僅所費不貲，還往往以令人難堪的方式失敗收場，卡多索總統在九〇年代末期展開的大規模食品補助方案就是例證。為窮人提供實際需用品的做法極端複雜、成本極高而且效率很低。這種做法還需要大批官僚配合執行，遂為貪腐帶來數不盡的可乘之機，而貪腐在巴西是個揮之不去的問題。

其次，瞧不起專家的魯拉早已知道，最了解窮人實際需求的是像他媽媽這類人士，也就是說，是窮人本身。一些開創性學術研究以及許多後繼的研究，也開始證明魯拉的看法正確。新研究也顯示，貧窮的家庭一旦有機會，一般都會善加利用，不會隨意揮霍。特別是如果把錢不交給父親而交給母親尤然。家庭補助專案於是採用這種由母親支配補助款的做法。

最後，魯拉知道，二十世紀八〇與九〇年代席捲拉丁美洲的民營化浪潮——政府大舉賣出國營資產，從航空公司、能源廠到電力供應商，什麼都賣——使好幾億民眾陷於困境，這些民眾貧苦不堪，根本無力參與逐漸擴大的市場經濟。魯拉與他的顧問發現，將大企業重新收歸國營的做法只會帶來無盡夢魘，想讓窮人參與市場經濟，最好、最簡單的做法就是讓窮人口袋裡有一點錢。

他們就這麼做了。

＊＊＊

根據魯拉與顧問們的設計，申請家庭補助專案津貼的條件很簡單。任何一個家庭，只要能證明極度貧窮——當時的標準是每人每月收入不到五十里爾（約四十二美元）——就可以申領，每人每月收入不到一百里爾的家庭也可以申領。

但魯拉同時也決定，家庭補助專案不能毫無回報、平白發錢。加入這個方案很簡單，但申請人想繼續留在這個方案，需要做點工作。參加這項計畫的人需要滿足幾個條件，即所謂「相對責任」：他們必須保證讓自己六到十五歲的子女至少上足學校百分之八十五的課；必須保證七歲以下的子女接受免疫注射；必須保證母親與子女定期接受健康檢查。孕婦還必須接受產前護理，必須為嬰兒哺乳。

魯拉之所以訂定這些規則，有兩個很好的理由。首先，他本人雖能靠著自己的九個手指掙脫貧困，但他知道自己是極少數幸運的例外。對大多數巴西人而言，身世就是命運：你若生而貧窮，死也貧窮。當時的學術研究也確實顯示，與幾乎所有其他國家相比，父母賺多少錢與子女長大以後能賺多少錢的相互關係，在巴西特別顯著。造成這種貧者恆貧、富者恆富現象的一項主因是，許多貧窮的巴西父母覺得，雖說孩子不上學會失去日後自我改善生活的能力，但他們無力讓孩子上學，必須把孩子送去工作。魯拉決定在今天與明天兩個戰線上同時發動反貧窮之戰，以打破這種代代相傳的枷鎖。也就是說，他要讓父母（也規定父母）有能力使孩子在教育、醫療與營養方面，享有比他們自己更大的優勢。

但魯拉之所以用這種方式設計家庭補助專案，政策考慮只是部分理由。這位剛投入中產大業的大妥協家同時也有策略思考：他知道在扶貧計畫上附加嚴格條件，能讓他在向社會上其他階層推銷這項方案時輕鬆許多。而且他也知道自己需要爭取盟友，愈多愈好。在魯拉以前，巴西的社會援助方案由於大多以保險投保方式實施，因此獨厚中上層階級，意即你若不在正式經濟架構內工作，想申請退休金很難。巴西總統真正將對抗貧窮與貧富懸殊問題納入施政核心，家庭補助專案是首開先河的創舉（不過早先幾位總統也曾做過類似表態）。要推動這樣的專案，一場大戰幾乎勢不可免。

果然，當家庭補助專案於二〇〇三年十月推出時，反撲聲浪立即湧現。這項專案不僅與既有做法格格不入，有些經濟學者還說，政府應該投資學校這類基礎設施，而不是付錢讓人進學校。還有專家說，父母如何教養子女是父母的事，政府不應干預。一些保守派經濟大師還提出警告說，用現金支付會造成所謂「福利依賴」（welfare dependency）。事實上，首先提出這項概念的是右派泰斗、美國經濟學家米爾頓・傅利曼（Milton Friedman）。巴西社會發展部部長蒂莉莎・卡匹洛（Tereza Campello）回憶說，當家庭補助專案實施之初，反對派不斷用「授人以魚不如授人以漁」那句儒家老格言，向她提出詰問。魯拉也告訴我，「反對派當時說，我們會製造出一大堆懶人」。

根據巴西憲法，總統可以憑藉自己的行政權推動家庭補助專案。但憲法也規定，他必須在一年內取得國會同意才能延續這項專案。也就是說，想讓這項指標性專案存活，魯拉就得爭取廣大民意支持，而「相對責任」就是取得這些支持的關鍵。魯拉向我解釋說，「這麼做的用意就在於顯示，我們不是平白無故亂撒錢。我們必須營建信任。就連那些批判這類方案的人，我們也要努力爭取。」根據艾利奧・費茲班（Ariel Fiszbein）與諾伯・夏迪（Norbert Schady）兩名世界銀行經濟專家的紀錄，魯拉果然憑藉「相對責任」建立了這種信任，因為這些條件讓民眾覺得，家庭補助專案不是對窮人的施捨，而是一種受惠者必須盡到應盡義務的新式社會合約。它規定受惠的一方必須展現對「正面行為」的「明確承諾」，讓民眾認為這些錢是受惠者賺來的、理當獲得的福利。

當然，僅僅宣布官式條件不夠，還必須讓違規者承受後果才行。基於這個目的，家庭補助專案針對那些沒有盡到相對責任的受惠者，設計了一套漸進式懲罰系統。違規的人會接到警告，如果繼續違規，他們會領不到福利，如果情況仍然不改善，他們會遭專案除名。

這類制裁措施雖說在書面上看來不錯，魯拉很快就發現想讓民眾真正採信，還需要更強烈的猛藥才行：他需要提出具體證據，顯示當局真正在執行這些規定。二〇〇四年，魯拉政府由於全力擴大家庭補助專案（受惠人數從二〇〇三年年底的三百八十萬個家庭，將近一千六百萬人，擴大到二〇〇六年的三倍於先前數字），不很注意這些新受惠人是否盡到合約義務。那年年中，在發現只有百分之五十五的公立學校肯花功夫提報告，說明家庭補助專案受惠家庭子弟有沒有滿足上學規定之後，政府決定乾脆暫時停止對專案執行過程的監督。

這項決定從官僚作業角度而言或許有道理；因為政府忙著推廣專案，無暇顧及監督瑣事。但事實證明它造成一場公關大災難。十月十七日，就在全國性都市選舉幾天前，甚受歡迎的週日晚間電視新聞節目《美好人生劇場》（Fantástico）播出一項調查報告，說許多家庭補助專案受惠人濫用這項福利。如果你不很清楚這個報告的語氣，不妨想一想，雷根總統執政期間，美國也有類似的民怨，說許多領取救濟金的人駕著凱迪拉克豪華轎車四處遊蕩。巴西其他媒體立即搶搭順風車，從四面八方向政府發動猛轟。民怨開始沸騰；在《美好人生劇場》播出後僅僅一週，政府接到好幾千件憤怒投訴。

魯拉察覺情勢危急，決定毫不迴避、面對批判。他告訴我，「我們在這一刻學到了謙卑的教訓。你必須了解，一項非常大的方案會發生錯誤。你必須承認它們，然後想辦法解決。」為解決這些問題，魯拉成立新部會「社會發展部」（葡萄牙文簡寫為MDS），負責全權監督家庭補助專案。他拋開巴西行之有年的裙帶政治傳統，不考慮黨派淵源，在這個新部門大舉啟用受過高度訓練的技術官僚，包括許多反對黨（巴西社會民主黨）黨員。二○○五年一月，他親自主持公開儀式，啟動一項改善家庭補助專案實施成效的全面新策略。根據這項結合許多官署推動的新策略，魯拉成立一個全國統一登記處，追蹤每一個領取任何形式政府補助的人，將家庭補助專案申領標準中央化，實施正式稽核與抽檢，設置公民監督委員會與投訴熱線，還規定家庭補助專案受惠人必須每兩年續一次約。

到二〇〇六年年中，監督與執行機制已經大幅改善：同年六月，社會發展部將大約五十萬名不合格的受惠人從受惠名單中除名。巴西民眾注意到這些進展，也留下深刻印象。對家庭補助專案的批判浪潮很快風平浪靜，民眾對這項方案的支持也與日俱增。二〇一〇年，世界銀行兩名專家凱西・林德（Kathy Lindert）與范妮娜・文生西尼（Vanina Vincensini），針對民調資料與媒體有關家庭補助專案的報導，發表一篇分析報告。報告中指出，由於實施嚴格管控，魯拉政府讓巴西選民認可家庭補助專案，無論左派、右派都對這項專案廣為支持。

＊＊＊

家庭補助專案能夠贏得民眾青睞，「相對責任」自然居功厥偉。不過事實證明，另兩項創意幾乎也同樣重要。

首先，儘管抱負遠大，與巴西及其他國家的大多數社會福利方案相比，家庭補助專案的花費一直很低廉，而且低得出奇。在實施超過十年後的今天，家庭補助專案已經使大約一千四百萬個家庭、相當於五千五百萬名巴西人受惠。這是一個龐大的數字。但對於一個貧窮家庭而言，非常小額的錢也能產生非常大的影響——由於魯拉與他的顧問都了解這一點，家庭補助專案的個人給付金額很小（根據收入多寡與家庭人口數而有不同）：一般受惠人每個月只能領到六十五美元，而且最多只能到兩百美元。也因此，聖保羅的蓋圖洛．華加司基金會（Getúlio Vargas Foundation）經濟學院院長中野幸昭（Yoshiaki Nakano）就說，儘管有那麼大的規模，「花在家庭補助專案上的錢微不足道」。這話當然有些誇張，但誇張得並不離譜。事實上，這項全世界最具雄心的扶貧計畫之一，以目前而論，成本不到巴西國內生產毛額兩兆兩千億的半個百分點，比巴西花在養老金（回歸性強得多的補助機制）上的十二個百分點少得太多。雖說要找出可以確切做比較的國際例證很難，但證據顯示，家庭補助專案是全世界最廉價的扶貧案之一。英國政府在二〇一一年的一項研究發現，部分由於行政開支極少，家庭補助專案這類發放現金的做法，在人均開支上比實行傳統補助的做法少了三成。

魯拉還有另一項設計，也為家庭補助專案贏得全民大眾的支持：這項專案不僅嘉惠窮人，由於結構使然，最後還能造福巴西全民。魯拉在推出家庭補助專案之初就說，「當數以百萬計的國民都能上超市買牛奶、買麵包時，經濟會更好。窮人會變成消費者。」來自里約熱內盧的社會福利經濟學家萊文納斯說，由於直接發放現金，讓受款人隨意支配，魯拉開創了一種「親市場的打擊貧窮戰法」。就連荷黑・卡斯塔尼達（Jorge Castañeda）也說，家庭補助專案是「新自由色彩濃厚得無以復加……創造性的福利方案」。卡斯塔尼達原是墨西哥保守派政府的外交部長，之後加入共產黨，以拉丁美洲左派執法人自居。

魯拉這項巨型新扶貧運動的創意，在一開始讓那些右派批判人士感到困惑。他們仍然懷疑他是卡斯楚信徒，只不過披了一件企業執行長外衣罷了。但魯拉在其總統任內不斷採取各式各樣的反傳統做法，家庭補助專案的親市場特性不過是其一罷了。在里約熱內盧盤桓的一個下午，聖保羅大學（University of São Paulo）社會學教授伯納杜・索吉（Bernardo Sorj）告訴我，魯拉是政治天才，他的成功祕訣就在於他對傳統慣例的不屑一顧。索吉說，魯拉最大的天賦在於他能「既不左，也不右，而且能完全根據實際狀況隨意變化」。魯拉總統能撇開意識形態，採取「讓每個人都快樂」的基本做法。

魯拉是美國前總統林登・詹森（Lyndon Johnson）的信徒，連詹森那套在接受訪問時喜歡用力捏對方、讓對方注意的做法都學了去。在接受我的訪問時，他不斷為強調而碰觸我的上臂，之後開始捏我的二頭肌，還在訪問尾聲握住我的手臂一連握了好幾分鐘。魯拉還是一位擅長博採眾議的大師，就連喬治・布希（George W. Bush）這樣的國際對手都對他讚譽有加。在其總統任內，魯拉始終都能透過漸進式社會政策，安撫作為他群眾基礎的左派，一方面（特別是在他第一任總統任期間）如索吉所說，極力「尊重現代自由派經濟的基本規則」。在將黨內激進派「馴服」之後，魯拉不斷透過保守派的宏觀經濟政策，向投資人與外國政府這類影響經濟的要角示好。他還懂得如何拉攏大企業，透過政府出資的國家開發銀行（National Development Bank）為大公司提供低利貸款，就是例證。

這種種作為的成果，就是太平洋投資管理公司的埃里安所謂獨一無二的「金融原則民粹主義」。魯拉的做法沒有一定準則。他告訴我，「我可以坦然告訴你，在我的政府統治下，從最窮的人到最有錢的人，每個人都是贏家。」他不受黨派或階級束縛，不斷為最多的人爭取最多的利益。他也知道這種做法有時能讓人困惑不清，無所適從。魯拉說：「過去的同志有時會找上我，對我說，『拜託啦！魯拉！你原來是五金廠工人啊！難道看到那些銀行家賺那麼多錢，你不覺得不順眼嗎？』我告訴他們，『不覺得，不過如果他們偷錢，我就不饒了。』如果說這世上有什麼讓我信之不疑的事，那就是獲利。不過我要大家都知道，我的哲學就根本來說，是一種當母親的哲學。天下最公平的人莫過於母親。做母親的就算有了三百個孩子，也會對他們一視同仁。我經常對巴西人民這麼說：我為全民而統治。無論是最大的農場主，是沒有土地的貧農，是最了不起的銀行家，或是銀行員工，我都能與他們保有良好關係，這也讓我非常引以為傲。」

這項策略極為管用。絕不妥協的實用主義加上一視同仁的做法，不出幾年，就將魯拉塑造成索吉所謂「每個人的偶像」。索吉說，「他成了達沃斯（Davos）與世界社會論壇（World Social Forum）上的英雄。這可是非常了不起的成就。」達沃斯位於瑞士，是世界經濟論壇菁英會議的集會地點，世界社會論壇則是與這個會議打對台的民粹主義集會。

＊＊＊

魯拉不斷強調包容當然為他在政治上帶來不少便利，但巴西選民（像世上其他選民一樣）知道口惠不值錢。魯拉能夠贏得全民支持，靠的是實際施政成果。這些成果——從他整個總統任內接近百分之四的國內生產毛額年均成長率，到打擊貧富懸殊之戰的輝煌戰果——都讓人嘆為觀止。家庭補助專案的成本雖說或許不高，帶來的衝擊卻十分龐大。它不僅讓四分之一以上的巴西民眾（百分之八十五的窮人）受惠，還用小額補助款使巴西最貧困家庭的收入增加了一倍。家庭補助專案在實施最初三年，將極度貧窮人口減少百分之十五，到二〇一四年，生活在赤貧狀態的巴西人已經從百分之九降低到不到百分之三——根據世界銀行的標準，已經相當於根絕。在同一期間，家庭補助專案總計幫助三千六百萬人脫貧。馬蒂亞斯．史佩特（Matias Spektor）因此對我說，這是「自第二次世界大戰戰後的日本以來，國家階級結構出現的最大一次十年期變化」。史佩特是政治學者，也是巴西最大報紙《聖保羅日報》（*Folha de São Paulo*）的專欄作家。

就貧富懸殊問題而言，近年來的研究認為，家庭補助專案讓巴西的整體收入差距拉近三分之一，是繼整體經濟成長之後，造成這項變化最重要的推手。根據社會發展部部長卡匹洛的數據，在二〇〇二年至二〇一三年間，巴西最窮困百分之二十民眾的收入增加百分之六點二，同期間，巴西最富有五分之一民眾的收入，只增加百分之二點六。這與發生在美國的現象成強烈對比。同樣是這段期間的美國，最富有百分之十民眾的收入增加百分之二點六，最貧窮百分之十民眾的收入卻少了百分之八點六。儘管巴西政府還實施了大幅調高最低工資等其他幾項重要的社會補助方案，經濟成長也是重要功臣，但大多數專家同意，巴西窮人整體生活之所以能夠改善，家庭補助專案居功厥偉。隨著巴西經濟成長近年來逐漸放緩，家庭補助專案也發揮了重要的緩衝機制。今天的巴西整體經濟或許受創，但靠著家庭補助專案提供的緩衝，巴西民眾並未受創——至少沒有像在過去一次又一次的危機中受災那麼慘重。

魯拉決心打破巴西家庭貧窮世代相傳的傳統，家庭補助專案對這個目標的達成也有極大貢獻：在它協助下，巴西疫苗注射率增加到百分之九十九，赤貧地區兒童營養不良比率降低百分之十六，擁有健康體重—年齡比的可能性也增加百分之二十六。十年來，嬰兒夭折率降低百分之四十，特別是營養不良致死率更降低百分之五十八，是全球各地僅見最大降幅。同時，被迫輟學工作的兒童人數降低百分之十四。家庭補助專案受惠學童的畢業率，比專案外的貧窮學童高了一倍。巴西赤貧地區學童的到課率，也因這項專案而改善了百分之十四。一個令人欣喜的結果是，國民識字率上升了。

巴西最窮苦民眾的生活與人生態度，也因這項專案出現比較不具體、比較難測但同樣重要的改變。研究顯示，家庭補助專案讓巴西婦女控制家庭銀行帳戶，從而提升了巴西的女權；舉例來說，參與這項專案的婦女認為，自己有權控制婚姻生活中節育問題的比例，比其他婦女高百分之十。此外，這項專案似乎還對巴西窮人的自我控制意識造成重大衝擊。最近在三個不同城市，對一千四百名家庭補助專案受惠人進行的調查發現，四分之三的受惠人沒有因為自己依賴政府補助而感到羞恥，還說他們引以為榮，因為有了這項專案，他們不需向人求告也能讓家人有吃有穿，可以因此「過比較自主而且有尊嚴的日子」。

參加這項專案的巴西人甚至說，他們因此對國家的民主更具信心。一項福利方案能有這樣的成果或許看來有些奇怪，不過史佩特對此有解釋。他說，由於監控機制嚴厲，並且使用電子銀行卡轉帳[5]，家庭補助專案始終能在相當程度上與貪汙絕緣，「打破了長久以來讓巴西窮人恆窮的裙帶系統政治機制。根據這種系統，社會政策一般都由地方領導人與地方政府私下密謀敲定。家庭補助專案讓這批地方人物再也無法上下其手。突然間，掌控福利專案的是一小群遠在巴西利亞、個個都是西方大學博士的人，由這群人直接把錢發放給窮人」。魯拉在接受我的訪問時說得更明白：「家庭補助專案之所以這麼成功，部分原因是錢直接轉帳，沒有人從中經手。它由受惠人用提款卡直接上銀行提款。所以領款的人不必看總統、看省長、看他們的國會議員或市長的臉色。」

最後，正如魯拉保證的，家庭補助專案果然促成整體經濟大幅成長。由於讓窮人有更多錢可花，這項專案增加了國內消費。對於巴西這樣一個大多數進口產業始終難以振作的國家而言，提振國內消費是一項特別重要的經濟推手。雖說這些補助經費大多花在食品上，魯拉說，「領到家庭補助的人有百分之八十買了電視機，百分之七十九的人買了電冰箱，百分之五十的人買了洗衣機。就這樣，原本似乎是用來協助生活在十八世紀狀況下的窮人的專案，結果滿足了現代製造業者的需求，造就了好幾百萬個就業機會。每個人都是贏家。」魯拉這話似有誇口之嫌，但數字證明他說的沒錯：經濟專家估計，家庭補助專案自實施以來，每開支一里爾，就使巴西國內生產毛額增加一點七八里爾。

＊＊＊

這許多成就，讓家庭補助專案在巴西成為大熱門，民調支持率一直在百分之七十五居高不下。萊文納斯告訴我，每個人都很開心，「窮人開心，因為他們沒那麼窮了，富人開心，因為這項專案根本不花什麼錢，他們不在乎」。就算巴西選民中傳統上最保守的中產階級，也支持家庭補助專案。誠如史佩特所說，這個族群「生長在一個情況永遠

5　值得注意的是，雖說魯拉的整體聲望因最近的貪腐調查而受創，沒有人質疑家庭補助專案的成功或清廉程度。

只是不斷惡化的國家。隨著巴西（八〇年代中期）民主化，暴力不斷升高，貧富差距不斷拉大，通貨膨脹持續惡化。我們無論想什麼，只會往壞裡想。你若想有前途，就趕緊學英文，儘快逃離這個地方。現在突然間，我寧願留在這裡，其他哪裡都不想去，這全是家庭補助專案之功」。

這種全國上下有志一同的熱誠，在魯拉二〇〇六年競選連任期間首次展現。儘管經濟成長數字亮麗，儘管他一面努力耕耘與右派的關係，一面極力拉攏左派，但魯拉這場選戰打得十分艱苦。二〇〇五年至二〇〇六年間爆發一連串令人尷尬的貪汙醜聞，他的許多重要顧問被迫辭職。這些早先的醜聞，與目前這波有關國營石油公司巴西石油（Petrobras）的指控無關。早先這些醜聞中鬧得最兇的，是所謂「每月津貼案」（mensalão），根據相關指控，政府涉嫌每個月付錢給它在國會的盟友，買通它們的支持。這些指控重創魯拉的民調數字，許多分析家開始預測他在第一輪就會敗選（巴西的選舉分兩階段）。但最後投票結果顯示，魯拉不僅撐過第一輪，還在第二輪決戰中以二十二個百分點擊潰他的對手、社會民主黨的吉拉杜．奧克明（Geraldo Alckmin）。

何以如此？儘管魯拉顯然不能與貪汙一事撇清（這事後來讓魯拉更加灰頭土臉），讓人憤恨、難堪，但大多數巴西人決定用他們的荷包投票。特別是巴西最窮、教育程度最低，也就是受惠家庭補助專案最多的族群尤其如此。根據溫迪．杭特（Wendy Hunter）與提摩西．鮑華（Timothy J. Power）等兩位美國學者的一項選情分析，在那一年的選舉，收入不到最低工資五倍的選民，有六成支持這位現任總統，在低度開發的東北部，魯拉囊括百分之八十五的選票。

靠政府花錢而改善生活的巴西人，投票支持發錢給他們的人，這或許不足為奇。但儘管出身工運，魯拉在二〇〇六年大選獲得窮人力挺的成果，徹底打破了過去的投票型態。在那年以前，大多數貧窮選民不肯支持魯拉與他們眼中代表知識份子菁英的工人黨。事實上，儘管魯拉崛起於左派，在之前四次選戰中，支持他的票大多來自巴西比較富裕的省分。用史佩特的話來說，在過去，窮人眼中的魯拉一直就是那個「留著一把可笑的大鬍子，全身毛茸茸，口口聲聲喊革命」的傢伙。也由於窮人多年來一直遭巴西政治系統蹂躪，這些革命口號「在他們看來根本是瘋話」。他們就這樣一直排斥魯拉，直到二〇〇六年家庭補助專案重繪選情地圖為止。

這種轉變也出現在巴西其他政界人士身上。家庭補助專案推出之後幾年，他們幾乎全部力挺這項專案。魯拉親手提拔的接班人迪爾瑪．羅塞芙（Dilma Rousseff）在就任總統以後，將專案規模與福利內容擴大了好幾次。她甚至推出一項叫做「積極尋找」

（Busca Ativa）的行動，派出有冒險精神的社工，深入巴西最偏遠角落（不時得乘小艇在叢林穿行），尋找更多需要補助的巴西人。在二〇一四年大選期間，她的兩名對手都保證還會進一步擴大家庭補助專案。巴西利亞政治顧問迪亞哥．迪．艾拉高（Thiago de Aragão）說，不支持這項專案等於是「政治自殺」。

但這一切並不表示家庭補助專案十全十美。這項專案雖讓巴西邁出歷史性大步，但巴西的貧富懸殊問題仍然極端嚴重。魯拉的接班人績效不佳，經濟成長停滯不前，外債不斷攀高。此外，家庭補助專案儘管規模龐大，生活在貧窮線以下的巴西人仍有大約兩千八百萬。有些專家擔心，這項專案過於偏重巴西兒童的需求，忽略了他們那些貧困的父母（孩子一滿十七歲，父母的福利立即驟減）。一些強調女權的學者，如倫敦大學（University College London）的馬斯尼．莫利紐茲（Maxine Molyneux）也提出警告說，家庭補助專案這類社會福利方案以「做個好母親」為發放補助的條件，會進一步激化傳統性別角色。萊文納斯等人也指出，巴西政府雖然在把孩子送進學校這件事上做得不錯，但在改善實際教育這方面卻做得太少。巴西人之所以在二〇一三年大舉走上街頭，抗議政府服務太差，這是眾多理由之一。

家庭補助專案造成的正面效應，也因巴西採取的累退稅制而遭大幅抵銷。累退稅制極度仰賴消費稅；這種遍及幾乎每一筆貨品與服務交易的稅，耗損了很大一部分家庭補助專案的定期津貼。有人估計，家庭補助專案的津貼有百分之五十五用來支付消費稅。最後，金融分析師也抨擊家庭補助專案，說它用犧牲整體經濟成長的方式來拉近貧富差距，還有些巴西人仍然堅信直接發錢只會讓人更仰賴救濟。

換句話說，家庭補助專案當然可以、也應該改善。巴西同時還迫切需要進行稅改、醫療健保與教育改革，需要對基礎建設做更多的投資。但太多證據證明，以上那些指控中，至少最後兩項並不正確。政府統計數字顯示，家庭補助專案中百分之七十五的成年受惠人有工作，沒有工作的受惠人一般都是因為住在貧困地區，沒有工作可做。這樣的發現並不奇怪：杭特就曾指出，家庭補助專案的補助金實在太少，「腦筋清醒的人不會為了這區區之數而放棄一份像樣的工作」。

也因此，雖說有其瑕疵，支持這項專案的人比批判它的人多得多，也就不足為奇。一個華府智庫「全球開發中心」（Center for Global Development）負責人南西．伯紹爾（Nancy Birdsall）說：「如果說開發這個領域出現過一枚魔法子彈，那就是家庭補助專案了。」《紐約時報》（*New York Times*）與《經濟學人》（*The Economist*）等著名媒體也對這項專案讚譽有加。《紐約時報》說，家庭補助專案「很可能是世上僅見最重要的政府扶貧計畫」。《經濟學人》也說它是「一項驚人成功」。

不過，最能證明家庭補助專案——以及魯拉用來制定它、推銷它的非傳統全民共享做法——成就確實不凡的，或許是以下事實：自專案推出以來，超過六十三個國家已經派遣專家到巴西取經。事實上，家庭補助專案實施不到幾年，社會發展部因為來自國外、請它提供顧問的要求多得應接不暇，乾脆每年舉行兩次研討會，說明如何在其他地方推動類似方案。在寫到這裡時，至少又有四十個國家已經開始照辦，包括大多數拉丁美洲國家，以及孟加拉、印尼、摩洛哥、南非與土耳其等等。

家庭補助專案的魅力甚至延燒到富裕世界。二〇〇七年四月，紐約市市長麥克・彭博（Michael Bloomberg）——又是一位以行事不拘傳統、只要認為可行就採用的政治人物——以試點方式推出已開發世界第一項家庭補助專案式、有條件的現金轉帳方案：「紐約市機會」（Opportunity NYC）。基於明顯理由，在富裕國家推動家庭補助專案這類社福方案更複雜，成本也更高。紐約市這項種子方案，遭到保守派與自由派的兩面圍剿——保守派不滿方案成本太高，而且它花錢為的是要窮人做他們本來就應該做的事；自由派則說它是故作屈尊——本也在預期之中。但密西根大學（University of Michigan）國家貧窮防治中心（National Poverty Center）的一項研究發現，「紐約市機會」雖說有些瑕疵，但造福參與的家庭頗深。紐約市與曼非斯（Memphis）最近都推出取名「家庭獎勵二・〇」（Family Rewards 2.0）的又一類似方案，原因就在這裡。「家庭獎勵二・〇」以彭博的種子實驗與之前魯拉的家庭補助專案為範本。如果說，還需要什麼才能證明巴西這項大實驗的全球魅力，這就是了。

第二章

讓適當的人進來

加拿大的移民革命

二十世紀中葉是全球各地亂成一團的時代。第二次世界大戰造成的毀滅以及去殖民化的混亂，使數以百萬計的人離鄉背井，尋求更安全、更繁榮的家園。不過，無論你多想拋開舊世界和舊生活、在新世界追尋更美好的人生，你多半不會考慮加拿大，特別是如果你的皮膚帶一點顏色，尤其不會考慮。在整個大戰期間，加拿大接受的移民人數少得可憐（在一九四二年僅有七千五百人）。戰後十年間，移民人數雖然增加，但獲許進來的都是白人。根據「白加」政策（White Canada Policy），實際上只有歐洲人與美國人獲許進入加拿大定居，其他人都不受歡迎。加拿大總理威廉・里昂・麥肯齊・金恩（William Lyon Mackenzie King）在一九四七年毫不掩飾地告訴國會，加拿大人有一項「全民共識」，就是不對移民嚴加管控，會為加拿大（純正盎格魯—薩克森白人社會）

的「國家特性帶來基本性變化」。當然沒有人願意出現這種變化。

現在的情況不大一樣了。不久前一個冬日早晨發生的事，就是這些變化的鮮明寫照。那天是二〇一五年十二月十日。當時歐美各地政界正為是否收容任何敘利亞難民而爭得你死我活，許多國家還在邊界建立阻擋難民的新柵欄。但在多倫多，加拿大新總理賈斯汀．杜魯道（Justin Trudeau）站在機場入境廳，一邊為第一批入境加拿大的敘利亞難民發送冬衣，一邊對他們說，「你們現在回到家，安全了。」加拿大在之後幾個月收容了兩萬五千名敘利亞難民，是美國打算在一整年內收容的難民總數的兩倍有餘。

杜魯道這番表態雖頗富戲劇性，但對今天的加拿大而言，卻完全不意外。今天有志移民的人想進加拿大不難，如果是有技術、受過高等教育的年輕人，加拿大更會向他們張開雙手。加拿大移民部部長經常在全球各地旅行，宣揚在加拿大生活、工作的種種好處。舉例來說，二〇一三年，加拿大移民部鎖定外國出生、領不到美國工作簽證的電腦專才，在矽谷推出一個廣告告示，上面寫著「有H-1B的問題[6]？來加拿大就對了。」（H-1B Problems? Pivot to Canada.）換言之，無論你來自何方，加拿大政府很可能都會需

6 譯按：H-1B是美國的非移民簽證。

要你。

加拿大人也歡迎移民。今天的加拿大擁有全世界最高的人均移民率，比美國高出一倍還不止。在過去二十年，加拿大每年收容二十五萬新移民，人數將近全國人口百分之一，根據政府預估，二〇一八年的年度移民總數將創下三十三萬七千人的高峰。截至目前為止，超過百分之二十的加拿大人口是外國出生的移民，就算你把美國境內的非法移民人數也算進去，這數字也幾乎是美國的兩倍，而且這項比率可望在二〇三一年超過四分之一。此外，以近年而論，新加拿大人的三大來源國是菲律賓、中國與印度。什麼「純正盎格魯—薩克森白人社會」，早已埋進歷史塵煙。

但加拿大百姓對這種現象欣喜非常。民調顯示，三分之二的加拿大民眾認為，移民是加拿大一項關鍵的正面特性，同樣比例的民眾贊成繼續維持現有規模，甚或更進一步提升。儘管全球經濟衰退，恐怖主義猖獗，加拿大民眾對移民的支持度，近年來仍然創下歷史新高。只有四分之一的加拿大人認為移民是個問題，這是工業化世界目前為止的最低占比。對政府處理移民議題的方式表示贊同的加拿大人，比美國人或英國人多一倍。另一方面，只有百分之二十的加拿大民眾主張減少新移民人數。誠如多倫多大學（University of Toronto）社會學者傑佛瑞・雷茲（Jeffrey Reitz）所說，由於加拿大人太愛移民，就連加國批判移民之士主張的移民層次，都比其他富裕國家贊成移民之士來得高。近年來，幾乎每一個先進工業化民主國家都免不了地方民粹主義怒潮氾濫之害，只有一個國家得免此厄。相信不用說，你也知道是哪一個國家了。有紀錄為證：半個世紀以來，加拿大就連一次反移民暴亂也沒有出現過。

這個偉大的白色北國是怎麼回事？為什麼現在的加拿大人，與短短幾十年前的加拿大人以及今天幾乎所有其他人都不一樣？他們為什麼這麼願意開放國門？說加拿大一直就是移民國家雖然也是事實，但僅僅這麼說還不夠，因為比它更加排外得多的美國也是移民國家。若說加拿大目前這種態度是一種古怪的遺傳，也不真確。沒錯，加拿大人向以極其有禮、愛做好事著稱（他們就連走路撞到牆壁都會道歉）。雖說我媽就是加拿大人，她會告訴你，加拿大人天生就比美國人或任何其他國家的人慷慨，但那不是實情。他們之所以這麼接受外人並非天生。事實上，就像本書討論的每一個成功故事一樣，這是極度智慧領導下的產物。渥太華這個城市告訴加拿大人，移民不是政治與社會系統之毒，而是一種核心特色：是加拿大國家認同與成功的重要泉源。

但加拿大政府之所以擁抱移民倒不是因為它大公無私，也不是出於原則考量。而是因為它非這麼做不可。加拿大人這種特質，是出於必要的產物。

＊＊＊

最能代表這項事實、展現加拿大這種演變的人，莫過於加拿大現任領導人的父親、在一九六八年到一九八四年間擔任加拿大總理的皮耶・艾利奧・杜魯道（Pierre Elliott Trudeau）。

在今天一般世人的心目中，老杜魯道是那種學而優則仕的政治人物的縮影：一位才華洋溢、喜歡引用柏拉圖的世界主義哲人，留長髮，愛聽「披頭四」（the Beatles）音樂，做瑜伽，他向世人證明，你其實可以簡簡單單用一句話，就把「性感」與「加拿大人」結合在一起。雖說他臉頰凹陷、長滿痘瘡而且禿頂，老杜魯道卻讓人魅力難擋。他在一九六五年從政，當年是加拿大最有身價的單身漢，曾與包括芭芭拉・史翠珊（Barbra Streisand）等一長串名媛約會，最後娶了一位比他年輕二十九歲的嬉皮黑髮美女。

但老杜魯道並非一開始就這麼開明——而這是這篇故事的關鍵，他與加拿大後來出現的移民改革，是重要原因。老杜魯道出生在蒙特婁（Montreal）一個富裕之家，父親夏雷・艾米爾（Charles-Émile）是農家子，喜歡喝酒賭博，因經營加油站致富。就像當年加拿大那些傳統上受迫害的法語少數族裔一樣，杜魯道採取的從政之道也如出一轍：作為反動派天主教徒、法國愛國主義與種族沙文主義者。儘管他是異族通婚之後——他的母親葛莉絲・艾利奧（Grace Elliott）是法國與蘇格蘭混血，他在家裡講法語也講英語——青少年時代的杜魯道就加入革命分離派祕密組織「獵人兄弟」（Frères Chasseurs），寫種族歧視的劇本，至少參加過一次反猶太暴動，還曾在第二次世界大戰（他認為加拿大不應該參加這場戰爭）期間對群眾說，「移民的和平入侵，比敵人武裝入侵更可怕」。

但老杜魯道從蒙特婁大學（University of Montreal）取得法學學位以後，他走出了魁北克與世隔離的世界。一九四四年，他進入哈佛攻讀政治經濟碩士，還在宿舍門上釘了一面牌子，寫著「皮耶・杜魯道，世界公民」幾個字。之後他先後留學法國與英國，成為倫敦政經學院（London School of Economics）著名政治學者哈羅德・拉斯基（Harold Laski）的門生。拉斯基是社會主義信徒，也是猶太人。受教於拉斯基，再加上之後背著背包、在全球各地遊蕩一年的經驗，徹底洗去了這名法裔加拿大青年的種族情結。一九四九年，老杜魯道留著頹廢的大鬍子，抱著滿腔非常不一樣的思想回到加拿大。他當了記者、民權運動人士與法學教授。幾年後，當他在一九六五年進入政壇時，老杜魯道已經是一位徹頭徹尾的左派與死忠的加拿大聯邦主義信徒。富裕多金、彷彿貴族的他，開賓士敞篷車，手戴勞力士金錶，十足反傳統嬉皮派頭（至少對政治人物而言）。他開始在西裝翻領上別一朵紅玫瑰花，曾因為戴一頂誇張的帽子進國會而遭人取笑；他為了扭轉形象，於是改穿拖鞋進國會。在一九六八年當選總理以後，已經以精明、講求實際著稱的他，還在渥太華蘇塞克斯大道（Sussex Drive）二十四號的總理官邸掛了一張織毯，上面繡著他的座右銘：「理智勝於感情」（Reason Over Passion）。不過，老杜魯道或許已經轉型，但他的那些同胞還沒能跟上腳步。就在身為法裔加拿大人後代的他當權時，當時占加拿大人口三分之一的法語選民，不滿之聲正達於鼎沸。

那段時間，魁北克人有很多不滿的理由。在加拿大於一八六七年獨立以後幾十年，他們一直是強制同化、歧視與偏見的受害人。加拿大的英裔菁英往往將說法語的加拿大人視為二等公民；多倫多一家報紙在一八八九年刊出的一段評論，堪稱是這類種族偏見的集大成之作——法裔加拿大人「又髒又臭……兩眼混濁、視物不清」，將他們視為一般說英語的公民，就像「將南非霍坦圖（Hottentot）[7]人視為有文明教化的歐洲人」一樣。這類偏見一直延續到二十世紀；在進入二十世紀幾年以後，許多加拿大省分仍然禁止省內學校教授法語，還規定教師必須通過英語能力資格考試。由於事情演變過於惡劣，在一八四〇年至一九三〇年間，近一百萬法裔加拿大人逃離加拿大前往美國。歷史學者認定，這些在本國遭到的歧見與不公是造成這波逃亡潮的主因。

之後幾十年，一些最極端的迫害逐漸退潮，但直到老杜魯道上台之初，魁北克省每人平均收入仍然只有全國的三分之二，在聯邦官僚系統高層與企業界，說法語的人數仍嫌過少。

第二次世界大戰結束後，這類不公造成的民怨，加以天主教會的暗中助長，魁北克人為爭取平等地位，終於採取行動，導致後來所謂「寧靜革命」（Quiet Revolution）。到二十世紀六〇年代末期，這場革命聲勢愈演愈烈，不再「寧靜」。要求魁北克脫離加拿大的呼聲在省內逐漸升溫，法國總統戴高樂（Charles de Gaulle）在一九六七年訪問魁北克時，還推波助瀾，從蒙特婁一處陽台上大呼「魁北克解放萬歲！」（當然戴高樂很快就被當局請出國門）情勢更加惡化，激進份子甚至組成「魁北克解放陣線」（Front de libération du Québec, FLQ），展開武裝暴力行動，爭取魁北克獨立。整個六〇年代，魁北克解放陣線發動兩百多起炸彈攻擊事件，其中一九六九年二月在蒙特婁股票市場的一次爆炸，造成二十七人受傷，情況尤其嚴重。翌年，暴力浪潮進一步沸騰，魁北克解

7 譯按：以游獵維生的游牧部族。

放陣線綁架英國駐外商務專員詹姆斯・克羅斯（James Cross）與魁省勞工部長皮耶・拉波蒂（Pierre Laporte）。拉波蒂最後被人發現陳屍在一輛綠色雪佛蘭車的行李箱中，被自己的金項鍊勒死。克羅斯則安然脫險。

＊＊＊

這些事件說明，老杜魯道在一九六八年上台時面對兩個相互牽扯的大難題，他因此很快展開行動，改革加拿大的移民政策。

第一個難題是，如何一方面安撫魁北克選民，但同時讓加拿大這個結構鬆散、形同邦聯一樣的國家繼續團結在一起。

對老杜魯道這位加拿大有史以來的第三任法裔領導人而言，這是一項非常私人的挑戰。有鑒於他的雙文化背景，以及他早年參與激進分離運動的經歷，他似乎是因應這項挑戰的最佳人選。但老杜魯道最初的行動完全談不上成功。經過數十年的漠視，在老杜魯道就任之前五年，憂心忡忡的渥太華終於因為這項政府報告中所謂「加拿大史上最嚴重的危機」，指派一個「雙語與雙文化問題皇家調查委員會」（Royal Commission on Bilingualism and Biculturalism），提出解決之道。一九六九年，老杜魯道根據這個調查委員會的建議，推出他的第一項重要施政：《官方語言法案》（Official Languages Act, OLA）。這項法案規定政府必須以雙語行事，並保證在全國各地實施雙語教育，正式讓法語在加拿大史上首次享有與英語平等的待遇。

但《官方語言法案》不但沒有緩和緊張情勢，反而帶來雪上加霜的後果。這項法案當然獲得法語人士支持，但說英語的菁英當然不高興。此外，它還遭到其他少數族裔，特別是加拿大遠西數省的少數族裔激烈抗拒。這些少數族裔的代表人物是烏克蘭移民之子、參議員保羅・尤澤克（Paul Yuzyk）。一幅硬漢模樣的尤澤克，在從政以前原是加拿大曼尼托巴省（Manitoba）的斯拉夫民族問題教授。這些開始自稱「第三勢力」、往往為人遺忘的族群，大多是東歐人，不過也包括義大利人、亞美尼亞人、葡萄牙人、希臘人與猶太人。他們當時占有加拿大人口約百分之二十六，是老杜魯道所屬自由黨（Liberal Party）的一處關鍵性票倉。但他們既不認為英語、也不認為法語是他們的母語，當然也不願見到英語或法語成為官方語言。他們於是在尤澤克的領導下譴責《官方語言法》，說這項法案漠視他們存在的事實。

這迫使老杜魯道採取一種更全面的策略。這一次，他決定不再採取又一項漸進式做法，嘗試大膽得出奇的行動：將加拿大的基本認同從雙元國轉型為多元文化國。一九七一年十月八日，老杜魯道走進加拿大的新哥德式國會大樓，在一次引起大震撼的演說中宣布「文化多元主義是加拿大認同的精神所在」，政府的雙語政策還不足以發揚這種精神。他說，「我們不能為英裔與法裔人士訂定一種文化政策，為原住民族訂定又一種文化政策，再為所有其他人訂定第三種文化政策。我們雖有兩種官方語言，但沒有官方文化，也沒有一個族裔團體能超越任何其他族裔團體。任何公民或任何公民團體都是加拿大人，都應享有公平待遇。」

為確實達到這項施政目標，老杜魯道建立「多元文化部」（Ministry of Multiculturalism），世界上第一個這種部門，以及一個「加拿大多元文化顧問委員會」（Canadian Consultative Council on Multiculturalism）。老杜魯道在任期間不斷增加對這兩個部會的支持，將它們的預算從一開始的三百萬美元，增加到一九八四年他卸任那一年的兩千三百萬美元。他並且在一九七八年建立加拿大人權委員會（Canadian Human Rights Commission），領導打擊歧視的聯邦教育運動，受理民營事業有關不公平待遇的投訴。

老杜魯道喜歡向民眾強調，他做所有這些事的動機至少部分出於理想主義。他後來說，「加拿大如果想存活，就只有靠互相尊重與彼此相愛才能辦得到。所有證據都顯示，這位自封「世界公民」的總理，真心想建立一種加拿大特有的多元性新認同，一種讓每一個人，無論是法裔、英裔與加拿大其他少數族裔都能接受的認同。不過，一九七一年老杜魯道這篇講詞中雖也短暫提到，像往常一樣，但加拿大的原住民族大體上並沒有納入這種平等系統。

毫無疑問，老杜魯道這種重塑加拿大自我種族形象的做法具有政治風險。保守派就挖苦說，這是一種讓人感覺甚好的操弄，充其量不過是政府出錢，搞一些「土風舞、慶祝活動……歌唱比賽」罷了。這麼說並不公允；政府雖說確實增加了族裔傳統節慶的活動經費，但也資助族裔倡導團體與其他相關方案，推動族裔整合。許多魁北克人也擔心，推動多元文化以後，套用多倫多大學社會學者傑佛瑞．雷茲的說法，「法國文化會遭到降級，淪為多種文化中的一個。」

此外，多元文化主義很快就在世上其他地方背負罵名，而且幾十年來這類罵名還有增無已。近年來，從英國首相大衛．卡麥隆（David Cameron）到德國總理安格拉．梅克爾（Angela Merkel）等政界人物，紛紛譴責多元文化政策；以卡麥隆為例，最近就將許多標準批判歸納總結，指多元文化會讓國家認同的共同意識受挫，還會鼓勵文化「巴爾幹化」（各行其是）。甚至早在一九七一年，老杜魯道這種新做法就已經引發焦慮；《多倫多星報》（*Toronto Star*）當年就撰文說，它可能讓移民以為加拿大是一個毫無關聯的「族裔聚居地」。

但老杜魯道早已料到這種種風險，對於如何訂定他的新計畫與如何推銷它們的問題，也有深思熟慮的準備。他的天字第一號傳記作家約翰．英格利希（John English）告訴我，老杜魯道知道他的做法有可能造成「族裔聚落貧民窟」，而這是他堅決反對的。於是在十月這篇演說中，老杜魯道不僅宣布政府要支持加拿大所有的文化，「弱小團體獲得的支持，不會少於強大、組織嚴密的團體」，還宣布這些支持附帶一個條件——想取得這項支持的團體，首先必須展現「一種為加拿大獻身的……意願與努力」。他要表達的基本訊息很明確：社會整合仍是基本目標。唯一不同的是，老杜魯道現在堅持，社會整合以及族裔文化傳統的保留不必相互排斥。

老杜魯道的行動，或許看起來像極了烏托邦式決策，但實際上它們卻都經過精密、踏實的考量。無論他當年在公開場合怎麼說，儘管他在之後幾篇後續演說中也刻意迴避，老杜魯道之所以推動多元文化主義，有一項實際而且頗具政治性的優先重點：降低魁北克分離主義的威脅，維護加拿大一統。

但保衛聯邦不過是這故事的部分內容而已。別忘了，老杜魯道上台時面對的大問題有兩個。加拿大的文化分裂不過是其一。第二個問題也同樣急需解決：如何同化剛開始像潮水般、一波波湧入加拿大的移民。

這些新移民大多不是白人，第二項挑戰也因這事實而更加緊迫。

＊＊＊

想了解這項突如其來的重大改變因何而至，你得先知道，二十世紀五〇與六〇年代的加拿大是一個古怪的國家——老杜魯道本人就曾說，加拿大是一個「構築在違反任何共同、地緣、歷史或文化意識上」的國家。它一方面是個幅員廣闊的大國，就土地面積而言是全世界第二大國。另一方面，它的人口卻很稀少：一九六〇年時全國只有不到一千八百萬人，約為當時美國人口的十分之一。

這兩個事實多年來一直令渥太華當局心焦如焚。人力與移民部（Department of Manpower and Immigration）在一九六六年的一份報告中說，加拿大「就大多數評估標準而言，都是一個人口過於稀少的國家」，並呼籲政府「盡快填滿我們空蕩蕩的空間」。之前幾年，保守黨總理約翰．戴芬貝克（John Diefenbaker）也曾警告，「加拿大必須增加人口，否則會滅亡」。

這個問題之所以這麼緊急，有兩個原因。首先，人數過少使聯邦政府很難控制它廣大的土地。就像今天一樣，當年大多數加拿大人也住在加國南疆，與美國接壤、綿延四千英里的一條狹長地帶。難以管控的問題尤其嚴重：住在這裡的加拿大人，與他們南方鄰居的認同感，幾不下於與北美大陸另一邊同胞的認同感——新斯科細亞（Nova Scotia）省人認同新英格蘭（New England）州居民、曼尼托巴（Manitoba）省人認同明尼蘇達（Minnesota）州居民、亞伯達（Alberta）省牛仔認同蒙大拿（Montana）州牧場主、一年四季泡在雨水中的卑詩（British Columbia）省人認同華盛頓（Washington）州居民，情況都是如此。

第二個原因是，加拿大經濟正開始起飛——在一九三九年至一九六二年間，加拿大國內生產毛額從五十七億美元飛漲到三百六十億美元，除非有更多工人，否則它可能因後繼乏力而失速墜落。但事實證明，想得到這些工人很難，因為當時美國的經濟也在起飛。事實上，美國對勞工、特別是熟練技術人員的需求，在第二次世界大戰後幾年迅速膨脹，加拿大擁有的少許這類人員也開始被南方吸引。在一九五三年至一九六三年間，加拿大有四萬多名專業人士與四萬多名熟練技工為美國市場吸收。結果是，渥太華急需更多加拿大人。問題是這些人要怎麼樣產生。

過去許多年，這樣的問題並不存在。一九四七年，當麥肯齊．金恩發表那篇為「白加」政策辯護的演說時，他不是在宣布新方向，而是在為渥太華行之幾十年的慣例辯護。自一八六七年獨立以來，加拿大政府一直奉行一種擺明了歧視的移民政策（其實當時大多數國家都這樣）。為保證只有適當的人才能來加拿大定居，渥太華當局將外國人分為三類：「歡迎來」、「勉強接受」與「排斥」。第一類是來自英倫三島與北歐的移民，是加拿大積極爭取的對象。第二類是來自南歐或東歐的移民，只有在特別嚴重的人力荒出現時，才會勉為其難地接受。其他所有外國人都屬於第三類，取名「排斥」就說明了他們無論什麼時間都在禁止入境之列。就像一八〇〇年代與一九〇〇年代初期的美國西部一樣，加拿大人也非常恐懼與厭惡亞洲移民。

加拿大還透過各式各樣假科研報告，為這種種族歧視找理由。根據學者艾絲裴・卡麥隆（Elspeth Cameron）的紀錄，在這段期間，加拿大的「醫師、記者、哲人、政界人物與詩人異口同聲」，都說「加拿大的北國環境只適合……北方的白人」。寫過加拿大移民史的作家華雷利・諾里斯（Valerie Knowles）說，加拿大在一九五二年通過法案，讓聯邦內閣享有無限制裁量權，「以國籍、族裔團體、職業、生活方式、不能適應加拿大的氣候」——不知這話究竟什麼意思——以及「可能無法迅速融入加拿大社會」為由，禁止或限制移民入境。這類政策在當年非常流行。一九五四年，美國最高法院在

「布朗控訴教育局」（Brown v. Board of Education）一案中認定官方種族隔離非法；同一年，加拿大最自由派的報紙卻宣稱，種族歧視是「我國移民政策的一項既定、而且合情合理的特色」。

不過第二次世界大戰、猶太人大屠殺、去殖民化，以及全球人權運動崛起與加拿大的熱衷參與，都使這些明目張膽的歧視政策難以持續。從一九五〇年代起，加拿大在大英國協裡的非白人朋友，以及加拿大勞工大會（Canadian Congress of Labour）等國內倡導團體開始悄然指出，加拿大一方面在聯合國與其他國際組織慷慨陳詞，抨擊種族歧視，一方面卻在國內搞種族歧視。這種壓力使加拿大政府擔心自己的形象。一九五七年，政府內部的一項工作文件建議，「修訂我們的移民法，以免遭到種族歧視的指控」，一方面繼續限制非白人移民「以防範亞洲少數族裔問題惡化」。

但想維持這種限制，甚至只是祕密進行，也愈來愈難。因為從六〇年代初期起，加拿大遭遇一個比國際罵名更大的問題。就在勞工短缺問題逐漸激化的同時，它最喜歡的移民源頭，也因為歐洲終於走出第二次世界大戰的毀滅、開始復甦而益趨乾涸。特別是熟練工人尤其變得難找。

就這樣，同樣主要出於逼不得已而非原則，渥太華當局需要改變路線。一九六二年，加拿大正式放棄以種族作為移民評估基礎，成為世上第一個這麼做的國家。它決定以申請人的教育、專業與技術資格，作為是否批准移民的根據。時任加拿大移民部長的艾倫・費克勞（Ellen Fairclough）在解釋這些新規則時說，「任何資格合適的人，無論來自世上任何角落」都可以進入加拿大，政府只看「他本身的才幹，不考慮他的種族、膚色或來自哪一國」。

這聽起來真不錯。只是誠如安大略（Ontario）省京士頓皇后大學（Queen's University Kingston）社會學教授理查・戴伊（Richard J. F. Day）所說，費克勞「沒有完全吐實」。事實證明，這種不分膚色的新做法，並沒有它表面上那樣公正無私：之後五年間，渥太華當局繼續對非歐洲移民的人數嚴厲設限，只准許已經在加拿大的非歐洲移民贊助親戚來加國移民，而且只在美國、英國與北歐招人。這種偽善或許也不足為奇：就在費克勞做這項宣布一年以前，移民部地區總監巴斯克維爾（W. R. Baskerville）說，這項改革的目標表面上雖是要「廢除種族歧視」，渥太華當局骨子裡「仍偏重傳統上那些為它帶來移民的國家」。

也就因為這種偽善，新政策既未能吸引足夠的新工人，也不能讓加拿大政府免於國內與國際的譴責。因此在五年後，總理李斯特・皮爾森（Lester Pearson）的自由黨政府，終於將移民系統中一切殘存的族裔標準完全剔除。皮爾森採用一項創意新政策，直到今天，加拿大移民系統仍維持這項新政策的基本格局。從此以後，所有獨立申請移民的人，無論出生地或種族，都得經過教育、年齡、英語或法語流利度，以及技能是否切合加拿大經濟需求等九項評估標準評分，達到一定分數的人就能進入加拿大。就只這樣，其他一切都不在考慮之列。

這項政策轉型的效果不僅立竿見影，而且十分巨大。一九四六年至一九五三年間，百分之九十六的加拿大移民來自歐洲。到一九六八年至一九八八年間，歐洲移民占比已經驟降至百分之三十八。到一九七七年，直到一九六二年以前一直不得其門而入的亞洲人、加勒比海人、拉丁美洲人與非洲人，開始在每年進入加拿大的移民中占了半數以上。

有鑒於加拿大那段不很高貴的歷史，以及它當年的種族構成狀況，這些變化果然在一開始引發激烈反對，特別是在魁北克，情況尤其嚴重。雖說眾多政治機構已經被迫接受不論膚色的移民概念，大多數加拿大人還沒有。一九六〇年的民調顯示，百分之六十七的加拿大人反對增加移民，一年後，民調發現大多數加拿大人希望政府繼續限制非白人入境。五年後，在老杜魯道上台前夕，根據民調，過半數加拿大人仍然反對政府這種不論膚色的移民做法。

＊＊＊

這是老杜魯道承繼的第二個難題。根據他的立傳人英格利希的說法，老杜魯道之所以在一九七一年發動他的新多元文化政策，這是又一重大原因。

事實真相是，老杜魯道並不熱衷移民；在執政後期，當加拿大遭到嚴重經濟衰退衝擊時，他還降低了移民配額。不過這也再次突顯，老杜魯道會把一切賭注都押在多元文化上，主要是出於「必要」，而非「原則」；就像他的座右銘所示，他是「理智勝於感情」。

就在加拿大轉向不論膚色、強調經濟的移民系統的同時，杜魯道也開始強調多元主義。姑且不論真正動機何在，他的做法開始迅速改變加拿大人對這類議題的看法。事實很快證明，這兩項政策有相互加分效果。不考慮移民申請人長相如何，或他們是否在加拿大已經有親戚，而以他們能否對加拿大有實質貢獻為考量基礎的移民新制，很快就產生財政效益，讓原本憂心忡忡的加拿大人相信，開放邊界對每個人都好，特別是對他們自己，好處尤其多多。這是加拿大與美國之間一項關鍵性差異。美國直到今天仍以家庭團聚為主要入境條件：這項政策雖說用意良善，但極端不理性，因為這麼做，等於用一種任意因素，也就是申請人是否已經有親戚先一步進入美國，來塑造美國的移民人口。

同時，政府對多元文化的大力支持以及對新移民的整合，也讓土生土長的加拿大人逐漸相信，拓寬種族結構只會使他們的國家更「加拿大化」。

自老杜魯道卸任以來，歷屆加拿大政府都對這兩項政策有所調整，不過幾乎都能提升它們的正面影響力。舉例來說，渥太華當局近年來更加強調正式教育，並且讓可能創造就業機會的商人比過去更容易移民到加國。二〇一三年，它甚至實施「創業簽證方案」，申請人只要能取得加拿大投資人的創投資金，就能立即獲得永久居留權，以此吸引企業家。為鼓勵在地人（特別是在魁北克）的共襄盛舉，聯邦政府賦予各省更大權限，讓各省參與移民甄選過程，確保移民真能有助於他們特定的經濟需求。渥太華當局還準備建立一個像是線上約會網站一樣的網站，幫助申請人配對出缺的工作機會。

在這整段期間，政府也穩步增加對多元文化主義的支持。老杜魯道在一九八二年主導、通過的《權利與自由憲章》（Charter of Rights and Freedoms），是一份全面而進步的憲法文件，它正式禁止歧視，規定雇主聘僱員工必須平等，還指示法官們在詮釋加國法律時，必須心存加拿大的多元文化傳承。政府也增加推廣多元文化的開支，每年撥款十幾億美元投入各式各樣相關計畫，其中包括主張移民的電視紀錄片，為中、小學提供教學補助以支援社區移民整合活動等等。

近年來，反移民浪潮的反撲幾乎席捲整個工業化世界，只有加拿大得以倖免。造成這項學者所謂「加拿大例外」（Canadian Exception）的原因，正是上述這些政策。「移民整合政策指數」（Migrant Integration Policy Index）這一項全球性的調查，將加拿大移民系統列為全球領先，原因就在這裡。若由加拿大人來評估，這個系統可能排名更高，原因也在這裡。隨著移民層次在過去二十年不斷提高，甚至在幾次經濟衰退期間都能保持熱度不減，加拿大人對政府寬厚移民政策的支持也水漲船高，這一切並非意外。

渥太華對經濟移民的重視（二〇一五年，百分之六十五的加拿大新移民屬於這類移民），造就了世上最成功的移民人口。今天，加拿大境內於外國出生的公民，受教育程度比任何其他國家都高：進入加拿大的新移民約有半數擁有專科以上文憑，比美國的百分之二十七高出甚多。相形之下，他們與那些父母是土生土長加拿大人的同學相比，第二代加拿大人也更有可能上大學。移民人數占加拿大人口百分之二十一，在所有大學生總數的占比高達百分之三十五。加拿大過去三任總督（加國的名義國家元首），有兩位是海外出生的非白人，而且兩位當年都以難民身分進入加拿大。加拿大移民工作勤奮，並不貪領政府福利；事實上，經濟類移民耗用的福利開支不及土生土長的加拿大人。他們的就業率在經濟合作暨發展組織中居冠，若沒了他們，加拿大的勞工大軍會不斷縮水與老化。也難怪七成加拿大人認為，移民是強化經濟的關鍵之道。甚至絕大多數加拿大失業人口也有同感。

此外，拜多元文化主義之賜，加拿大人也將移民視為加強國家認同之道。自老杜魯道第一次推出這項政策以來，這種情緒已經不斷升高。一九八五年，民調公司問加拿大人，加拿大讓他們最引以為傲的是什麼，多元文化主義在排行榜上名列第十。但到了二〇〇六年，多元文化主義排名升到第二。在另一個類似的民意調查中，加拿大人將多元文化列在曲棍球（加拿大最熱門的運動）、雙語與女王（沒錯，加拿大有女王，不信Google一下）之前。各項民調結果顯示，百分之八十五的加拿大人現在認為，多元文化對國家認同非常重要或還算重要。也因此，最愛國的加拿大人往往也是支持移民最力的人，這情況與美國恰恰相反。倒不是說加拿大人不指望移民能夠融入，而是像社會學者雷茲所說，經過老杜魯道的改革，加拿大人對移民應該如何整合、整合過程應該像什麼樣子，產生一種「更開放、更容忍」——或許可以說更有耐性——的觀點。

加拿大人一直不很確定身為加拿大人究竟代表些什麼，多元文化主義也為他們開了一扇方便之門，讓他們可以輕鬆自別於南鄰的美國。雷茲解釋說，多元文化已經與寬厚的國營健康保險、嚴厲的槍械管制與擁抱同性戀權益等加拿大特有的許多政策合流，讓加拿大人以身為加拿大人做些什麼與不做些什麼為榮。今天，多元文化主義甚至還能賣啤酒：二〇一五年夏天，在摩紳（Molson）啤酒廠推出的一支電視廣告中，一個由電腦控制的冰箱擺在路邊，過往行人只要能用六種外國語言說出暗語「我是加拿大人」，冰箱就會打開，送出免費啤酒。

學者認為，加拿大人之所以這麼開放，或許還有其他一些因素。其中一項因素是，與美國、德國、日本以及其他許多工業國家不同的地方在於，加拿大從來沒有實施過大規模臨時工方案。根據政府統計數字，獲得加拿大永久居留權的人有百分之八十五成為公民，是全球歸化率最高的國家。這一點很重要，因為公民比旅居客人更願意投資他們的新家鄉，而且這麼做也比較受歡迎。近幾年的保守黨政府實驗了一些訪客工人計畫，讓移民問題專家提心吊膽，但目前為止，這類政策迄未造成重大衝擊。

或許更有意義的是，加拿大從不曾有過重大的非法移民問題。由於地緣孤立的特性——加拿大東西兩岸瀕臨大洋，北邊是冰凍荒漠，南方是美國邊界——有學者說，非法移民僅「在加拿大海岸形成小小漣漪，造不成大浪」。也因此，美國目前的外國出生人口中，幾乎有三分之一是非法移民，這數字在加拿大卻小得多——約在百分之三至百分之六之間。非法移民人數少，或許是加拿大人特別開放的一個原因，但絕不能說明故事全貌；英國在地緣上也很孤立，非法移民占比也與加拿大差不多，但英國人對移民的仇視卻比加拿大高出一倍。

＊＊＊

如前文所述，加拿大移民政策的驚人演變主要出於實際需求，而不是理想主義。加拿大做了正確的事，因為它必須做，而未必是因為它想做。無論怎麼說，加拿大的關鍵性移民改革過程簡圖像這樣：

白加政策＋經濟繁榮＋歐洲勞工短缺

←

國際譴責＋加拿大勞工短缺

←

採納不分膚色移民系統

多元文化主義的演進像這樣：

法語系人民受到壓迫
←分離運動威脅
←通過《官方語言法》
←「第三勢力」崛起
←建立老杜魯道的多元文化政策

在這篇故事的尾聲，還有一件事值得一提，一方面是因為這件事佐證了我的觀點（認為加拿大今後很可能仍然採行務實做法），另一方面也因為它說明加拿大能成為其他國家移民典範，並非沒有道理。

這段故事情節的英雄是一位意外人物。在加拿大，移民一直是屬於兩黨合作領域的工作。首先把加拿大推上不分膚色移民系統的，是保守黨總理戴芬貝克。在一九八八年將老杜魯道的多元文化政策寫成法律的，是又一位保守黨總理布萊恩·穆隆尼（Brian Mulroney）。穆隆尼還不惜打破傳統，在一九九〇年代初期經濟重挫之際，仍維持高度開放移民。他的這項政策讓加拿大人更具信心，認定移民能加強而不是減弱加拿大的經濟。

但戴芬貝克與穆隆尼都是所謂中間派，即當時所謂進步保守黨（Progressive Conservative Party）的領導人，這相互矛盾的名稱很有加拿大特色。二〇〇六年，加拿大選出一位非常不一樣的保守黨總理史蒂芬·哈柏（Stephen Harper）。哈柏非常右派，在風格上更像美國共和黨，不像加拿大傳統的保守黨。他出身短命的改革黨（Reform Party），以手段辛辣、不留情面著稱。改革黨崛起於加拿大富產石油、屬於自由派地盤的西部，是一個民粹主義抗議運動。它對多元文化與移民都非常批判；在一九八八年的黨綱中說，政府不應用移民「突然、急遽地改變加拿大族裔結構，但現在看起來政府似乎愈來愈像正在這麼做」。一九九一年，改革黨發表修正宣言，反對「歸化加拿大主義……的現行概念」，並主張廢除多元文化部。

當哈柏於二〇〇六年就任總理時，許多加拿大人擔心他會利用這些情緒大作文章。但就大體而言，他的政府並沒有這麼做。沒錯，哈柏確實對這系統動了些手腳，例如他取消積壓名單，並且進一步強調移民申請人的經濟潛力，但一般而言，他也小心翼翼，避免影響基本結構。二〇一五年，為爭取國家主義者的支持，他曾經下令禁止伊斯蘭教婦女在公民宣誓儀式中穿戴面紗，結果遭到猛烈批判（法庭很快判決政府這項禁令非法）。雖說如此，在移民與多元文化議題方面，哈柏政府也採取了許多進步得出奇的步驟，例如降低移民費；為亞美尼亞與烏克蘭大屠殺組織紀念日；創辦社區歷史平反專案（Community Historical Recognition Program），編列一千三百五十萬美元預算，紀念加拿大原住民過去的抗爭。哈柏甚至還為「人頭稅」事件道歉，向事件受害人提出賠償。（在一八八五年至一九二三年間，加拿大政府為阻止中國移民而向中國移民收取人頭稅。）

有鑒於哈柏的行事風格與背景，我們很有理由相信，他的這些作為主要出於不帶感情的政治計算，而不是什麼「大馬士革皈依」（Damascene conversion）[8]。後來我們終

8　譯按：出於使徒保羅在前往大馬士革的路上皈依基督教的《聖經》典故，意指突然而劇烈的轉變。

於知道，原來在哈柏當選幾年以前，年輕的保守黨活躍份子傑森．肯尼（Jason Kenney）曾經悄悄說服哈柏，保守黨如果想成為多數黨就必須爭取加拿大移民的選票。肯尼說，要辦到這一點並不難，因為大多數新移民來自傳統文化，這些新移民受文化薰陶，天生就是保守黨選民。哈柏認為肯尼言之有理。就這樣，經哈柏授意，肯尼於二〇〇六年至二〇一一年間勤跑各地清真寺、錫克教會堂與移民中心，有時一天可以有二十五場拜會，用旁遮普語（Punjabi）與普通話向民眾問好。他甚至每年組織幾次「友誼日」，安排族裔領導人訪問國會山莊，會見政府部長。

這些心血獲得豐厚報償。在二〇一一年的選戰中，保守黨推出的少數族裔候選人人數超過自由黨，甚至比極左的新民主黨（New Democratic Party）都多。這些保守黨少數族裔候選人用好幾種外國語言打廣告。開票以後，在外國出生的加拿大人選票中，保守黨得票數首次超過曾經由老杜魯道領導的自由黨——這是一項歷史性突破。

這項策略是裝模作樣的算計？或許是，但那其實無關緊要。因為就算是，哈柏與肯尼也只是遵循一項加拿大傳統：用不帶情緒的冷靜思考想出理由，之後以有效、富進取性的政策解決問題。誠如老杜魯道在四十幾年前所示，一旦迫於情勢，必須有所作為，政府應該唯成果是問展開行動，其他一切都不重要。加拿大政府這些行動的成果果然輝煌：他們將一個封閉的、種族同質化的人口小國，轉型為活力充沛，全世界最開放、最成功的多元文化大國[9]。

對全球各國——特別是美國——明智的政界人士而言，這都是一項值得仔細研究的紀錄。

9 哈柏後來偏離這條途徑，也因此受到加拿大人懲罰：他在二〇一五年選戰中那些伊斯蘭教恐懼症的表態，雖說以歐美標準而言不算嚴重，但多少已經足以使他連任失敗。那位繼哈柏之後出任總理的賈斯汀·杜魯道，上台以後推出有史以來最多元化的內閣，其中包括四名錫克教人——比印度內閣中的錫克教人還多了一倍——以及一名原先的阿富汗難民。想知道加拿大人真正的偏好，這應該是極具啟發作用了。

第三章

用仁慈收服他們

印尼如何打垮、收服它那些伊斯蘭極端份子

一九九八年春，印尼民眾走上街頭，在有史以來最振奮人心的一場人民力量大示威中，將他們在位多年的獨裁者趕下台。這一刻雖說令人雀躍，但幾乎每一個人也都擔心整個國家即將分崩離析。印尼是個國土分散得非常遼闊的龐然大國──它由零星散布在三千英里海洋上的一萬七千五百個島嶼組成，總共有兩億五千萬名說七百多種語言的居民──像這樣的國家，乍看之下簡直令人匪夷所思。

蘇哈托（Suharto）[10]或許是個暴君，但他至少是個能幹的暴君，特別是在經濟方面。他在位三十年間，讓印尼經濟以年平均百分之七的高速不斷成長，成績尤其亮麗。談到宗教對恃問題的管理，他也很有一套。蘇哈托儘管作惡多端，卻一直是個塵世暴君。儘管幾近九成的印尼人是穆斯林，而且這個國家從未像許多西方國家那樣實施政教

分離，蘇哈托卻能以野蠻鎮壓或說服、買通手段讓印尼維持現狀，沒有進一步伊斯蘭化。

蘇哈托下台之後幾個月，印尼果然呈現一幅即將分崩離析的態勢。政府統治崩潰，暴動震撼雅加達。打著國家主義旗幟的暴徒找上富裕、忌恨已久的少數華人族裔，搶劫他們的商店，殺害一千多人。分離份子也在偏遠省分再次反叛。一家地方報紙的總編輯穆楊托．尤托莫（Mulyanto Utomo）當時對記者說，「印尼人被鎖了三十年，現在每個人都想大喊大叫。沒人能控制得了。」尤托莫說得一點也沒錯。

伊斯蘭民兵很快趁火打劫，在全國各地發動炸彈攻勢，造成數以百計的傷亡，還在幾個地區引發穆斯林與基督徒之間的聖戰。一些神權政黨開始自我重建，訓練幹部，在（失去舵手的）中央政府無法管控的地區，建立極端保守的宗教寄宿學校。當印尼於一九九九年舉行四十四年以來第一次自由選舉時，伊斯蘭政黨取得百分之三十六的選票。

把時間快轉到今天：出人意料的是，當年有關印尼前途的那些最壞的預言，沒有一項成真。這個世界人口第四多的大國不但沒有癱瘓解體或委靡不振，還成為相當成功的

10 像許多印尼人一樣，蘇哈托一般只用一個名字。

民主國家。以二〇一四年總統選舉為例，一億三千五百萬選民在全國四十八萬個投票所平和地投下選票，政權也以井然有序的方式出現十六年來第四次易手。文人已經徹底掌控這個原本軍事獨裁的國家，今天的印尼將領，就連做夢也不敢挑戰他們那些民選的老闆。除了少數幾個角落，這個國家已經平靜，一度奪走數以百計生命，讓大多數西方觀光客與商人裹足不前的恐怖攻擊事件已經少有，大多數延燒已久的叛亂戰火也已平熄。同時，曾經是世上最集權國家之一的印尼，還展開一項影響極其深遠的分權化實驗，將大多數政治權力下放到地區，首都雅加達只保留國防、司法、宗教事務、外交、經濟與金融政策的決策權。印尼已經是一個象徵開放、得體與容忍統治的安定而穩健的國度，不僅在伊斯蘭世界，在整個開發中世界都是一大異數。

其中「容忍」尤其值得強調，因為它代表現代印尼一項最偉大的成就。今天的印尼人熱情擁抱各種新自由，可以信自己愛信的宗教，可以比過去更公開、更虔誠地崇拜伊斯蘭教，但絕大多數印尼人已經不再理會極端主義的叫囂。今日認為印尼應該採用「伊斯蘭教律法」（sharia）的印尼穆斯林，比阿富汗、埃及、伊拉克、馬來西亞或巴基斯坦等地的穆斯林都少。同時，印尼的伊斯蘭政黨在投票所的表現也一直不佳。他們在二〇〇四年國會選舉中創下高峰，總計取得百分之三十八的選票，之後聲勢每下愈況；到了二〇〇九年，伊斯蘭政黨僅僅取得四分之一的支持票。雖說情況在二〇一四年略見好轉，但所獲選票超過半數投給溫和派，極端保守派伊斯蘭政黨已經式微。

印尼在恐怖主義方面取得的成功，更加令人肅然起敬。沒錯，極端份子仍能偶而製造一些攻擊事端，不過大體上規模都很小。最主要的真相是，印尼即將剷除極端份子的暴力威脅。希拉蕊．柯林頓（Hillary Clinton）在二〇〇九年以國務卿身分訪問印尼時，就曾感動地說：「你如果想知道伊斯蘭教、民主、現代化與女權能不能共存，去印尼就對了。」

希拉蕊說得沒錯，印尼已經解開了這個謎，想出讓這一切都能共存共榮的方法。對於今天世上其他四十八個穆斯林占大多數的國家而言，印尼的故事都是值得學習的寶貴教訓：這些國家大多仍在為壓制極端教義的各種惡行惡狀而忙得焦頭爛額，而且往往徒勞無功。

＊＊＊

想知道印尼究竟如何辦到這一切，首先得了解，一九九八年的情勢儘管嚇人，印尼卻也擁有一些既存優勢。首先，它的人口多年來一直就是穆斯林占絕大多數，但印尼的伊斯蘭教與接近阿拉伯腹地的伊斯蘭教看起來不大一樣。一般認為在十三世紀左右傳入各處島嶼的印尼伊斯蘭教，從來不像近東那樣，是在親王與酋長們的刀劍威逼下所傳入。它是由各地方印尼人從來訪的阿拉伯與印度商旅處點滴學來的。這種緩慢漸進的累積過程，造成一種極度多樣性的禮拜儀式與信仰內容，並且與既存的泛靈論、部落傳統以及主張容忍的伊斯蘭教蘇菲派（Sufi）教義匯聚在一起，形成學者所謂「混合論」（syncretism）。印尼人因為這種混合論，不僅特別開放，也十分抗拒中央主控式的宗教理論。直到今天，這種傳承仍然清晰可見，《印尼etc.：眾神遺落的珍珠》（*Indonesia, Etc*）一書作者伊莉莎白．皮莎妮（Elizabeth Pisani）就說，雖說受到來自中東、比較正統教義的影響，一些印尼人仍然用觀察鳥內臟的方式尋求精神指引。日惹（Yogyakarta）穆斯林蘇丹每年都會舉行儀式，緬懷他與南海女神的浪漫淵源。許多印尼穆斯林百姓仍然定期造訪聖人陵墓，或前往爪哇（Java）觀賞當地著名的「哇揚皮影戲」（wayang），看雕工精細的皮偶演出《羅摩衍那》（Ramayana）等印度史詩。

印尼占有的第二個優勢與它的伊斯蘭教政黨有關。自蘇哈托垮台以後，這些政黨雖說成為印尼舉足輕重的勢力，但卻是一股非常無能的勢力，不但總是提不出條理分明的經濟做法，在操守上做不到他們保證的標準，在貪汙腐敗上也一再太超過。舉例來說，二〇一三年，伊斯蘭教某重要政黨黨魁魯斯菲・哈山・伊沙克（Luthfi Hasan Ishaaq）的一名中間人，被調查人員發現與一名十九歲裸女在酒店開房間，之後魯斯菲也因收賄十億印尼盾（約十萬美元）幫人喬一件政府合約而垮台。在這次事件之前幾年，魯斯菲的另一助理被抓到在國會開會時，在iPad上看春宮影片，被攝影機逮個正著。伊斯蘭教價值真是被他們「彰顯」了。

所以說印尼至少有些得天獨厚的優勢。不過，如果認為印尼的成功純粹只靠運氣或歷史，那就大錯特錯了。當印尼成為民主國時，它對伊斯蘭教的混合論做法事實上正在衰退，許多在地人開始成為更傳統的遜尼派（Sunni）[11]信徒。事實上，印尼人的宗教保守色彩近年來逐漸變得更加濃厚（至少就個人意義而言），戴頭巾、在伊斯蘭曆齋戒月（Ramadan）齋戒的人愈來愈多就是例證。

印尼之所以這麼與眾不同，是因為它的溫和態度與世俗論毫無關係。自相矛盾的是，就在與伊斯蘭教極端主義漸行漸遠的同時，印尼人的宗教信仰也愈來愈虔誠。這種明顯的矛盾讓訪客們感到困惑。表面上看來，宗教崇拜色彩明顯轉濃似乎意味麻煩將

11 譯按：伊斯蘭教兩大教派之一，另一派是什葉派（Shia）。

至。民調結果也證實這種走勢。以二〇一二年的一項民調為例，約百分之七十的印尼穆斯林說他們贊成實施伊斯蘭教律法。但稍加深入探討，你會發現事實真相更加複雜。舉例來說，許多印尼人現在會告訴民調人員，說他們對伊斯蘭教律法有興趣，但對於沙烏地阿拉伯這類厲行伊斯蘭教律法國家的做法，他們大多不以為然。一旦來到真正能夠伸張自己政治主張的投票所，支持這種律法的印尼人更加寥寥無幾。

一方面個人宗教崇拜色彩轉濃，一方面對政治性與激進伊斯蘭教更加反感：為什麼會出現這種似乎矛盾的走勢？除了前文已經提到的一些因素以外，最主要應該歸功於印尼最初三位民主領導人。這三位領導人——阿卜杜拉赫曼·瓦希德（Abdurrahman Wahid）、梅嘉娃蒂·蘇卡諾普特麗（Megawati Sukarnoputri）與蘇西洛·班邦·尤多約諾（Susilo Bambang Yudhoyono）——非常不一樣，給人留下的印象一般而言都不深刻。事實真相是，他們有時顯得非常無能，但在緊要關頭卻都能做出正確決定，領導國家走上溫和中間路線，而且在幾乎每一個關鍵轉折，做得比印尼那些激進伊斯蘭教份子更勝一籌。

這三位領導人的策略涉及五個基本部分——不過，說他們因應極端主義的做法是「策略」或許有些誇張，因為這些做法大多是急就章。在幾個案例中，三位領導人還被迫倉皇倒退，或不得不採取右派政策。但無論怎麼說，將他們的各項努力視為整體策略還是很值得，因為這種種做法加總在一起變得十分有效，成為一種可供其他國家借鏡的模式。

他們的第一項主要做法，事實上就本質而言與伊斯蘭教無關。這三位印尼民主政治最初期的領導人，雖說彼此很不一樣，但他們共有一項關鍵特質：都下定決心要鞏固印尼仍然脆弱的自由。這決心最後帶來豐厚報償。若不是他們不遺餘力地穩定、強化印尼萌芽中的民主，印尼很可能走上另一方向，而使後續改革不可能出現。正因為三位領導人使多元政治變得更有效，他們讓印尼百姓更喜歡多元政治，也讓百姓對替代多元政治的其他做法——例如伊斯蘭教統治等等——更加興趣缺缺。

為說明之便，我把時間拉回一九九九年十月，當時印尼剛成立的民選國會「人民諮商會議」（People's Consultative Assembly，印尼文縮寫MPR）推選瓦希德為印尼民主政治第一任總統[12]。被大家稱為「賈斯杜」（Gus Dur）的瓦希德，就職時雖只有五十九歲，但已經因中風而失明，正在復健中。他看起來像個疲倦的老人，就職以後這印象也

12 印尼直到二〇〇四年才開始直接選舉總統。

一直未見改善。他是一位非常為人敬仰的知識份子，也是一位為人愛戴的宗教領袖。瓦希德是長老，原本是印尼最大伊斯蘭教社會福利組織、擁有三千萬到四千萬會員的「伊斯蘭教師聯合會」（Nahdlatul Ulama）負責人。不過，他是一位笨拙、反覆的政治人物。在總統任期間，他讓人印象最深刻的不是推出什麼重要法案或改革，而是他經常當眾打瞌睡——包括至少有一次在自己發表演說時睡著了。話雖如此，瓦希德卻是一位不折不扣的進步派與多元主義者，在位期間不斷挺身而出，為族裔與宗教少數派爭取權益。身為伊斯蘭教領導人的他，竟能為維護其他人而抗爭的事實，讓印尼百姓留下難忘的印象。瓦希德對軍事統治的抨擊也始終不留情面，他曾在幾名勢力強大的將領意圖干政時，運用自己身為總統的職權，把這些將領修理得灰頭土臉。

但就其他大多數方面而言，瓦希德的作為實在太沒效率，在上任僅僅十九個月後，人民諮商會議就因無法忍受，而推選他的副總統梅嘉娃蒂繼他之後擔任總統。梅嘉娃蒂與瓦希德大不相同。瓦希德對印尼過去的軍事政權恨之入骨，梅嘉娃蒂卻是這個軍事政權的產物：她的父親蘇卡諾（Sukarno）是印尼獨立後第一任統治者，而她也一直就將總統寶座視為自己囊中之物。她專橫傲慢，極少屈尊在民眾面前發表演說，許多人嘲笑她所知有限。《經濟學人》還曾經挖苦她說，她「使喬治・布希（George Bush）看起來像是知識份子一樣」。美國智庫「外交關係委員會」（Council on Foreign Relations）的東南亞問題專家約書亞・庫蘭吉克（Joshua Kurlantzick）回憶說，梅嘉娃蒂在就任總統以後，對於繁瑣的治國工作毫無興趣。她坐視印尼經濟不斷走軟，對有增無已的恐怖份子威脅也彷彿不知不覺。

就這樣，梅嘉娃蒂在總統任內的成就，比她那位前任也高明不了多少，不過她也像瓦希德一樣，未能幹多久就鞠躬下台。但在繼承瓦希德志業、將軍人逐出政界這方面，她確實居功厥偉。她剛當上總統時，印尼成為民主國家才剛滿兩年。曾在蘇哈托軍帳下當官的那些將領仍然勢力龐大，對印尼的新自由非常不放心，也都決心想方設法，保有蘇哈托當年為買通他們而給予的財富與特權。梅嘉娃蒂很了解這種狀況，認為這些將領到頭來最關心的應該是「錢」而不是「權」，於是跟他們打了一項交道：如果他們肯待在軍營裡，放棄在印尼政府中仍然保有的角色，她會讓他們保有他們的不義之財。將領們接受了。但因為梅嘉娃蒂在位僅僅幾年，鞏固與擴大這項軍人不參政政策的重任，就落在梅嘉娃蒂的繼任人尤多約諾的肩上。

與兩位前任不同的是，SBY（大家都這麼稱呼尤多約諾）做滿了兩任總統任期，直到二〇一四年十月才卸任。今天回憶起來，他當年走入印尼政壇之初給人的感覺，實在令人難以想像。上任之初的尤多約諾，怎麼看都不像是一位爭取文人統治的鬥士。事實上，他的上台給人一種印尼即將重返過去軍人當政老路的不祥預感。當時的尤多約諾是退役未久、戰功卓著的四星將領，而他的競選陣營裡也用了許多脫下軍服的軍人。他在軍旅生涯中原是蘇哈托的忠實信徒，還曾經參與血腥的東帝汶獨立之戰。

但藏在他胸前掛得滿滿的那些勳章之下，卻是一顆民主鬥士的心。儘管多年戎馬生涯，與他的許多前戰友不同的是，尤多約諾從來沒有遭到任何違反人權的指控。他還在美國度過幾段時間，最先在聖路易（St. Louis）韋伯斯特大學（Webster University）取得管理碩士學位，之後在喬治亞州班寧堡（Fort Benning）與堪薩斯州美國陸軍指參學院（US Army Command and General Staff College）攻讀。這些經驗使尤多約諾深深愛上他所謂「第二國」的美國，也讓他心存一些美國理念。

在尤多約諾從政早期的一場戲劇性事件中，這些美國理念開始突顯。二〇〇一年，脫下軍服未久的尤多約諾，在瓦希德政府擔任資深安全部長。五月底，由於敵對的國會準備提出彈劾，瓦希德慌了手腳，一反常態地採取一項不開明行動：下令尤多約諾宣布國家進入緊急狀態，希望嚇阻他那些政敵。尤多約諾抗命，而且立即因此遭到免職。這次對抗暫時結束了尤多約諾在政府的任職（不久，梅嘉娃蒂將他復職），但也因此擦亮了他熱愛民主與正直不屈的招牌。

在就任總統以後，尤多約諾運用他的軍人背景，將軍方更進一步推向政治舞台邊緣。研究印尼多年的人類學者羅伯特．海夫納（Robert Hefner）解釋說，尤多約諾憑藉他的軍階與軍隊淵源，讓那些仍然惶惑不安的軍官相信「與民主和解是可能的」。尤多約諾改革軍方的努力效果恢弘，華府因此在二〇〇五年與印尼重建正常軍事關係。

但在向軍官做出保證的同時，他也設法讓印尼民眾相信，他已經把軍旅生涯牢牢拋在身後。在當上總統以後，他盡可能避免挺直腰桿的生硬軍人作風，改採溫文婉轉、技術官僚般的行徑。曾經擔任他副手的阿古斯．韋喬喬（Agus Widjojo）將軍，說他故意迴避「魅力十足、英雄一般的領導風格」，他的種種行動都是精心策畫的成果。尤多約諾這種平靜、慢條斯理的行事態度，配上他那肥胖、睡眼惺忪的效果，成為對手取笑的對象，把他比為「水牛」。但印尼民眾喜歡他。因為在歷經五十年獨裁統治之後，他們早已厭倦那種囂張跋扈的強人。

＊＊＊

事實證明，所有這些努力對印尼的民主發展都極為重要。但這不過是印尼領導人打擊極端主義攻勢的第一部分而已。這項攻勢還有其他（主要由尤多約諾訂定、布署的）四大基本要件：盜取伊斯蘭主義關鍵內容，以削弱其聲勢、搶他們的選票；邀請伊斯蘭教政黨加入政府，給他們長到足以吊死他們自己的繩子，結果這些政黨果然上鉤；不留情面地打擊伊斯蘭教恐怖份子；以迅雷不及掩耳的手段推動以上政策，避免高壓戰術，讓伊斯蘭教份子得不到操控眾怒的口實。

第一步——盜取伊斯蘭教政黨的價值主張——涉及一種兩手策略。一方面，就像瓦希德與梅嘉娃蒂一樣，尤多約諾也總不忘在公開場合譴責伊斯蘭教政府的構想。儘管以西方意識來說，印尼從來不是一個完全世俗的國家——印尼的「建國五原則」（pancasila）以「唯一真主」為信仰前提，所有印尼人必須接受六種官方認可宗教中的一種——但事情就到此為止，尤多約諾也堅持宗教政黨不能再進一步申張。他經常指責政府應擴大介入宗教的想法。舉例來說，他在二〇一〇年提到，以伊斯蘭教律法為基礎的憲法「不能為印尼人接受」。特別是在與外國人談話時，他經常強調包容。二〇一一年，尤多約諾告訴查理·羅斯（Charlie Rose）[13]，印尼政府非常重視宗教多元性，也了解宗教多元化需要政府的堅定支持。兩年以後，他在美國一個不同信仰共容組織主持的頒獎禮上發表演說，保證「永遠保護我們的少數民族，不讓任何人受歧視之害」。

但就在做這些保證的同時，尤多約諾也開始以技巧的手腕，盜取基本教義派一些重要主張，作為己用。

在他於二〇〇四年當選總統之前數月舉行的國會選舉中，「伊斯蘭繁榮正義黨」（Islamist Prosperous Justice Party, PKS）突然在政治舞台爆紅，贏得百分之七點二的選民票（它在一九九九年只得到百分之一點四），還在人民諮商會議下議院贏得四十五席。伊斯蘭繁榮正義黨主張施行伊斯蘭教律法，分析家常將它與埃及的「穆斯林兄弟會」（Muslim Brotherhood）相提並論。它在競選時提出保證，要打擊貧窮與政府貪腐，要比印尼的世俗政黨更「關愛」（peduli），更「清廉」（bersih）。對於多年來一直在地方人士所謂「KKN」——腐敗（korupsi）、官商勾結（kolusi）與裙帶關係（nepotisme）——淫威下生存的印尼人而言，「清廉」這項保證特別能擄獲人心。據估計，蘇哈托在位數十年間，與他的家人總共從國家盜走一百五十億到三百五十億美元，創下世界紀錄。但蘇哈托垮台以後，印尼的情況並未出現多大轉機；根據「國際廉政組織」（Transparency International）二〇〇四年發表的全球「貪腐認知指數」（Corruption

13 美國電視訪談節目著名主持人。

Perceptions Index）排行，印尼排名第一百三十三。

尤多約諾發現機不可失，於是把自己塑造成廉政的忠實信徒。在就職後不久，尤多約諾宣布，如果不能解決貪腐的問題，印尼會「毀滅」，並保證要以肅貪作為施政第一優先。他發動所謂「休克療法」運動，下令檢察長鎖定任何一家涉嫌髒錢交易的銀行，「無論它們後面有誰在撐腰」。他全力支持「肅貪委員會」（Corruption Eradication Commission），還鼓勵它找位高權重的人下手。之後十年，印尼人眾所周知的「ＫＰＫ」肅貪委員會定罪、下獄了約一百六十名高官，包括在二〇〇九年關了前印尼中央銀行行長，這行長還是尤多約諾兒子的岳父。二〇一三年，ＫＰＫ把憲法法院的院長也拿下了。

同時，為對付伊斯蘭繁榮正義黨改善生活的保證──對於一天生活費不到兩美元的半數印尼民眾來說，這保證很有吸引力──尤多約諾推出一項大規模的打擊貧窮運動，不僅用直接轉帳方式把錢交給窮人，還增加食物津貼。他還透過一連串銀行與宏觀經濟改革，極力振興經濟，一面削減政府債務，還一再強調教育系統應該更加重視職業技能。這許多行動，加以全球商品消費狂潮推波助瀾，垂死的印尼市場振衰起蔽，成為幾近十年間全球最熱的市場之一。在二〇〇六年至二〇一一年間，印尼的出口增加一倍有餘，貧窮與失業情況大幅改善；二〇一二年初，它的投資評級甚至也獲得自一九九八年亞洲金融危機以來第一次升級。

尤多約諾當然有足夠理由針對這兩個議題採取行動。但徵用伊斯蘭教政黨主要競選主題，至少也是他的部分出發點。不過他的若干做法也引起極大爭議：他不肯譴責「伊斯蘭保衛者陣線」（Islamic Defenders Front）這類義警民團組織，這些組織以宗教淨化為由騷擾基督徒，砸酒吧與夜總會。此外，還有人指控尤多約諾對境內「阿瑪迪亞」（Ahmadiyah）教派信徒不斷遭到的攻擊不聞不問。印尼阿瑪迪亞教派人數很少，為遜尼基本教義派視為異端邪說。

想了解尤多約諾為什麼容忍這類行為並不容易；事實上直到今天，一些專家仍然為此困惑不已。本身不是穆斯林的尤多約諾，應該不會採信這類義警民團的世界觀。有些分析家認為他只是因為軟弱而不肯干預。但有鑒於他在其他多次事件中，面對勢力更強大的敵手都能毫不畏縮、強勢以對，我們很有理由相信，他的不作為是故意的，是一種兩面手法。他的政府曾經至少兩次同意伊斯蘭教政黨的要求，答應政府會更加盡力促進伊斯蘭教。第一次是在尤多約諾當選總統兩年後，當時他發布「宗教和諧」令，表面上這道命令適用於全國所有宗教，但在實際運作上，它只用來對付那些少數教派，讓它們不能建立新的崇拜會所。第二件事例出現在二〇〇八年，當時尤多約諾的民主黨（Democratic Party）支持一項措辭不嚴謹的打擊色情法案，禁止一切「違反社會道德」的影像或聲音。以上兩件事也佐證了這個理論——他只是在竊取伊斯蘭教政黨的聲勢而已。

學者與人權團體厲聲批判尤多約諾在這方面的作為。俄亥俄州立大學（Ohio State University）印尼問題專家威廉·李道（R. William Liddle）說，尤多約諾坐視阿瑪迪亞教派遭到迫害，是他紀錄上最大的敗筆。這說法雖有道理，但仔細推敲卻有問題。李道說，無論基於什麼動機，尤多約諾在十年執政期間做了一些令人不快的妥協：這話說得完全正確。不過，這些令人不快的妥協有效削弱了印尼真正的激進份子，讓他們疏於防範。因此，就實事求是的意義而言，它們對印尼整體未嘗不是福。

＊＊＊

印尼對抗極端主義之戰的第三階段有一個前提：其他國家的世俗政府也曾設法驅逐伊斯蘭教政黨，但結果往往引起反撲，反而讓這些政黨更有訴求力，讓它們的黨員走上更極端。穆巴拉克（Mubarak）統治下的埃及就是例證。尤多約諾決定反其道而行，他不但不肯壓制伊斯蘭教政黨的權益，還讓伊斯蘭繁榮正義黨等四個這樣的政黨加入他的聯合政府與內閣。

想絕對清楚地分析尤多約諾這麼做的動機，同樣不可能。精明的尤多約諾當然不會傻到公開宣布、說自己這麼做意在買通伊斯蘭教政黨，因為這麼說等於自找苦吃。此外，由於他所屬的民主黨在其第一任總統任期間，僅占有國會百分之七點五的席次（第二任任期間席次占有率增至百分之二十一），他的策略至少部分出於政治估算。同時，他的包容做法也與在地文化非常切合。一名有在地經驗的美國外交官（他因為仍替政府工作，不願透露姓名）告訴我，尤多約諾的包容做法「非常印尼：遇到問題不劃定鮮明對立立場，而力求其中道」。

不過，無論其用心究竟如何，尤多約諾拉攏對手的做法，在削弱對手訴求力這方面極為有效。這名美國官員說，「把伊斯蘭教政黨拉進圈子裡這一招很管用」。埃及的穆斯林兄弟會與加薩（Gaza）的哈瑪斯（Hamas），都因介入選舉與治理的混濁世界，終難免因做錯事、讓人不滿、遭遇挫敗而聲望重挫。將印尼伊斯蘭教政黨拉進政治主流，迫使它們因挫折而丟人現眼，能破解它們自我吹捧的神話。這些政黨的民調數字每下愈況，以及不斷傳出的醜聞都是證據。

＊＊＊

但別忘了，政治上的伊斯蘭教只是印尼問題的一部分。這個新民主國家在成立之初還面對一項更致命的威脅：伊斯蘭教恐怖主義。在一九九九年至二〇〇二年間，光是發生在摩鹿加（Maluku）一省的戰鬥，就使五千多人喪生，五十萬人無家可歸。單單二〇〇一年一年，極端份子就在印尼全國各地發動了一百多次攻擊。

二〇〇二年十月十二日晚間，這類恐怖攻擊事件鬧到頂峰。那天晚上十一點零五分，與基地組織掛鉤的恐怖團體「伊斯蘭祈禱團」（Jemaah Islamiyah, JI）在峇里島一家觀光客聚集的餐廳帕迪酒吧（Paddy's Bar）引爆一枚小型炸彈。幾秒鐘以後，就在驚慌失措的遊客湧上街頭時，恐怖份子又在擠滿人潮的沙里俱樂部（Sari Club）外引爆一枚威力大得多的炸彈。現場慘不忍睹：等到煙硝散盡，當局清點斷肢殘軀，發現死亡人數高達兩百零二人，包括八十八名澳洲人與七名美國人，還有五百多人受傷。那天晚上，一枚小型炸彈在附近一處美國領事館外爆炸，但未造成什麼損害。

當時擔任總統的梅嘉娃蒂，一開始對不斷升溫的恐怖攻擊事件不聞不問。她拒絕華府與其他盟國的援手，甚至不承認印尼有問題，還一度堅持伊斯蘭祈禱團事實上並不存在。但這次峇里島爆炸事件，以及之後幾次令人毛骨悚然的攻擊，特別是三名基督教女學生在蘇拉威西（Sulawesi）島慘遭砍頭，終於引起恐慌，迫使民眾接受全民受到威脅的事實。在國內外齊施高壓的情況下——美國總統布希派出高級特使，要求梅嘉娃蒂採取嚴厲對策，澳洲還揚言準備出兵開始逮捕嫌犯——梅嘉娃蒂總算改變做法。

在峇里島攻擊事件發生不到一週後，梅嘉娃蒂採取第一項步驟，支持通過全面打擊恐怖主義的一項新法律，使政府更容易在法庭上審訊極端份子。約八個月後，她的政府成立一支名為「八八分遣隊」（Densus 88）的反恐新勁旅。梅嘉娃蒂也終於同意接受外國援助——但條件是不能伸張，以免引起國家主義反撲。在美國的外交與財務支援下，澳洲派出一群警官進駐印尼各單位，聯手緝兇，並且開始用尖端刑事調查科技訓練地方警員。印尼的盟友也載著八八分遣隊隊員，前往世界各地接受情報訓練，為這支部隊提供高科技跟監與軍事裝備。這些裝備中尤以跟監手機通訊的裝備最具關鍵性。雅加達「衝突政策分析研究所」（Institute for Policy Analysis of Conflict, IPAC）所長雪妮・瓊斯（Sidney Jones）說，當局之後採取的逮捕行動，約有九成靠的是這些裝備。最後，西方政府也為印尼法庭與刑事檢察官提供豐厚的反恐經費與教育；華府甚至派遣法官與律師進駐，協助進行訓練。

在兩年後上台的尤多約諾支持下，印尼展開《時代》雜誌所謂「全世界最有決心的反恐戰役」。八八分遣隊迅速茁壯，成為一支擁有四百多名成員的精銳部隊。在八八分遣隊羽翼豐滿之後，印尼境內恐怖攻擊件數開始急遽減少，美國政府也因此在二〇〇八年解除對印尼的旅遊警告。近年來，印尼境內重大恐怖攻擊事件已極為罕見。與二〇〇〇年代初期相比，死亡人數也已微不足道，而且幾乎所有死者都是警方人員。二〇一四年，經濟與和平研究所（Institute for Economics and Peace）發表「全球恐怖主義指數」（Global Terrorism Index），印尼排名第三十一，比美國或英國都好。印尼政府仍不斷破獲偶而出現的恐怖陰謀，但實際發生的恐襲已經幾近絕跡；瓊斯說，目前的威脅「低科技，沒什麼能耐，傷亡也低」。

原因何在？印尼的恐怖份子團體幾乎已被掏空，伊斯蘭國這類外國團體在印尼也找不到據點。策動與執行峇里島攻擊事件的人，以及伊斯蘭祈禱團大多數頭目或被捕或被殺。這個團體為免於滅絕，已經正式宣布不在印尼搞暴力。它的幾名死硬派脫離祈禱團，另起爐灶，但遭到八八分遣隊緊追不捨的圍剿。以二〇一〇年為例，八八分遣隊衝進亞齊特區（Aceh），進剿祈禱團後繼組織「唯一真主游擊隊」（Jamaah Anshorut Tauhid）經營的一處訓練基地。反恐隊員在這次突襲行動中抓了幾名高級頭目，還獲得許多寶貴情資，之後根據這些情資審判、監禁了兩百名恐怖份子。據信，印尼政府自二〇〇二年以來已經逮捕約九百名恐怖份子。

如這些行動所示，八八分遣隊能發揮毀滅性的打擊力量。但它不只是一把大鎚子而已，這就涉及印尼反恐策略的最後一部分。印尼痛苦的獨裁史讓它的民主領導人學得一個教訓：做法太狠只會加深與造成極端主義的仇恨。也因此，印尼以罕見的準確、甚至稱得上精緻的手段，發動它的反恐之戰。

事實上，說它是「戰」可能不夠準確；在雅加達當局心目中，恐怖主義更像是執法問題，而不是軍事問題。蘇哈托能施行高壓，靠的是全力支持他的軍隊。印尼民主政府為打擊恐怖主義，不靠軍隊，而靠警方，成立由警員組成的八八分遣隊。此外，雅加達當局也竭力避免其他行動，以免造成同情伊斯蘭極端份子的口實。就大體而言，它只在擁有足夠具體證據的情況下，才會拘禁恐怖主義嫌犯，而且審判必然公開。採取這種做法難免有若干痛苦的妥協，舉例來說，許多大家認定有罪的嫌犯因證據不足，或獲法庭開釋，或獲得輕判，讓調查人員大失所望。

但印尼這種強調執法的做法也有很多好處。公開審判嫌犯能帶來豐厚證據，供檢警人員在後續調查中運用，讓檢警人員對印尼百姓成為激進份子的原因有更深入的了解。更重要的是，這種做法強化了法治，讓民眾對政府更加信任。衝突政策分析研究所的恐怖主義調查員蘇拉胡丁（Solahudin）說，許多印尼人成長在蘇哈托統治時代，由於當時的政府經常捏造罪名迫害政治犯，他們對政府一般而言是懷疑多於信任；公開審判的做法使印尼百姓相信，印尼的恐怖主義問題並非出於情報當局杜撰，也不是中情局（CIA）[14]與摩薩德（Mossad）[15]的陰謀，而是真真實實、本國土產的威脅。

為打贏這場理念之戰，印尼政府還有另一項大創舉：除了逮捕、監禁恐怖份子之外，還想盡辦法讓他們改過向善，重新做人。八八分遣隊並不將抓到的恐怖份子視為無可救藥、雪妮．瓊斯所謂的「罪惡化身」，而將他們視為她所謂「走上歧途的好人」。在實際行動上，這種做法意味為嫌犯提供各種誘因，將他們轉為線民，讓他們譴責暴力。監獄警衛准許人犯自由崇拜，營造與人犯的互信。獄警與八八分遣隊調查員經常與極端份子一起用餐，一起祈禱。願意合作的人犯會獲得豐厚報酬：政府出錢替他們舉行婚禮，出旅費讓他們探親，甚至幫他們的子女出學費與醫療開支。

除了這項笑臉攻勢以外，尤多約諾政府還展開一項公關色彩非常濃厚的運動，為恐怖主義去勢。以尤多約諾在二〇一〇年建立的「國家反恐署」（National Counter-Terrorism Agency, BNPT）為首的這項運動，包括許多項目：成立宣揚溫和教義的宗教寄宿學校；讓地方與來自中東的伊斯蘭教著名長老出面，譴責伊斯蘭教暴力；讓前恐怖份子在電視上血淋淋地描繪他們的罪行，表示悔不當初；廣納從漫畫家到演藝明星等各界人士，宣揚容忍與溫和。有些歌星出的相關專輯，甚至還登上亞洲音樂電視頻道（MTV Asia）排行榜榜首。這許多項目加總起來成果輝煌，「非對稱威脅研究中心」（Center for Asymmetric Threat Studies）主任瑪格努・蘭斯托（Magnus Ranstorp）說，它們是全球最有系統、最成功的打擊極端主義方案。印尼的辛勞果然沒有白費：根據「皮尤研究中心」（Pew Research）的民調數據，在二〇〇二年至二〇一三年間，反對恐怖攻擊的印尼人占比，從百分之六十六增加到百分之八十一。

＊＊＊

經過將近十年的穩步進展，印尼打擊極端主義的行動，在尤多約諾政府執政末期逐漸後繼乏力。或許出於自滿、怠惰或疲憊，更或許出於這三項因素的總和，尤多約諾許

14 譯按：美國情報機構。
15 譯按：以色列情報機構。

多最有效的政策開始變得有氣無力。

坐視印尼經濟復甦力道放緩就是一例。二〇一二年，印尼的經常帳與貿易出現逆差，國內生產毛額成長率降低，印尼盾也成為亞洲表現最差的貨幣之一。曾幾何時，印尼從經濟超級新星（下一個印度），淪為摩根士丹利所謂全球「五大脆弱」經濟體之一。撇開經濟問題帶來的困苦不說，這波衰退還有一項令人擔憂的事實：在印尼，貧窮一直就是極端主義的溫床，至少是伊斯蘭教政黨一直利用的有力宣傳工具。尤多約諾執政期間在打擊貧窮方面雖也發揮一些成效，但在他任期尾聲，百分之四十三的印尼百姓（約一億人），仍然活在每天生活費不到兩美元的困境中。

就在他準備卸任之際，尤多約諾的肅貪承諾似乎也逐漸萎縮，特別是在那些經他賦予大權的調查人員逐漸卯上他自己的核心圈之後，情況更形嚴重。二〇一二年，尤多約諾所屬民主黨的主席與財務長，都因涉及工程弊案醜聞而遭彈劾，但尤多約諾支持這兩個人。就在這段期間，肅貪委員會也開始遭到人民諮商會議與警方愈來愈強烈的阻力，最後發現它再也不能依賴國會或官僚系統的支持了。

有關八八分遣隊與國家警察酷刑逼供、非法監禁與「格殺勿論」（在逮捕嫌犯過程中肆意開槍）的傳聞開始沸揚，政府費盡心機的公關運動眼看即將功虧一簣。沒多久以前，若干印尼人（專家認為人數約有幾百名）在敘利亞與伊拉克加入伊斯蘭國，人們開始擔心，就像阿富汗戰爭老兵十幾年前的行徑一樣，這些印尼人也會返回印尼、發動新一波恐怖攻擊。而且這些極端份子已經在印尼造成一些死傷。

儘管有這許多恐懼，尤多約諾臨卸任前的表現也令人失望，但二〇一四年七月發生的事，充分證明他打擊極端主義的整體做法深獲民心，也證明這種做法對印尼百姓確實造成溫和化效應。在這年七月，印尼選民選出五十三歲的佐柯·維多多（Joko Widodo，大家都稱呼他佐柯威），當他們下一任總統。

基於若干理由，佐柯威的當選是一件振奮人心的事。首先，他的競爭對手普拉博沃·蘇比安托（Prabowo Subianto）是代表印尼醜陋過去的集大成之作。普拉博沃曾是蘇哈托女婿，做過特種部隊將領，人權紀錄很糟。他強調國家主義，公開鼓吹重返「有導向的民主」——也就是印尼第一任獨裁者蘇卡諾施行的軟性威權主義。

相形之下，佐柯威代表印尼前途最光明的希望所繫，而且似乎比尤多約諾更為民主獻身，更決心打擊極端主義。與印尼之前三位總統（三人都出身菁英背景，都與舊政權有瓜葛）不一樣的是，佐柯威是一位真正的人民總統。他原先在爪哇省中部城市梭羅（Solo）當了兩任市長，之後成為雅加達特區首長，然後始料未及地選上總統。佐柯威是木匠之子，在從政以前經營一間小家具店。他非常有民眾緣，在擔任市長與特區首長期間，每天上街步行幾小時，聽取選民心聲。他也是一位改革派技術官僚，主張施政透明，強調用新科技打擊貪腐：當選數月以後，他在雅加達接受我訪問時，花了很多時間討論電子政府以及用智慧卡提供政府服務的好處。佐柯威還以極其講究原則著稱，在擔任市長時不肯支薪，而且鼓吹容忍、不遺餘力。當他在二〇〇五年第一次當選梭羅市長時，雖說梭羅以伊斯蘭激進派氣燄高張出名，但佐柯威不向地方極端份子勢力屈服，不以宗教信仰、而以能力為施政核心原則。在擔任雅加達特首以後，他繼續秉持這項傳統，用了一位自稱「吃豬肉的異教徒」的華裔當副手。

佐柯威經常自比為巴拉克·歐巴馬（Barack Obama）。像歐巴馬一樣，在當選總統以前，他沒有治國或國際事務經驗；像歐巴馬一樣，在當選總統以後，他的施政也經常受挫（商品價格低靡，國際經濟氣候不佳，以及領導他所屬政黨的梅嘉娃蒂不斷干預，對他當然也有害無利）。不過佐柯威始終是印尼進步的重要象徵。像他這樣一位講究原則的政治人物，若是沒有精明、複雜而且往往大膽又憤世嫉俗的策略，永遠不可能成為印尼領導人。他的幾位前任就憑藉這樣的策略，將印尼面對的伊斯蘭極端教義派威脅幾乎掃除淨盡。這幾位印尼領導人雖說在理想主義裡摻了不很漂亮的妥協，但無論對佐柯威本人，或對任何仍在為反恐鬥爭掙扎的其他政府而言，這種事實應該無損於他們的策略訴求。印尼向世人顯示，只要領導人有勇氣、有智慧與彈性，做必須做的事，就可以打贏對抗激進伊斯蘭之戰。

第四章

學著容忍

盧安達令人痛徹心肺的和解

二〇〇〇年春，保羅・卡加梅（Paul Kagame）發現自己面對一項不可能通過的考驗。僅僅六年前（一九九四年），盧安達險些因內戰把自己打垮。在現代史上最血腥的一場暴行中，在盧安達占多數的胡圖（Hutu）族想滅絕國內少數的圖西（Tutsi）族，而且差一點成功。一九九四年四月到七月間，胡圖族民兵組織「聯攻派」（Interahamwe）屠殺了一百萬人，盧安達境內的圖西族人口幾乎有四分之三慘遭殺害。

當時身為「盧安達愛國陣線」（Rwandan Patriotic Front, RPF）[16]領導人的卡加梅，終於在率軍占領基加利（Kigali）之後，阻止了這場大屠殺。就軍事意義而言，這是一場了不起的大勝。原本就只有盧安達全國人口約百分之十五的圖西族人，由於早先幾次屠殺與幾十年來的種族歧視，迫使許多族人出亡，人數更形單薄。此外，除了鄰國烏干達政府以外，盧安達愛國陣線也沒什麼盟友。相形之下，盧安達的胡圖軍擁有法國撐腰，訓練與裝備都占優勢。

但一般人稱「英科坦尼」（Inkotanyi，「無敵」之意）的圖西叛軍打贏了這場戰爭。不過他們既沒時間、也沒場合慶祝他們的勝利。直到六年以後，當時四十二歲、剛成為盧安達總統的卡加梅，仍在絞盡腦汁、想重建世界銀行認定「無法生存」的這個國家。

這是一份重得令人無法喘息的艱巨工作。盧安達超過百分之四十的人口在戰時或被殺或顛沛流離。骸骨與亂葬堆至今仍散亂鄉間，隨處可見。胡圖軍與聯攻派民兵殘部，仍匿跡於不到一百英里外的剛果民主共和國（Democratic Republic of the Congo, DRC）邊界地區，伺機報復。至於盧安達政府的組織架構，則幾乎蕩然無存。戰爭毀了一切：最能幹的官僚或被殺，或逃逸，盜匪早已把政府辦公室洗劫一空。當戰後「全國團結政府」（Government of National Unity）於一九九四年七月成立時，盧安達沒有自來水，電力供應也幾近闕如。卡加梅與他的夥伴也沒什麼專業或可以援引的制度性知識。舉例來說，在殺戮展開以前，盧安達有將近八百名法官。大屠殺過後，殘存的法官人數不到五

16 自一九九〇年以來，一直與胡圖族領導的盧安達政府作戰的一支叛軍。

十人。

一般百姓的情況同樣讓人喪氣。盧安達一直是個窮國家。雖說它美得令人窒息——人稱千山之鄉的盧安達，有翠玉般的森林，嫣紅的土地，還有讓人陶醉的高地氣候——但它很小，與美國馬里蘭州差不多大，人口擁擠，而且地處內陸，幾乎沒有天然資源。早在這次種族滅絕暴行發生以前，盧安達的兒童死亡率、識字率與人均收入，就都遠低於撒哈拉沙漠以南地區的平均值。戰爭使情況更加不成比例地惡化。戰事結束六年後，二〇〇〇年的盧安達是全世界最窮的國家之一，人均國內生產毛額只有兩百一十七美元。百分之六十的盧安達人生活在極度貧窮中，國民平均壽命只有四十六歲。瘧疾、愛滋病、結核病與其他傳染病不斷肆虐，每四個兒童就有一人活不到五歲而夭折。近年來重返家園的盧安達難民超過一百萬，更加重了政府負擔。

那些倖存的，還算是幸運的。

不過以盧安達的情況來說，幸運是一種非常相對性的名詞。根據聯合國的一份報告，百分之九十九點九僥倖存活的盧安達兒童，至少在一九九四年春季目睹過一次殘酷暴行，三分之一的兒童親眼見過性侵犯。將近十萬名兒童成為孤兒。《世界心理學雜誌》（*World Psychiatry*）發表的一篇戰後研究報告說，四分之一的盧安達人患有若干形式的創傷後壓力症候症。卡加梅在與我的一次訪談中說，盧安達已經淪為「困惑、死亡與絕望」之土。

卡加梅知道，重建國家的第一步就是讓還活著的人繼續活下去。他的政府於是竭力向苦難的民眾伸出援手，為他們提供食物、工作、住房等。

但這位新總統還要面對一項比這些更棘手的難題——如何重整殘破不堪的社會結構，癒合戰爭造成的創傷，或至少採取足夠措施，以免進一步失血。這也是從孟加拉到波士尼亞這類過去的衝突區已經遭遇，敘利亞與烏克蘭這類地區也即將遭遇的難題。

怎麼處理造成這場血腥殺戮的兇手，是解決這個難題的一項關鍵。由於盧安達種族滅絕事件的極度原始與私密特性，這是一項特別艱巨的任務。在這場大屠殺過程中，鄰居殺鄰居，教師殺學生，殺人犯都是面對面逞兇，使用的凶器大多是棍棒與彎刀。換言之，大屠殺嫌犯人數龐大；有人認為有一百萬人，也就是說當時男性成年人口有三分之一是殺人嫌犯。嫌犯這麼多，政府怎麼處理？

＊＊＊

聯合國在一九九五年大張旗鼓、插手干預，在坦尚尼亞阿魯沙（Arusha）成立「盧安達國際罪行仲裁法庭」（International Criminal Tribunal for Rwanda, ICTR）。儘管具有歷史重要意義（有史以來第三個這類多邊戰爭罪行法庭），這個仲裁法庭從一開始就面對各種問題。法庭成立後不久，它的許多行政人員就被控性騷擾、裙帶關係與貪腐，聯合國被迫將法庭兩名最資深的官員與它的首席檢察官革職。同時，讓盧安達全國感到沮喪的是，這個法庭只處理最高層罪犯，而且行動慢得像冰河移動一樣。到二〇〇〇年，儘管擁有一千多名工作人員，年度預算高達一億四千萬美元，它只審理了幾件案子。這個國際仲裁法庭於二〇一五年結束工作時，總共審了五十五件案子。

卡加梅政府原本以一種報復方式對付大屠殺的嫌犯。根據幾項報導，盧安達愛國陣線的部隊，在這場戰爭以及戰後在盧安達與剛果民主共和國境內的清剿行動中，殺了幾萬名胡圖軍人、民兵與平民百姓。它還將大量嫌犯逮捕下獄，等候它自己腐朽不堪的法庭系統審判。到二〇〇〇年，這些嫌犯的人數已經超過十三萬，但戰後的盧安達只有十三座殘破的拘留設施，頂多只能容納一萬五千人。根據一項報導，拘留所裡的犯人「吃不飽，喝髒水，像插筍一樣擠在小小牢房裡」。無須多久，這些人犯開始生病、死亡。盧安達法庭確實將其中一些人定罪，政府也在一九九八年公開處決二十二名人犯。有鑑於幾乎沒有資源可用，官員估計得花約兩百年時間才能將人犯全數處理完畢。

因此，後勤問題是卡加梅面對的局部挑戰。不僅僅是牢房不夠，監禁這麼多人（特別是年輕人）的成本與經濟衝擊，也讓他的政府焦頭爛額。

不過，行政問題固然難纏，盧安達面對的社會與心理挑戰更加嚴峻。一方面，國家需要伸張正義。政府必須將罪犯繩之以法；他們的犯行太嚴重，規模也太大，不能輕饒。卡加梅在幾年以後回憶說，「不可能忽視一些人、或許多人，在這場大屠殺中幹了些什麼」。

但政府也了解，一味以牙還牙的報復，雖說大快人心，卻可能帶來危險後果。南非與薩爾瓦多這類國家（當時也正為國內大仇殺問題的善後而苦不堪言）的經驗顯示，僅僅審判還嫌不足。盧安達需要正義，但並非只有正義。卡加梅在基加利對我說，「如果我們的鬥爭，最後手段是『一切要聽我的，無論什麼人，只要站在另一方，就得承受後果』，那會播下冤冤相報的種子，沒完沒了。」為避免這樣的後果，盧安達還需要和解：這裡所謂的和解，是個多少有些模糊的名詞，它指的是重建公民社會關係，讓過去的仇敵恢復一些互信。

在一個承受了這麼多苦難的國家，想做到這一點真是談何容易。大多數轉型正義[17]專家認為，除非首先能針對過去罪行建立權威紀錄（無論你怎麼定義），否則想和解根本不可能。但事實證明，一般講究對抗制訴訟程序與嚴格證據的刑事法庭做不了這種工作。這類法庭不僅行動緩慢，營運成本高昂，而且基於必要理由，它們僅鎖定特定案例，不談更廣的社會議題。它們也很少讓受害人有機會面對加害他們的人，或讓受害人訴說他們的感受，無法發揮情緒慰藉效果。審判能解決賠償或懲罰問題，但盧安達需要的比這多得多。套用卡加梅的話說，它需要找出一種方式既能應付過去的歷史，還能「留下構築未來的空間」。根據史蒂芬．金澤爾（Stephen Kinzer）的說法，盧安達政府慢慢認識到，想完成卡加梅的目標，盧安達需要想辦法讓受害人「原諒那些屠殺他們家人的人，甚至與那些人像兄弟一樣比鄰而居」。金澤爾寫過一本書，對這場種族滅絕慘劇與其後遺症有全面性記述。

金澤爾在這本書裡說，這「不是一件理性的事」。所以，卡加梅決定做一件當時看起來非常不理性的事：他展開一項內容複雜、幾乎一定會讓每個人都不高興的多階段進程。這項充滿妥協的進程，讓大多數盧安達人得到一部分他們要的東西，但讓每個人都不能完全滿意。

但它能幫他們再一次彼此共容，生活在一起。至少政府希望它能辦到這一點。

＊＊＊

在二〇〇〇年，幾乎所有認識卡加梅的人都認為，盧安達需要一項既龐大又精密的解決辦法，而卡加梅沒這份能耐。雖說他以事實證明自己是一位非常了不起的軍事指揮官，一位克盡職守、辛勤努力的行政首長，但他也有黑暗的一面。他脾氣暴躁，形容憔悴——在戰爭結束時，這位身高六呎二吋（約一百八十八公分）的將領，據說體重只有一百二十八磅（約五十八公斤）——行事手段有時也很無情、凶狠而且沒有耐性。

像他這樣長於憂患的人擁有這些特質，原也不足為奇。卡加梅生於一九五七年，幼年也曾享受過一段相對豪華的日子——他的父母親是盧安達皇室近親，都是圖西族貴族。一九五九年，盧安達的胡圖族多數推翻圖西王朝，在殖民當局比利時的默許下，展開一連串屠殺，迫使卡加梅一家人與其他許多圖西族人跨越邊界，逃進烏干達。卡加梅也在一夕之間從養尊處優的貴族淪為三餐不繼、為生存而掙扎的難民。幾年以後，貧窮使這位未來的總統成為抑鬱寡歡的叛逆少年。在一九七五年從中學畢業後，由於學業成

17 民主國家政府為彌償過去獨裁政權罪行而採取的行動。

續不佳，前途一片渺茫，卡加梅決定加入約韋里·穆塞維尼（Yoweri Museveni）新成立的叛軍。穆塞維尼當時正在鄰國坦尚尼亞招兵買馬。

卡加梅在戰爭中展現長才，很快就在叛軍中出人頭地。一九七九年四月，當穆塞維尼推翻烏干達那個以吃人著名的獨裁者伊迪·阿敏（Idi Amin）時，卡加梅是他的機要助理。幾年以後，穆塞維尼自立為烏干達總統，並任命卡加梅為他的軍情首長。一九九〇年，當新成立的盧安達愛國陣線入侵盧安達時，卡加梅正在堪薩斯州里李文沃斯堡（Fort Leavenworth）美國陸軍指參學院就讀。但由於這支圖西族叛軍的領導人在戰事第一天就陣亡，卡加梅奉召回國取代。

所有這些經驗造就了一名勇猛而多謀的戰士，也將卡加梅塑造成非常理性的實用主義者，讓他在承平時期也能一展所長。種族滅絕大屠殺結束後，當卡加梅展開盧安達復甦計畫時，他的這種實用主義者特性也逐漸突顯。

卡加梅的全國和解策略總計有四個部分。第一部分在二〇〇〇年已經展開多時：盧安達愛國陣線要在盧安達建立一支全國獨一的軍隊，構築統一指揮、牢控全國的衛戍系統，以確保類似種族滅絕大屠殺事件不可能重演。在這個過程中，卡加梅要以絕不容情的手段踩滅仍然餘燼未熄的胡圖族叛軍，最後還使盧安達捲入對剛果民主共和國（幅員廣大，局勢混亂的盧安達鄰國）一連串殘酷、血腥的軍事干預。

其次，卡加梅政府開始大舉投資經濟重建與架構重整。在獲得世界銀行與援助團體的大量財務援助與建議之後，卡加梅政府推出一長串先進方案，並且很快因此成為開發中世界的表率。舉例來說，為提振人力資本，它開始推動全民教育與醫療，而且一切免費。為促進商務，吸引投資人，它大幅精簡繁瑣的官僚程序、運用科技，將最新的行動電話與網際網路引進盧安達。為打擊貪腐，它成立全國性肅貪與審計總長辦公室；通過法律，規定所有公務員必須每年宣布淨財產；發動鋪天蓋地式的公關運動，告誡民眾不要行賄，不要受賄。最後，為改善政府效率，它推動行政權分權，建立一種叫做「施政保證」（imihigo）的程序，規定所有政府官員必須公開自我訂定的績效目標。

全國和解策略第三個、爭議性也強得多的部分，是要將盧安達轉型為一個沒有種族分歧的國家。卡加梅認為，盧安達有關誰是胡圖族、誰是圖西族、誰是特瓦族（Twa，一個又叫「矮人族」的少數族裔）的爭論已經夠多。在殖民時期以前，這類種族劃分頗有彈性，胡圖人可以經由通婚成為圖西人就是例證。但之後比利時殖民當局為圖管理之便，而將劃分固定。由於圖西人的外貌在當地族裔中與歐洲人最近似，殖民當局認為圖西人一定是最有智慧、最能幹的在地人，也因此對圖西人另眼相看。那段歷史，以及它造成的怨恨——引用卡加梅的話說，「一個帶起一個」——終於在一九九四年撕裂了盧安達。卡加梅政府保證不再劃分種族，「我們現在都是盧安達人」成為政府的新口號。政府禁止「宗派主義」與「劃分主義」，禁止所有有關社群歸屬的言論[18]。它正式禁止種族歧視；不准在身分證與其他官方文書上使用所有有關胡圖族、圖西族與特瓦族的說明；從學校教科書中刪除這些字樣；從盧安達國旗與其他國家圖像中，去除所有代表部落或民族的象徵。它甚至重劃盧安達行政圖，將傳統上屬於一個或另一族群的區域摻合在一起。

＊＊＊

最後，在二〇〇一年，卡加梅採用一種激進的新司法手段處理大屠殺問題。之前幾年，他的政府每週在烏魯威洛酒店（Hôtel Urugwiro）舉行「反省會」，在專家會議與公開市政會議中討論重建全國和解的最佳之道。在經過冗長的辯論之後，卡加梅政府決定不再用傳統手段處理仍然關在獄中、人數多達好幾萬的嫌犯。

這不是說盧安達打算採用南非式的「真相委員會」。對於走出殘酷過去、逐漸復甦的分裂社會來說，如果志在建立歷史紀錄，這類當時非常流行的組織確實有效。不過大體而言，它們之所以能達到目的，靠的是犧牲正義，為犯人提供赦免以交換他們的誠實證供。盧安達領導人基於道德與現實理由，不以這種做法為然。舉例說，單是把這麼多嫌犯都放回這麼擁擠的小國，就有可能造成巨量的報復仇殺。

盧安達政府因此決定捨棄所有現成模式，嘗試一種嶄新做法。他們根據一種殖民時代以前就已經存在的機制訂定計畫，在全國各地成立約一萬兩千個村民仲裁庭。這種可以回溯到公元十六世紀的機制叫做「賈卡卡」（gacaca），盧安達文的意義差不多等於「草地上的正義」，是土著為解決爭議而使用的辦法。除了最嚴重的犯行（這類犯行仍由正規刑事司法系統處理），這些賈卡卡法庭有權審理一切犯行，而且像一般法庭一樣能夠判處徒刑，但不能判死刑。根據盧安達部落文化，政府於二〇〇二年開始試辦、二〇〇五年在全國推出的賈卡卡法庭是由地方人士組織、運作。此外，審案速度很快——快則一小時，慢則數天就能結案——也是它們的一大賣點。

賈卡卡法庭的審案速度雖快，但它的目的絕不僅僅是加速審理積壓案件而已。事實

18　二〇〇一年通過一項法律，禁止「任何人或透過電台、電視，或在會議或公共場所公開發表任何意在歧視他人或散播派系主義的演說、文章、圖片、形象或象徵」。

上，它的目標比西方式的正義更大。傳統盧安達的賈卡卡強調幫助罪犯重新融入社群，卡加梅政府推動的賈卡卡也有同樣用意。它的目的既在表章正義，也在倡導和解，它要懲罰罪犯，讓他們重新融入社會，而且最重要的是，它要幫助國家療傷。卡加梅向我解釋說，他與他的同事都知道，和平、正義與真相都是這項全國和解過程必不可缺的一部分。他說，「你不能為做到其中一部分而犧牲另一部分。或許你可以在這裡做一點這個，在那裡做一點那個，不過你得都顧到才行。」

這個新系統有幾項創意，讓它能達到所有這些目標。首先，賈卡卡法庭讓所有盧安達人都能參與過程。儘管這些仲裁庭都在政府監督下根據法律運作，但它們是地方事務。社區選出有名望的本地人擔任法官。這些盧安達文稱為「英亞穆加尤」（inyanga-mugayo，意為「厭惡不誠實的人」）的法官，不需要符合任何教育或專業標準，而以人品正直為唯一考量（不過在開始工作以前，他們需經過三天職前訓練）。仲裁庭的官員也都是本地人。審判一般在城市的廣場、教堂天井、甚至在森林裡的空地舉行，有時還真的就在草地上開庭。整個社區百姓都必須到場，當局會在審判日關閉社區裡的商店，以保證沒有人缺席。每個人都可以出庭作證；當局鼓勵所有民眾挺身而出，描述他們在這場大屠殺中的角色與經驗。設計這種做法的用意，既在為特定罪行提供證據，也希望能產生洗滌罪愆的效果。

能坦承犯行並為犯行致歉的人，可以獲得減免——許多與當局合作的犯人因此獲得刑期減半，獲准已服刑期抵扣，或是獲准在社區服勞役以替代刑期。賈卡卡法庭希望經由這種做法，還原一九九四年春天大屠殺的真相，然後讓悔過的罪犯重新融入社會。

至少理論上如此。實際上，賈卡卡系統是一場危險的豪賭。它不僅是一個幾乎沒有任何資源的國家推出的創舉，也是法學者馬克斯．雷提（Max Rettig）所謂「全世界有史以來最有抱負的轉型正義計畫」，而且它還將盧安達戰後主要的法律機制，直接交給大屠殺夢魘未退的人民。

事實證明這是極具爭議性的計畫。卡加梅回憶說，「毫無疑問，許多人不同意我的做法」。劫後餘生的圖西族人，譴責賈卡卡法庭強調幫犯人重拾新生的做法。卡加梅告訴我，「就算那些認為我們需要克制的人，也不同意我們這麼克制。他們說，『這麼做太過火了。你原諒得太過了。』」特別是犯人只要願意合作就能獲得輕判的做法，尤其讓人難以接受。一名曾經受害的人抱怨說，「這是政府強制的和解。政府原諒的是殺人犯，不是我們。」

國際特赦組織（Amnesty International）這類人權團體也譴責賈卡卡法庭，理由是它欠缺查證過程，沒有辯方律師這類程序性保障（賈卡卡法庭以促進社區對話為由，不用律師），讓受過這麼少訓練的法官享有這麼大的權力，也有極大風險。甚至心理衛生專家也加入譴責行列，提出警告說，讓民眾再次回顧這樣可怕的事件，會讓被害人受到二度傷害。

＊＊＊

賈卡卡法庭在推出後十年間審理了接近兩百萬件案子，最後在二〇一二年六月正式結束。直到最後尾聲，這項過程始終爭議不斷。以二〇一一年為例，「人權觀察」（Human Rights Watch）組織就發表一份充滿火藥味的報告，說賈卡卡仲裁法庭「普遍存在審判不公」，包括有人用它公報私仇。還有人指責政府，說賈卡卡法庭不受理圖西族人犯的罪（雖說盧安達正規法庭最後確實審理了幾件這類案件）。而且至少有一項心理評估發現，果然不出所料，賈卡卡法庭的證人確實在出庭作證後，出現抑鬱症與創傷後壓力症等精神疾病病情加重的現象。

雖說這些批判確實言之成理，但它們也都忘了一個更大的重點：賈卡卡法庭本來就沒有作得十全十美的打算。法學教授、原人權觀察組織的盧安達負責人拉斯・華爾道夫

（Lars Waldorf）曾說，它是一種「為群眾暴行提供群眾正義」的系統，像這樣的系統不可能十全十美。曾在二〇〇六年至二〇〇七年間花了約十個月時間觀察賈卡卡法庭開庭的雷提說，「你必須記住，這個國家監獄系統人滿為患的問題已經極端嚴重。你不能沒有一些交代就把所有這些人犯完全放了，但你也不能把他們就這樣一直關下去。你也不可能等著盧安達，像西方國家一樣建立擁有各種訴訟程序的司法系統。有鑒於所有這些限制，賈卡卡法庭真稱得上可圈可點。它是一種神來之筆，至少在書面上如此。」

賈卡卡不僅必須應付不可能應付的情勢，還得奮力達成幾項矛盾得不可能達成的目標：即計畫設計人所謂「真相」（ukuri），「正義」（ubutabera）與「和解」（ubwiyunge）等三「U」目標。賈卡卡法庭也因此必然涉及許多妥協，還包括一些非常痛苦的妥協。雷提告訴我，「國家在因應恐怖事件時，特別是當我們談的事件規模像盧安達大屠殺這樣大時，不會有完美的解決之道。」因為那不可能。他說，「你得有所選擇，得為那些選擇付出成本，也獲得它們帶來的利益。」舉例來說，有鑒於計畫規模龐大，以及主事者都是未經訓練的老百姓這個事實，執行出現偏差是必然的。受害人與施暴人面對面的遭遇也勢必再揭創傷瘡疤。此外，在懲罰與和解、在「報應」與「修復」式正義兩者之間徘徊的系統，也必然引起來自各造的抗議。

儘管有這許多爭議，就另一意義而言，賈卡卡法庭成就輝煌。在一個分裂得如此徹底的國家，任何絕對論式的做法都行不通。為避免國家永遠分裂，賈卡卡法庭讓每一方都得到一些他們要的東西，讓他們能夠（有時只是勉為其難）拋下過去，繼續往前。受比利時政府之聘、評估這項計畫的開發專家彼得．尤文（Peter Uvin）在二〇〇〇年達成結論說，賈卡卡法庭「既是最好、最危險，也可能是盧安達人最後的機會」。根據尤文這篇評估報告，布魯塞爾當局最後決定出資援助賈卡卡法庭，其他幾個西方政府也採取同樣行動。

曾在盧安達進行廣泛現地調查的倫敦大學教授菲爾．克拉克（Phil Clark）認為，賈卡卡法庭在那麼艱難的情況下做到那麼多事，卻仍然遭到那麼嚴厲的批判，其中一個原因是許多外界人士「誤解它的目標與方法」，並因為它「沒有達到它原本就不打算達到的目標」而指責它。克拉克告訴我，批判它的人沒有站在賈卡卡法庭的角度進行分析，「他們用的是非常異國的分析架構，而那個架構基於一種法律與人權思維，認定法庭就是得根據一套國際標準作出判決」。

但賈卡卡法庭的設計目的，本就不在於提供一種傳統、西方式的法律訴訟系統——至少它的用意比這大。它沒有採用普通刑事庭、戰犯仲裁庭與真相委員會的既有模式，而是使用一種新做法。賈卡卡法庭為盧安達帶來既有模式無法提供的好處。克拉克說，舉例言之，它讓（更貼切地說，是鼓勵）民眾盡情激烈爭論，從而促成「原本相互衝突各造之間的主動交往」，讓過去的仇敵有機會重新建立人際社會關係。由於鼓勵大家都說話，放寬證據規則，賈卡卡法庭幫助當局建立一套問題出在哪裡、屍體埋在哪裡的明確紀錄。根據克拉克的說法，賈卡卡法庭沒有讓大屠殺兇犯與他們的共謀關在牢裡等死，而強調以社區服務（項目包括為受害人重建房屋或保養社區花園等），作為懲罰各種犯行的手段，使「犯人更加迅速地重新融入社區」。容忍也有經濟上的意義：曾在大屠殺中殺人、在二〇〇三年獲得赦免的伊格內．魯基拉馬庫穆（Ignace Rukiramacumu）說，「和解自然而然能讓每一處可耕之田都播下種子」。

雖說賈卡卡法庭或許不純淨，換言之或許不能讓人滿意；雖說它絕不美觀，但它管用，至少就盧安達所需的特定方式而言，它足夠管用。事實上，儘管有許多瑕疵，與其他一切在當時狀況下可以想得出來的做法相比，賈卡卡法庭做得都更好。《紐約客》專欄作者、寫過一本討論大屠殺問題專書的菲立普．古雷維奇（Philip Gourevitch）說，應該問的關鍵問題是，「與其他任何擬議的解決辦法相比，賈卡卡是不是更能推動事情往前走？答案是能。批判賈卡卡法庭的人，除了說它應該做得更好以外，沒有一個人提得出更好的辦法。儘管有許多短處、挫敗、不滿，甚至加上爭議不休的併發症狀與妥協，賈卡卡法庭在推動盧安達走出大屠殺陰霾、邁步向前的過程上居功厥偉」。

＊＊＊

但賈卡卡法庭只是卡加梅復甦計畫的一部分。想評估整個計畫的成功，你得以更全面的眼光觀察今天的盧安達。

我們看到的是一個很不完美、但運作得非常良好的國家。雖然種族滅絕的瘡疤猶然在目，而且現代的盧安達做了一些錯事，其中一些還錯得離譜，但就其他許多重要方面而言，今天的盧安達正以僅僅幾年以前還難以想像的方式欣欣向榮。

今天前往盧安達的訪客，會為當地的繁榮、整潔（盧安達在二〇〇八年禁止使用塑膠袋）與秩序井然而訝異不已。特別是基加利尤其充滿活力與朝氣，處處是新開工的工地。雖說就整體而言，盧安達仍然貧窮，極度仰賴外援，年度預算約百分之四十仰仗外援，但比起一九九五年的幾乎百分之百，已經有長足進步。這是因為盧安達的經濟正在升溫，自二〇一〇年以來，年均成長每年都超過百分之七。在過去十年，這種成長已經幫助一百多萬盧安達人脫貧，人均收入也增加了三倍。同時，盧安達也成為非洲最清廉的國家之一，事實上，根據國際廉政組織的排名，它比義大利與希臘這些歐洲國家的名次還要好，在世界銀行最新發表的「經商難易度指數」（Ease of Doing Business Index）排行榜，它在非洲地區排名第三。另一方面，自二〇〇五年以來，兒童死亡率因實施全民健保而降低百分之七十。同期間，國民壽命增加十年，因愛滋病、肺結核與瘧疾死亡的案例少了五分之四。甚至在性別平等這類始料未及的領域，盧安達的表現也高人一等。盧安達的最高法院法官半數是女性，國會議員也有百分之六十四是女性，是全世界女性占比最高的國家。

想評估盧安達在比較非實質性領域的進展更加困難。尤其想評估和解效益，更是難上加難，一方面因為這個概念依然十分籠統，再方面也因為盧安達禁止使用種族對立詞彙，使民眾無法公開討論和解問題。來自納瑪塔（Nyamata）的大屠殺倖存者卡西尤．尼揚沙巴（Cassius Niyonsaba），針對這個問題向法國記者珍．哈茲菲（Jean Hatzfeld）作了以下說明：「和解政策嚴厲禁止倖存者以任何方式討論殺戮，除非受邀提出證據，除非在儀式與服喪期間，或在賈卡卡法庭審訊期間……搞分離的人會受到懲罰。」

不過盧安達人確實也談過去，近年來有幾項研究就利用這些討論進行評估，以了解根據盧安達人的看法，政府在克服這段慘痛歷史的工作上做得好不好。這些評估也顯示，盧安達的進步非常可觀。二〇一〇年，「國家統一與和解委員會」（National Unity and Reconciliation Commission）訪問了三千名盧安達人，發現百分之八十的受訪者認為，族裔關係自一九九四年以來已經改善。由於這項調查的主辦當局是政府，有些人認為它不足採信。但近年來另外幾次獨立研究，似乎證實了它的調查結果。舉例來說，蓋洛普（Gallup）民調在二〇一二年發現，百分之九十三的盧安達人對國家的走向表示樂觀。瓊納・波珍（Joanna Pozen）、理查・紐吉堡（Richard Neugebauer）與喬瑟夫・塔加尼拉（Joseph Ntaganira）等幾位學者，在大約同期間做的研究也發現，儘管盧安達人對賈卡卡法庭的審判方式有許多特定不滿，但百分之九十以上的盧安達人，對賈卡卡法庭整體過程以及它對盧安達重建的貢獻，都抱持正面看法。

就算你認為，所有以上這些都是政府宣傳造成民眾潛移默化的結果，另有一類證據卻讓人不得不相信：今天的盧安達既穩健又安定。胡圖族人與圖西族人，包括過去的大屠殺兇犯與被害人家屬，現在在全國各地一起生活，一起工作。大屠殺倖存者傅蘭辛・尼義提格卡（Francine Niyitegeka）說：「在市場上，我們輕鬆自在地做著買賣。在酒吧，我們談農事，談天氣，談和解；我們一起喝酒，相互問候。」許多胡圖族人現在在政府與軍中任職；過去幾任總理都是胡圖族人，甚至過去幾名叛軍頭目現在也在政府擔任高官。例如在戰後領導叛軍對抗盧安達愛國陣線的保羅．瓦拉卡畢吉（Paul Rwarakabije）將軍，現在就是獄政司長。同時，暴力事件極端罕見，個人犯罪率低得驚人。在二〇一一年進行的另一項蓋洛普民調發現，百分之八十九的盧安達婦女與百分之九十四的男人說，他們覺得晚上走回家很安全。這個國家似乎沒有崩潰或重返大規模暴力的危險。至少短期內如此。

當然，所有這一切或許仍然只是社會學家所謂「單薄和解」，意思是說只是和平共存，而不是真正寬恕。但克拉克等專家說，想達到那種更具贖罪意義的高標需要許多年。對一個告別種族滅絕慘禍與內戰僅僅二十年的國家而言，盧安達建立的和平共存已經是偉大成就了。而且，這種平靜或許是由上而下強制的成果，但無損於其價值。誠如圖西族倖存者安姬莉．穆卡曼吉（Angélique Mukamanzi）所說，「政府箝制我們的人生。」但她說，這種箝制的好處是，「當我們了解我們不能彼此殺來殺去，不能永無休止地吵下去，我們選擇稍稍淡忘一些。」

「強制的團結能成為真團結嗎？」古雷維奇在與我討論時問道。「依我看，世界各地的社會變遷史告訴我們，是的，無論是好是壞，它可以是真的。」

＊＊＊

儘管有這些成就，今天任何有關盧安達的全面性討論，都必須解決一個難題：仍在領導這個國家的卡加梅，是一位個性非常複雜的人物。近年來，卡加梅已經成為極端兩極化的人物，有人對他恭維有加，有人把他罵得狗血淋頭。有關盧安達的研究領域雖是個小天地，但爭論頗兇。目前它分為兩大派。一派認為卡加梅是偉大救主；另一派則說他是現代史的大惡棍。

卡加梅的粉絲——他有很多粉絲，其中不乏東尼・布萊爾（Tony Blair）、比爾・柯林頓（Bill Clinton）、比爾・蓋茲（Bill Gates）、里克・華倫（Rick Warren）[19]與「健康夥伴」（Partners in Health）創辦人保羅・法默（Paul Farmer）這類領導人——通常只強調他在經濟與人道發展領域方面的成就。經過多年歷練，這位盧安達總統已經成為一位幾乎像教授一樣的技術官僚，迷戀數據，不厭其煩地要求政策細節，盧安達也因此受惠。他的擁抱創新已經使法默說「盧安達的成就比世上其他任何地方都大」，與法默有同感的還大有人在。例如柯林頓就曾說卡加梅是一位「將人民心智釋放」、「了不起的人」。

批判卡加梅的人也不在少數，他們一般聚焦於卡加梅的人權紀錄以及他對異議份子的決不容忍。這些指控黑名單長得驚人。根據可靠紀錄，盧安達愛國陣線政府多年來，包括在戰時與戰後（特別是在剛果境內），殺了好幾萬名胡圖族軍人與百姓。甚至在戰爭威脅已經消退（當國家面對戰爭威脅時，對言論與政治活動施加若干限制，原也情有可原），國家也安定以後，在二〇〇三年與二〇一〇年最後兩次選舉都以百分之九十以上高票當選的卡加梅，對於讓盧安達成為真正民主國家這件事似乎一點興趣也沒有。例如，記者抱怨經常遭到騷擾，有些記者還因「搞分化」或「鼓吹種族滅絕意識形態」控罪被判重刑。幾名反對派政界人士，包括卡加梅的前任、胡圖族人巴斯德・比吉孟古（Pasteur Bizimungu）遭判刑下監，幾個政黨也被查禁。讓包括歐巴馬政府在內的許多批判人士感到失望的是，卡加梅不久前宣布打算在二〇一七年參選，爭取第三任總統任期（盧安達最近舉行的修憲公民投票，准許總統有三任任期）。

最後，或許也是最讓人感到恐懼的是，卡加梅幾名舊部不久前在與他決裂、還譴責他之後，一一離奇死亡。舉例來說，前情報首長派翠克・卡里吉亞（Patrick Karegeya）

19　譯按：馬鞍山教會創辦人。

在二〇一四年一月被發現遭人勒死在約翰尼斯堡一家酒店。前盧安達陸軍參謀長卡尤巴．納瓦沙（Kayumba Nyamwasa）在與卡加梅決裂後逃亡海外，之後經歷三次神祕人物暗殺都死裡逃生。

這些都是極其嚴肅、不能不予理會的指控。在種族滅絕式大屠殺剛結束之後那幾年間，卡加梅不願容忍黨派式民主或許情有可原，不過這段時間早已過去。儘管他已在近年來放寬一些限制，例如放寬對盧安達媒體的監控尺度，但在程度上遠遠不足。他的高壓手段無意間透露在愈來愈多人眼前的，似乎不是他的力量，而是他的軟弱。這些軟弱讓人擔心，一但卡加梅去職，盧安達的進步也會重挫，或許還會就此煙消雲散。古雷維奇說：「除非能夠穩定接班，否則誰能擔保盧安達的安定？他是人，是人終難免一死，盧安達的情況也一樣。它的安定基礎不夠穩，沒有人能做保證。」

再怎麼說，卡加梅的統治雖有問題，但不能因此否定他的成就。這篇故事的重點不在於將他描繪成聖人。我的重點是，在面對如何走出內戰與種族滅絕大屠殺陰霾的難題上，卡加梅政府做得非常成功，這些成功為今天其他面對類似掙扎的國家提供了寶貴教訓。只要去除它做得過度或做得有誤的一些內容（這類失誤有許多是附帶性的，不是它成功整體的一部分），對其他許多剛結束內戰的國家而言，盧安達模式仍能帶來重大深思，仍是值得它們研究的對象。事實上，幾個這樣的國家，例如中非共和國、象牙海岸共和國、索馬利亞與南蘇丹，已經了解這一點，派遣代表團到盧安達學習它的做法。

他們毫無疑問會發現，卡加梅的模式可以歸納為三項關鍵思考。首先，卡加梅發現，像內戰或種族滅絕這樣的危機，總能提供一種獨特機會，可以進行較為傳統的環境中不可能行得通的激進新做法。發生在盧安達的大震撼，為社會再造工程創造了空間。無論你利用這空間來做什麼，用它去除種族障礙、提升婦女社會地位或推動全民健保與教育，這樣的機會不能浪費。

其次，要解決地方性問題，需要地方性的答案。誠如克拉克所說：「盧安達從種族滅絕慘劇中復甦的過程帶來一個教訓：政府有足夠空間可以發揮創意。在今天這個時代，一方面由於國際刑事法院（International Criminal Court）出現，堅持在距離遙遠的法庭進行檢控，再方面也因為非政府組織影響力愈來愈大，強調一套轉型正義的預定選項，政府在這類領域的選項正不斷縮窄。但盧安達這個國家顯示，政府可以針對衝突後社會的特定需求，量身打造因應機制。即使面對龐大國際壓力、迫使它遵從現行──特別是法律方面的──正統做法，政府仍有足夠創意空間。」或者如古雷維奇所說：「所謂世上有普世可行模式，你可以將它們──包括西方在第二次世界大戰與冷戰過後，在人權、司法與民主方面達成的共識——立即植入原本沒有這類模式的地方，是一種誤導的觀念。」古雷維奇這句話的意思是，賈卡卡系統本身或許對斯里蘭卡或敘利亞這樣的國家沒有意義，但它的基本策略——撇開既有現成做法，用一種原創、有機、在地的草根之道解決轉型正義問題——意義重大。事實上，看在某些族群眼裡，這類在地解決之道可能更具法統，也因此更有成功的可能。

最後，卡加梅最重要的見解是這樣的：碰上像盧安達這樣的危機，領導人不能怕折衷，不能怕妥協。與其為了追求完美而一事無成——追求一種讓大家都快樂、但幾乎不存在的解決之道——卡加梅基本上擁抱一種「滿意法則」（satisficing）[20]政治。他發現，在面對不可能圓滿解決的情事時，最明智的對策就是放棄完美，追求可以接受的條件。面對盧安達戰後極度分裂的情勢，最好的做法是讓每個人都能得到一點東西，而不是把一切東西都交給任何人。採用這種做法一定會造成許多爭議，而且保證讓人不快。沒錯，今天盧安達的民眾沒有人對政府處理大屠殺的做法完全滿意。

但盧安達能做得像現在這麼好，這是一個大原因。

20 譯按：一種只想找出最可行解決辦法，而不是最佳解決辦法的決策戰略。

第五章

做最壞的打算

新加坡怎麼征服貪腐

如果說娼妓是世上最古老的行業，貪腐必定是世上最久遠的罪惡。早自第一個尼安德塔人（Neanderthal）[21]發現，只需多給老大一塊乳齒象的肉，就能在洞穴裡面取得一處比較好的安身之所，貪腐就成為人類社會一個如影隨形的特徵。與本書討論的其他問題不一樣的是，至少在人類進化為一種更高層的生命形式之前，它很可能是一個永遠揮之不去的問題。

同時，無論你住在哪裡，眼見身邊出現的種種貪腐情事，你大概也早已見怪不怪。有關貪腐的案件永遠層出不窮，舉例來說，二〇一四年二月，亞洲媒體就大幅報導楊少雄（Edwin Yeo）貪汙案。楊少雄是新加坡政府高級官員，因為嗜賭挪用了一百四十萬美元公款。表面上看來，這樣的案件一點也不稀奇，但它有一點不尋常之處：發生這個案件的國家。楊少雄是新加坡人，更諷刺的是，他是新加坡貪汙調查局的官員。他同時也是十二年來，新加坡第一名受到這類指控的反貪人員。這不是因為新加坡一般不重視這類罪行，而是因為新加坡幾乎沒有貪汙事件。

在根絕貪腐這件事上，新加坡比世上幾乎任何其他國家做得都更徹底。國際廉政組織在二〇一四年將新加坡列為全亞洲貪腐情況最輕的國家，全球排名也高居第七位。這一點也不意外，自從國際廉政組織於一九九五年起展開這項排名以來，新加坡每年都在最前幾名。

新加坡的紀錄之所以如此傲人的原因是，它在一開始並非一個廉政典範。事實上，它原本是一個與清廉扯不上任何關係的地方。正因如此，對於其他有志肅貪的國家，新加坡是個極好的模式。有些國家，例如瑞典，每年都在國際廉政組織這項排名上領先新加坡，但新加坡與瑞典不一樣，因為瑞典成為一個立憲民主國家已逾兩百年。

當新加坡於一九五九年脫離英國獨立時，這個城市國家賴以揚名國際的不是它的清廉，而是它的罪惡與社會不公。當年人稱「罪惡淵藪」（Sin-galore）的新加坡並非浪

21 譯按：舊石器時代的史前人類。

得虛名。中國三合會與黑社會組織在這裡公然開設鴉片煙館與妓院，他們的打手在街道上爭地盤。在第二次世界大戰結束後統治新加坡的英國軍事管理局（British Military Administration），早以貪腐著名，大多數在地人都稱它為「黑市管理局」。新加坡的官僚，特別是它的警察更是無可救藥；「殖民辦公室」（Colonial Office）在一篇一九四九年的報告中說，新加坡的警察是「一群組織有問題、裝備一團糟、紀律一場糊塗的烏合之眾」。在新加坡獨立第一年，整個國家情勢已經糟到不行：你若運氣不好，走在新加坡亂成一團的街道上被車撞，還得先向救護車人員行賄，他們才肯把你送到醫院。

正是因為見到這一切種種，人稱哈利．李（Harry Lee）的著名年輕大律師決定出馬競選總理，而且以肅貪為主要（事實上幾乎是全部）競選議題。

＊＊＊

哈利本名李光耀，一九二三年出生於新加坡一個華人中產階級家庭。他自幼聰穎，以明星學生的成績在萊佛士書院（Raffles Institution，一個獨立的英式中學）攻讀，夢想能在畢業後進入英國念大學。但日本皇軍在一九四二年打進新加坡，搗毀了哈利的留學夢，也為英國人帶來這場大戰中最慘的一項敗績。像許多新加坡人一樣，哈利開始學習日文，在黑市討生活（他是典當珠寶的專家），熬過了日軍占領期間艱苦的歲月。

日本人的統治窮凶極惡，新加坡在日軍占領下受盡折磨。但就在似乎永遠沒有出頭天的時候，東京宣布投降，一九四五年九月二日，第二次世界大戰結束。新加坡迅速解放，哈利終於可以一償夙願前往英國留學。他進入倫敦政經學院，受教於曾經教過老皮耶·杜魯道的哈羅德·拉斯基，沉浸在當年最熱門的反殖民主義與「費邊學派」（Fabian society）社會主義學術中。一年以後，哈利轉入他的幾個兄弟也在念的劍橋大學，攻讀法律。

在取得畢業考罕見的雙料第一佳績之後，哈利於一九五〇年回到新加坡，重拾李光耀的名字，開始律師的執業生涯，並且重新娶了他三年前在英國祕密結婚的那位女士。在二度結婚那天，他們倆的那名英國婚姻登記人犯了遲到十五分鐘的嚴重錯誤。李光耀怒不可遏，把那名倒楣的登記人臭罵一頓；這種對沒有效率極度不能容忍的脾氣，日後成為他的招牌。

儘管李光耀在律師這一行表現傑出，但私生活讓他愈來愈難以忍受。商業案件讓他厭煩，新加坡那些躊躇滿志卻又庸碌無能的殖民官員也讓他憤憤不平。於是他開始介入工運，之後投入地方政治，並於一九五四年與友人合組「人民行動黨」（People's Action

Party, PAP）。除了推動脫離英國獨立以外，人民行動黨在一九五九年新加坡的第一次自由國會選舉中，以打擊貪汙為首要競選訴求。

在當時，以清廉政府為競選訴求是一項危險的做法。再怎麼說，貪腐在當年的新加坡不僅是普遍而已，它根本無所不在。李光耀本人在幾年以後寫到，「抽成、回扣、油水、小帳或其他各式各樣的本地名目，已經是亞洲的生活方式：大家將它視為文化的一部分而公開接受。」

改變這種根深柢固習慣的嘗試，一般都以失敗收場。但李光耀一夥人基於幾個理由決心一試。

首先，他們發現貪腐已經徹底侵蝕全新加坡各處機構，這個新島國很可能剛成立就被貪腐拖垮。

其次，李光耀當時譴責新加坡其他政黨「因循、軟弱、自私自利與機會主義」，將人民行動黨塑造為反貪鬥士，可以讓它輕鬆從參選政黨中脫穎而出。人民行動黨在競選期間，甚至指控主要對手「新加坡人民聯盟」（Singapore People's Alliance）的成員接受外國賄賂。強調貪腐問題，還使李光耀可以繞個彎、超越新加坡勢力強大，同樣以肅貪為政綱的共產運動。

這項策略果然成果輝煌。人民行動黨在一九五九年五月三十日贏得大選，當時年僅三十五歲、興高采烈的李光耀，突然發現自己成了新加坡第一任總理。向來語出驚人的李光耀，也老實不客氣地宣布這次成果是「對擊敗錯，清擊敗濁，正擊敗邪的勝利」。

＊＊＊

這是勝利高奏凱歌的一刻。但李光耀在檢視他的新領域時迅速發現，撇開政治與道德不談，還有另一個更加迫切、必須推動全面改革的理由：新加坡的情勢岌岌可危。

身為殖民地，新加坡一直很重要，部分原因是它有巨大的港口。號稱「東方直布羅陀」的新加坡，一直是大英帝國在這個地區的行政、商業與軍事重鎮。但隨著帝國式微，新加坡也立即變得貧窮與無足輕重，淪為拉吉．瓦希爾（Raj Vasil，寫過幾本有關新加坡的書）所說「不過是又一個第三世界中未開發的國家」。在與大鄰國馬來西亞短暫而不愉快的結合之後，新加坡在一九六五年全面獨立。這個新國家很小，全國只有一百五十八萬人，國土面積約與半個紐約市相等。新加坡人口中有華人、塔米爾人、馬來人，還有乘船飄到島上、來自其他眾多地方各式各樣的人，不僅人種眾多而且各有各的山頭。身為島國的新加坡幾乎沒有淡水。與馬來西亞不同的是，新加坡沒有可以依賴、規模夠大的市場或產業，也沒有商品或其他可供利用的天然資源。

也因此，獨立時的新加坡情況很不樂觀。人均國內生產毛額只有四百四十三美元。失業率很高，隨著人口迅速成長，失業率還會不斷增加。李光耀那位菸不離手的荷蘭籍經濟顧問溫思敏（Albert Winsemius）警告說，失業率可能在一九六六年增加到百分之十四。大多數新加坡人沒受過什麼教育，而且半數人住在貧民窟中。新加坡是一處瘧蚊猖獗的地區，一切事情似乎都在迅速惡化。誠如溫思敏對老闆李光耀提出的警告：「新加坡正走在剃刀邊緣。」

不過，李光耀不但沒有因此氣餒，反而認為這些情勢為他、為新加坡帶來大好良機。他認為，正因為新加坡缺乏資源，它的領導人才能海闊天空思考，才能無拘無束採取激進行動。新加坡的多項重大成就靠的就是他這項創見。他推論，新獨立的新加坡可以在一件事上出人頭地：良好的治理。新加坡必須工業化才能生存，這表示它需要吸引許多外資。如果能夠在世上這個極端欠缺法治的角落奉行法治，建立他所謂「第一世界的可靠度與預期度標準」，或許能夠為新加坡帶來一種相對優勢與背水一戰的機會。

李光耀於是決定建立一個他所謂「與我們鄰國不一樣的國家：乾淨、更有效率、更安全」。由於情勢緊迫——如他所說，若不迅速改革，「我們真只有死路一條」——他採取迅速行動。在宣誓就職後僅僅幾天，李光耀穿著象徵純淨的白服，展開政治學者羅伯・羅特柏格（Robert Rotberg）所謂對抗貪腐的「絕對聖戰」，建立一個全球僅見、最有效也最全面的肅貪系統。

＊＊＊

即將撤出新加坡的英國人倒也留下幾件好東西給他，其中一件就是新加坡的貪汙調查局（Corrupt Practices Investigation Bureau, CPIB）。新加坡在一九五一年發生一件驚人的警察貪腐醜聞，讓英國殖民當局在萬分難堪之下，不得不建立這個調查局，以平息眾怒。這次事件涉及一個成員包括幾名警察的黑幫，偷走一千八百磅鴉片。貪汙調查局原本規模很小，肅貪能力也相對較低。李光耀於是決定從貪汙調查局下手，先強化它的權力。

他的新政府於一九六〇年六月通過的《肅貪法》（Prevention of Corruption Act, POCA），透過幾種方式達到強化貪汙調查局權力的目標。首先，它以非常寬鬆的方式解釋貪汙：只要是用幾乎任何有價值的東西（《肅貪法》稱為「讓人滿足的東西」）從政府換取任何類型的好處，都是貪汙。「讓人滿足的東西」可以是用禮品、貸款、手續費、獎品、佣金或減免債務等形式呈現的金融性東西；也可以是產權、職位或「任何其他服務、優惠或無論任何類型的好處」的非金融性東西。《肅貪法》甚至將私領域的行賄也列為非法，將管轄範圍擴大到沒有政府官員涉案的案件。

其次，《肅貪法》建立幾項強有力的新法律假定。這些假定包括，一名官員只需生活享受超過他或她的生計，或擁有他或她在正常狀況下無法負擔的資產，貪汙調查局都可以將這些事實視為涉貪的初步證據，進行調查。根據《肅貪法》，政府公務員收受任何禮品都必須提出證據，說明這些贈禮沒有任何附帶條件，受禮的一方沒有以任何方式提供回報。

第三，《肅貪法》賦予貪汙調查局獨立大權，讓他們無須依賴新加坡那些不值得信任的警察，可以憑自己的力量調查、搜證與逮捕嫌犯。幾年以後，新加坡國會還讓貪汙調查局有權迫使證人作證。此外，為避免政界人士干預，貪汙調查局於一九六九年脫離司法部長監督，置於總理辦公室監控之下。由於此舉在理論上為總理本人帶來操控貪汙調查局的機會，有關規定在幾年後再次修改，讓新加坡直接民選的總統在一旦出現這類狀況時，有權推翻總理的決定。

為顯示貪汙調查局確能肅貪，並且向外界釋出李光耀所謂「肅貪必須從上肅起」的訊息，新政府首先鎖定幾個高姿態目標，包括總理的幾名親友。舉例來說，貪汙調查局在一九六六年找上李光耀的老友陳家彥（Tan Kia Gan）。陳家彥當時擔任馬來西亞航空公司新加坡董事，因涉嫌收賄偏袒一家特定飛機供應商，而遭貪汙調查局調查。雖說由於陳家彥的共犯不肯做不利於陳家彥的證供，當局無法定陳家彥的罪，但李光耀還是將他革職，逐出新加坡。一九七五年，早先在投入工運時就與李光耀相熟、當時擔任環境發展部政務部長的黃循文（Wee Toon Boon），因收受房地產開發商禮物而下獄。一九八六年，李光耀另一友人、當時擔任國家發展部部長的鄭章遠（Teh Cheang Wan）因受賄受到調查。鄭章遠不願接受審判，寫了一張遺書說，「身為重名譽的東方紳士，我認為必須為自己的錯誤付出最高代價，只有這麼做才對」，之後吞服過量安眠藥自殺。甚至李光耀的家人在李光耀卸任後也遭到調查，不過他們都獲得寬免。

這些轟動一時的調查案果然讓新加坡民眾耳目一新，人民行動黨恨之不已、縱容貪腐的文化價值也因此逐漸改寫。在不久以前一個炙熱的九月天早晨，新加坡司法部長尚穆根（K. Shanmugam）在他的辦公室接受我訪問時說，由於李光耀「完全不貪，選用的人也不貪，一旦這些人出軌，他的處置也毫不容情，於是形成一種潛移默化的慣例」。羅特柏格說，平民百姓很快發現「統治階層不會（像其他地方那些高官一樣）利用官職自肥……那個強有力的訊息對較低階官員產生衝擊」，然後影響全民大眾。

＊＊＊

就算是聖戰，也得投入時間才能有成果。因此，自獨立起數十年間，新加坡不斷調整它的肅貪系統。貪汙調查局的規模大幅擴張：當李光耀於一九五九年就職時只有八名工作人員的貪汙調查局，現在有一百七十七名工作人員，在一九七八年只有一百萬新加坡幣的預算，到如今已經增加百分之五千。

新加坡政府還設計了一大套工具監督不法。舉例來說，今天的警員在上、下班時，無論口袋裡塞了多少錢都要申報；如果下班時的錢比上班時多，就會有受賄嫌疑。貪汙調查局探員經常在賽馬場四處巡訪，尋找出手似乎特別闊氣的官員，還規定公務員上賭場必須報備。它還讓民眾可以透過貪汙調查局網站與二十四小時免費熱線，輕鬆進行檢舉（如果願意，可以匿名檢舉）。

當然，想讓嚇阻收效，單憑偵查還嫌不足，還要有懲罰才行。新加坡也因此頻頻加重刑罰，懲處那些膽大妄為之徒。今天的貪汙犯經定讞之後，除了得繳回贓款以外，還得服重刑，並判處高達十萬新加坡幣（約七萬美元）的罰款。政府甚至開始懲罰貪腐官員的上司，舉例來說，在楊少雄於二〇一四年二月被逮捕以後，總理李顯龍（Lee Hsien

Loong）正式申誡楊少雄的老闆，並撤換貪汙調查局局長。

政治學者將貪汙分為兩類：一類是「小貪」，涉及付小額的錢給低階官員，鼓勵官員發個護照或販賣許可證之類的東西；另一類是「行政性」的「大貪」，這類貪汙出現在國家層面，可能涉及工程標購，進口許可或戰車或電話線的供應合約。新加坡不做這樣的區分，對這兩類貪汙一視同仁，只在懲處上有所不同。因此，在二〇一一年，新加坡土地管理局（Singapore Land Authority）一名官員因貪汙一千兩百五十萬新加坡幣（八百七十萬美元）被判刑二十二年；第二年，有一新加坡居民因向一名交通警察行賄四十新加坡幣，被判罰金三千元（兩千零九十三美元）。

雖說會對犯行者嚴懲，但政府寧可將這類手段備而不用，也用各種辦法鼓勵民眾奉公守法。資金充裕的教育與公德計畫一直推展到小學，戲院在放映好萊塢電影以前，還會先播放由貪汙調查局製作，主題為「不要走歪路，貪汙永遠得不償失」的精美短片。政府還會獎賞那些拒絕賄賂的官員，給他們記功與獎金。

為降低官僚尋找外快的誘惑，新加坡政府逐年為官員加薪，讓他們的薪酬比世上幾乎任何其他國家的官員都高。公務員享有從高爾夫球俱樂部會員資格，到折扣旅遊等許多福利，而且薪酬以民營企業相當工作中上工資的三分之二為標準。新上任的政府部長年薪高達九十三萬五千新加坡幣（六十五萬美元），幾乎是美國總統年薪的兩倍。政府也不斷進行公務員輪調，以免他們與民眾建立私交。此外，為減少民眾與官員間的金錢往來，政府還廢除整套整套的手續費與關稅（例如進口稅）。最後，新加坡知道，在太多地方（包括西方國家），政治是太多的貪汙之源，解決問題之道就是把金錢抽出政治。新加坡政府在這方面做得很賣力：它實施嚴格的開支限制，將選舉期壓得極短（一般只持續九天），而且禁止政治廣告。

＊＊＊

這種多管齊下的系統獲得豐厚報酬，新加坡的廉政排名居高不下就是證明。李光耀的「第一世界標準」搭配其他許多優良治理計畫，將這個一度窮苦不堪的城市國家轉型為傲視全球的經濟體。二〇一五年，世界銀行將新加坡列為全球最適合做生意的國家。新加坡如今是市值三千億美元的經濟體，略大於菲律賓（菲律賓人口比新加坡多了九千萬）。以人均購買力而言，新加坡現在是全球第六富裕的國家。對一個不過五十年前立國時還如此窮苦不堪的國家來說，這樣的成績相當不錯。

不過，這本書談的主要是角色典範，不只是成功故事。所以儘管新加坡有這許多成就，這些成就也有一些附帶的星號。

首先，新加坡國際事務研究所主任戴尚志（Simon Tay，法學教授，曾擔任國會議員）等一些分析家提出警告說，新加坡可能因為在肅貪這件工作上做得太好，於是躊躇滿志，終致遭禍。戴尚志在他設於新加坡烏節路（Orchard Road）摩天樓的辦公室，接受我訪問時說，「政府覺得，既然已經聘用了對的員工，宣揚了對的價值，他們不再需要自我檢討。而我認為，很多跡象顯示，他們仍然需要自我檢討」——楊少雄貪汙案就是這樣的跡象。另一名前高級官員（鑒於這個議題的敏感性，他不願透露姓名）則表示，就許多正規的貪汙類型而言，目前的政府確實做得無可挑剔，但至少就一種比較不正規的貪汙類型而言，它還有大盲點：裙帶主義。他說，現任總理正是李光耀的長子，這當然不能是偶然。

這些問題雖然真實，但對一個國家而言，它們比較是好問題。沒有人能質疑李顯龍的能力。貪汙調查局在楊少雄案爆發後的大舉清場、整頓，證明政府還沒有躊躇滿志。在貪汙調查局於一九九七年發生另一件醜聞後，當時的局長下令全體員工，包括他自己在內，接受測謊。

其次，新加坡模式的應用是更嚴重的議題。由於特性使然，它的模式並非所有其他國家都能應用。它的富有非比尋常，又因為面積極小，而且全國只有五百五十萬人，它的小也非比尋常。這兩個特性，使中國、印度與印尼等比它大得多又窮得多的鄰國，無法向它學習。

在這兩個特性中，財富議題不難駁斥。雖說今天的新加坡非常富有，但當它第一天對貪腐宣戰時，它並不富有；事實證明，貧窮並非一個無法克服的障礙。此外，雖說新加坡近年來確實用財富幫官員守廉——讓公務員享有極優渥的待遇，花大錢進行肅貪——但高薪與巨額預算其實是不很久以前才出現的事。這說明，打擊貪腐不一定要花很多錢。在就任之初、政府預算拮据的那幾年，李光耀事實上還讓公務員減薪，但由於他建立的法律限制，貪腐情事仍然減少。

新加坡的小是比較棘手的問題。前國立新加坡大學（National University of Singapore）教授、世界著名貪腐問題專家柯受田（Jon S. T. Quah），曾經以實錄方式說明，新加坡如何因為地緣小，特別是在進入數位時代以前那段歲月，通訊與行政管理可以極其直接。此外，監控一小群單一系統的官僚，比起控制龐大聯邦式官僚系統也容易得多。但柯受田與其他專家也認為，如果能先從有限規模著手，例如在地方或省的層級推動肅貪計畫，在取得成功以後再往外擴展，就算像印度這樣行政系統複雜的大國，一樣也可以效法新加坡模式。現任印度總理莫迪在二〇〇一年至二〇一四年間，擔任古吉拉特邦首席部長時，就將肅貪工作做得可圈可點。這說明，全力奉獻的領導人可以振衰起敝。雖說想做到不容易，但莫迪等有志肅貪的政治人物，想在全國層面上複製新加坡的成功模式，並沒有一定辦不到的理由。

新加坡模式的第三個問題，也是最難以駁斥的問題。雖說新加坡整潔、公正、有效而且成功，但它卻不是崇尚自由的民主國家。李光耀儘管因自由選舉而當上總理，在之後數十年的主政期間卻只肯容忍象徵性的反對力量，用各式各樣、時而野蠻的手段執行政令，讓對手羽翼難豐，無法與之抗衡。在二〇一〇年一次告別政壇的訪問中，李光耀承認在多年執政期間，確曾「做了一些髒事」，但他堅持做那些事都是為了「光明正大的目的」。在一九九〇年代，他因為鼓吹「亞洲價值」論——認為儒家社會就文化角度而言，不適合政治多元主義，應該由菁英領導——為他的統治辯護，而遭到許多罵名。

李光耀於一九九〇年辭去新加坡總理職，在二〇一一年放棄他保有的最後一個職位（資政），於二〇一五年去世。近年來，新加坡也緩緩步向真民主。但倡導團體繼續攻擊它，說它對反對黨、對媒體與集會結社權利設限。儘管多年來已進行許多改革，美國人權監督團體「自由之家」（Freedom House）仍將新加坡列為「半自由」國家。

這類顧慮或許讓其他一些比較開明的國家，看輕了新加坡的肅貪策略。他們這麼想就錯了。雖說李光耀的高壓手段讓人心頭不快，但它不是新加坡肅貪運動的核心。事實上，新加坡的大多數肅貪做法在非獨裁國家照樣管用。

新加坡的一些肅貪手段（例如它偶而會不經審判就拘禁嫌犯），與西方強調公平與正當程序的慣例有衝突，這是實情。但它的肅貪系統骨幹——從依賴高薪與公共教育，到貪汙調查局在沒有許可狀情況下，可以憑「合理理由」搜查或逮捕嫌犯的做法——與西方慣例並不衝突。例如，美國警察在若干情況下，也可以不憑許可狀，逕行進行搜索。值得強調的是，新加坡的肅貪檢控必須通過信譽一向卓著的新加坡法庭，這些法庭遵循基本的英國式程序，保證犯人有權找律師，有機會上訴。最後，貪汙調查局的一些權力或許看來容易造成濫權，但美國經濟學者、也是肅貪專家的羅伯·克里加（Robert Klitgaard）等許多專家說，新加坡由於有各種措施（特別是貪汙調查局有兩個監督委員會，與直接民選的總統負責監督），這類濫權並未出現。二〇〇五年的一項民調發現，新加坡百姓絕大多數也有同感。

多年來，眾多國家——包括一長串民主國家——派遣代表前往新加坡研究它的成功之道，原因就在這裡。自一九九二年以來，這個島國為來自一百七十個國家的八萬多名官員提供肅貪訓練。從阿根廷到香港、到泰國的政府，都設法實施新加坡式系統；過去幾年，巴西、印度與土耳其高官也絡繹於途，前往新加坡取經。

這些官員無疑都學到一件事：新加坡運用的大多數肅貪手段顯然都可以出口，特別是李光耀的一些領導教訓尤然。首先，李光耀證明一件事：義正詞嚴、良好的訓練、聰明的監督以及各式各樣的胡蘿蔔與大棒、恩威並濟的手段都很重要，但想建立真正的廉潔政府，它們只是必要條件，而不是充分條件。真正的關鍵在於領導人不為動搖的決心。誠如司法部長尚穆根所說，無數國家已經訂有在書面上看來比新加坡更強的肅貪法規，但它們的系統不管用。他說，這是因為「你或許有最好的法規，有最好的肅貪機構，但如果你的政治領導人貪汙……再怎麼樣也救不了這系統。事情就這麼簡單」。政治學者羅特柏格也認為，「領導比制度性防範更重要」。經過許多年潛移默化，這種領導還能創建一種深入整個社會的文化。一個社會如果真想征服這種致命病毒，就必須建立這樣的文化。

新加坡歷史也提供了另一個更基本的道德教訓。李光耀在新加坡最艱難的一刻決定全力肅貪，突顯一項不凡的見解：各行各業、各種階層的領導人只要身體力行，都能發揮從一無所有做起的價值。像他一樣從一無所有做起，能使領導人化貧乏為轉機，拋開一切枷鎖，採取激進的新行動。想做到這一切只需勇氣。如果這是過度奢求，恐懼或不得不做的困境，也能讓領導人背水一戰。

第六章

鑽石並非永遠

波札那如何打敗資源的詛咒

五十年前，波札那（Botswana）就是一般所說的那種「一池死水」之鄉。它甚至連水都沒有。在脫離英國獨立時，這個乾燥炎熱、面積幾與法國相等的南非內陸國，似乎是世上最不幸的國家。除了少許銅與煤，它沒有天然資源，幾乎沒有可耕之土；當時稱為貝專納蘭（Bechuanaland）的這片土地，位於喀拉哈里（Kalahari）沙漠內。當地有許多牛，牛隻數比人口多三倍，當地的唯一產業是放牧業。遷徙的牛羚帶來一波波幾乎不間斷的炭疽熱、牛瘟與口蹄疫，讓這片原本已經乏善可陳的荒漠之鄉更加苦不堪言。

在十九世紀，由於這塊土地實在太一無可取，就連那些當年在非洲大肆搜刮的歐洲列強，對它也幾乎不感興趣。直到一八八五年，在幾名土著酋長請求倫敦提供保護以後（土著擔心塞西爾・羅德斯與波耳人入侵），大英帝國才勉為其難將米字旗插上這塊土地。就算在那以後，貝專納蘭給人的感覺也十分矛盾：英國第一任駐貝專納蘭代表在抵達之後沒多久，就電告倫敦說，「我們在這個國家沒有利益可言……除了把它當作一條通往內陸的途徑以外」。他說，大英帝國只要不讓其他國家染指這塊土地就好，其他什麼都不必做，「在行政管理或屯墾這方面做得愈少愈好」。

在之後幾十年，英國嚴格遵守這項建議，一直沒有將貝專納蘭升級為真正的殖民地（這地方一直只是層級上最小的保護國）。英國在當地只做徵稅、維持治安與保護邊界的工作。它幾乎沒有派遣任何移民；直到一九二一年，整個貝專納蘭只住了一千七百四十三名歐洲人，而且之後四十年，這個數字也只增加了一倍。英國在當地也幾乎沒有任何投資。正因為這種全然不聞不問的荒廢，羅伯・彼得・法庫斯（Robert Peter Fawcus）爵士在一九五四年接掌駐貝專納蘭高級專員時，在述職報告中大發牢騷說，「對一個不列顛帝國管轄區而言，倫敦花的錢（當時總額約十四萬英鎊）比可以接受的標準低得太多。」

不過移民部不為所動。當貝專納蘭原住民在一九六〇年代開始要求獨立時，英國沒有與他們爭執。它派在當地的管理人員基本上只是聳聳肩，整理行囊，打道回府。

波札那在一九六六年九月宣布獨立，立即成為全世界最窮的國家之一，而且還看不出情況有改善的可能。它沒有真正的公務員，全國只有二十二名大學畢業生，每兩萬六千人中只有一名醫生。波札那的基礎設施包括一所屠宰場，一條鐵路（非國有）、長八公里鋪好的路，如此而已，其他什麼也沒有：沒有發電廠，沒有電話線，沒有下水道系統。環繞在這個黑人統治國家四面八方的，是白人優越主義政權治下的南非、納米比亞與羅德西亞。波札那甚至連一個像樣的首都都沒有：英國人從南非境內跨邊界對貝專納蘭進行遙控，之後雖在嘉柏隆里（Gaborone）修建新都，但在工程破土不到一、兩年後就撤離了這個國家。誠如經濟學者查爾斯．哈維（Charles Harvey）與小史蒂芬．路易斯（Stephen R. Lewis Jr.）所說，波札那「百廢待舉，不過一點錢也沒有」。波札那獨立那年，《賓治雜誌》（*Punch*）發表的一幅漫畫很能說明當時環境：一個瘦弱、赤身露體的孩子孤伶伶坐在草地中，一群群獅子與蛇從四面八方朝他逼近。一名英國軍官大踏步離他而去，還說「朋友都會來陪你，你安啦！」

就在事情已經壞到似乎不能更壞的地步時，事情更壞了。約與波札那宣布獨立的同時，大雨降下，玉米與高粱泡在田裡腐爛，牛隻成群死亡。

接著，當全國人民瀕臨饑荒邊緣時，真正恐怖的事發生了。在草原矮小的荊棘樹叢下挖東西的人，無意間撞上了全世界蘊藏量最富的鑽石礦。

你一定會猜想接下來發生了什麼事。根據開發中世界的慣例，這個新國家初嘗權力滋味的領導人一定立即大舉開挖，忙著斂財。碰到不能直接塞進自己荷包或藏入瑞士銀行帳戶的錢，他們就在一些華而不實的工程項目上肆意揮霍，建立手段殘酷的保安組織，對煩瑣冗長的建國工作不加理會，讓他們那些貧苦的國民自生自滅。經濟很快就會崩潰。地方酋長眼見祖先留給他們的遺產遭到中央搜刮，憤而武裝反叛，戰火旋即吞噬這片草原。簡言之，資源詛咒已經使一個又一個國家揮霍地緣財富，走入罪惡統治與貧窮痛苦的深淵，波札那也將淪為資源詛咒的又一個犧牲品。

至少，根據非洲與其他大多數礦物資源豐富國家的歷史，會發生這類狀況。但它沒有在波札那出現。事實上，波札那打破了歷史慣例、開發理論與平均律——它突飛猛進、繁榮起來。

三十年來，波札那一直是全世界產值第一的鑽石產國，開採、出口好幾百萬克拉的高品質鑽石，賺得數以億計的美元。單以二〇一四年一年為例，它最大的礦就開採了兩公噸寶石。這類數字往往意示不幸，但波札那的情況不一樣：政府用這些財富把波札那變成非洲的寵兒。波札那領導人建立與維護一個民主政府，定期舉行自由而公正的選舉，而且由正直的法院與放言無忌的媒體進行嚴密監督。雖說國際生存環境十分嚴苛，波札那從未打過一場仗，無論是與外國的戰爭或是內戰；直到一九七七年，它甚至連一支軍隊也沒有。

另一方面，波札那的經濟成就也同樣驚人。立國以來第一個三十五年，它的國內生產毛額年成長率經常高達百分之十四，比任何其他國家都高。雖說它的成長率在過去十年已經放緩，但幅度仍然相當可觀。自獨立以來，人均收入從一年五十美元增加到七千多美元，使波札那成為全球中產階級榜首，與歐盟成員國的保加利亞約略同級。此外，與安哥拉這類國家不一樣的是，波札那大多數國民都能因國家繁榮而受惠。安哥拉也擁有龐大的鑽石與石油財富，卻是全球嬰兒夭折率最高的國家，接近半數國民生活在極度貧窮中。雖說像在鄰國一樣，愛滋病在波札那也同樣猖獗，但波札那人的情況好得多。以識字率為例，波札那高達百分之八十七——對於一個獨立時全國只有兩所中學的國家來說，這樣的成績已經相當傲人。「社會進步指數」（Social Progress Index，評估一個國家在為人民提供基本需求的工作上做得如何的指標）也將波札那列為撒哈拉沙漠以南地區排名第二的國家。波札那還是撒哈拉沙漠以南地區貪腐指數最低的國家。波札那自獨立以來沒有經歷過一次長期衰退、一場超級通膨，儘管氣候極度乾旱，也沒發生過一次饑荒。想找出另一個像這樣的非洲國家很難。

波札那能有這許多成就自有道理，但最讓人不解的是，它並沒有什麼錦囊妙計。波札那人並不比奈及利亞、赤道幾內亞或剛果民主共和國的人——這三個國家都是罪惡統治與濫用礦物財富的代表——更純潔。波札那領導人也沒找到什麼可以避開資源詛咒的法寶。他們能保護國家不受資源詛咒之害，只因為他們在廉能政府的構建工作上不辭勞苦：他們建立與維護一個開放透明、對個人權力設限的政治系統，這個系統基礎踏實而且有能，能防制貪汙，能以明智行動抵擋經濟震撼，抗拒資源橫財一般會帶來的誘惑。

這樣的成就看起來很簡單。而且就理論層面來說，它確實不難。但波札那的故事告訴我們，要做到這些成就一點也不簡單。

＊＊＊

資源詛咒之所以這麼難應付，是因為礦物財可以用許多不同的方式傷害貧窮國家。現金暴增推高通貨膨脹。它們能搗毀匯率，窒息非提煉性產業，鼓勵浪費與貪汙，破壞民主，腐蝕法治，還能造成對立衝突。

波札那用了一套不很神奇的辦法避開了這些惡果。它的辦法有三項要件：運氣、領導以及精明的政治與經濟決策。這些要件看來平淡無奇，不過這也正是重點。

這三項要件中的第一項——好運氣——或許最不可能。在立國之初，波札那實在也沒什麼運氣。但事實證明，它最大的劣勢——貧窮——也是它最大的資產。正因為這塊土地太窮，占有它的老闆決定給它一個大甜頭：不管它。這種不聞不問的態度，使波札那培養出一種完全屬於自己的進取性政治文化。它沒有出現歐洲干預在大多數其他地方造成的惡果。

為了解這個問題的前因後果，我們得將時間拉回十八世紀，當時說班圖（Bantu）語的八個斯瓦納（Tswana）游牧部落，遭祖魯（Zulus）人追逐北上，進入今天的波札那。斯瓦納人雖然能征慣戰，但一般而言比較喜歡談判、妥協、化解衝突。他們用一種叫做「克高拉」（kgotla）的系統管理內部事務。

在殖民統治以前，斯瓦納人用克高拉會議解決個人爭議，做成財務決定，答覆其他行政管理問題。斯瓦納人的「克高希」（kgosi，即王或酋長）在需要解決這類問題時，會選定一處地點，用樹樁圍成圈，樹樁上插了犀牛或牛的頭骨。「巴札那」（Batswana）[22]就在這圈子裡處理事情。他們還會利用這樣的集會讓他們的統治者負責，質疑、挑戰克高希的決定。對一個沒有接受現代文明洗禮的王權系統而言，這類質疑與挑戰當然很不尋常。但據加拿大經濟學者克拉克．雷斯（J. Clark Leith）[23]說，斯瓦納人能憑著這種克高拉系統迫使克高希就範，因為斯瓦納是隨處遷徙的遊牧民族，如果對統治者不滿意，隨時可以出走，投靠其他部落。雷斯寫道，要保持部落團結，巴札那與他們的克高希訂定一項明確的交易：「統治者領導人民，但人民可以問責」。

最早期的人類學者、第一批研究斯瓦納部落的外界人士艾薩克．沙博拉（Isaac Schapera）指出，在英國人抵達之後，巴札那趁倫敦漠不關心，把克高拉會議營造為一種更嚴謹的原型民主制度。為確保雷斯所說的那種問責能力，部落准許所有結過婚的男子參加克高拉會議，鼓勵他們自由發言。斯瓦納甚至有一句諺語說：「最高的戰爭形式就是對話。」部落面對的所有問題都在會中提出辯論。雖說就技術而言，克高希有權訂定自己的決策，但如果他傻到不理會人民意旨，很快就會失業。事實上，與中世紀歐洲人不一樣的是，巴札那心目中的統治者絕對是會犯錯的凡人。每一位新王在就職時，他們都會告誡新王一句話：「王之所以為王，是因為眾人垂愛。」這句話可說道盡他們對統治者的期待。雖說按照規矩，新酋長的選立以繼承為準，但斯瓦納部落很懂得怎麼讓

22　用法說明：「巴札那」是代表斯瓦納部落或波札那人的複數形文字；單數形文字是「摩札那」（Motswana）；說到語言與文化時，用的字是「塞札那」（Setswana）。

23　有關波札那的好書不多，雷斯是其中一本的作者。

那些專橫的貴族靠邊站，選出更能幹的平民百姓。

英國人當年如果對這塊土地更有興趣，真正統治貝專納蘭，要他們容許這樣既零散又變化無常的系統繼續存在，是不大可能的。英國人會搬出他們那套鎮壓民意的標準策略，讓願意聽命於自己的地方領導人當權，無論這些領導人多殘暴、多貪腐。但波札那太窮，也因此逃過這一劫。它的鄰國在爭取獨立過程中歷經那麼多戰亂，但波札那在一九六六年卻能和平、順利地取得獨立，原因也就在此。同時，由於克高拉系統的悠久傳統使然，波札那第一代領導人都能重視責任統治、民眾參與及有限權力，而這些都是它所以能成功的關鍵要件。

＊＊＊

成為波札那第一任總統、領導波札那直到一九八〇年去世的塞雷茨．卡馬（Seretse Khama）[24]，是如假包換、天生的統治者。他於一九二一年出生時，就是斯瓦納最大部落班威托（Bangwato）的王儲。他在四歲那年因父親去世而繼位為王，由他叔父謝凱迪（Tshekedi）擔任攝政王。

卡馬家族雖是貴族，但他們視領導為職責，而不是權利。從塞雷茨幼時起，謝凱迪已經悉心向他講授克高拉的原則，還經常帶他一起參加部落會議，讓他可以親眼見到它們的運作。塞雷茨十歲那年，叔父決定讓他接受較正規的西方教育。謝凱迪於是把塞雷茨送到南非，一連讀了幾個英式寄宿學校。一九四五年，謝凱迪做了一項重要決定：把塞雷茨送到英國，先在劍橋的貝利奧爾書院（Balliol College），之後又在倫敦的內殿法學院（Inner Temple）攻讀法學。

就像同年來到倫敦的李光耀，與之後幾年在倫敦現身的老皮耶・杜魯道一樣，停留在大英帝國中心的這段時間，對這位未來的總統具有深遠影響。以新加坡李光耀的案例而言，在英國讀書讓他對廉政與法治價值有了新體認；以加拿大老杜魯道的案例而言，在英國讀書讓他從多少有些狹隘的民族主義者，轉型為胸懷國際的進步主義信徒。對卡馬而言，牛津與倫敦讓他更加由衷地敬佩盎格魯—撒克遜的立憲民主——這種民主與他的斯瓦納政治頗能切合。

不過那是後事。卡馬首先得面對的，是戰後英國寒冷、貧窮的現實。一九四五年對英國而言是個困苦的年頭，如果你是黑人，就算貴為皇室人員，日子也還是不好過。

24 「塞雷茨」的意思是「結合在一起的黏土」。

由於遭到大多數同學疏離（只有幾名猶太學生與他交往，這幾人後來都成為他的終生好友），卡馬開始與海斯廷斯・班達（Hastings Banda）與喬莫・肯亞塔（Jomo Kenyatta）等住在牛津與倫敦的其他非洲人結交。班達後來當上馬拉威總統，肯亞塔成為肯亞國父，卡馬也因他們的影響成為反殖民主義堅決鬥士。

不過，後來的事實證明，另一種交友的影響力更有決定性。一九四七年六月，卡馬在參加教會於倫敦舉辦的舞會時，邂逅了體面的白人英國軍官之女露絲・威廉斯（Ruth Williams）。兩人很快開始約會並陷入愛河。他們絕對堪稱郎才女貌：卡馬高大英俊，舉止優雅，性情開朗親和，還有橄欖球明星球員那種寬闊的雙肩；露絲白皙優美，一頭金髮，還有一些雀斑。儘管兩人看起來才子佳人、天造地設，但並非每個人都贊同他們的結合。他們在一九四八年的婚禮——由於倫敦主教不准他們在教堂成婚，兩人不得不在肯辛頓市政廳（Kensington Town Hall）舉行婚禮——引發一場軒然大波，讓這位非洲儲君與他的新娘名揚全球。《生活》（*Life*）雜誌、《黑檀》（*Ebony*）雜誌與全球各地的報紙都刊出有關他們的特別報導。露絲遭到父親背棄，謝凱迪因為侄兒違反禮俗而大為光火，令卡馬立即回國。剛選出第一個種族隔離政府、即將禁止黑白通婚的白人之國南非也憤怒異常。克萊門特・艾德禮（Clement Attlee）領導的英國工黨政府驚惶失色，生怕因此開罪南非，無法取用南非的金礦與新發現的鈾礦（對倫敦當年萌芽中的核武方案而言，南非的鈾很重要）。就這樣，為了討好南非，當這對年輕夫婦於一九五〇年打算在貝專納蘭定居時，英國政府將兩人誘回英國，然後命令他們終生不得重返貝專納蘭。

這件事使卡馬傷痛欲絕。工黨政府這一招手段過於卑鄙，就連慣於權術政治的邱吉爾也看不下去，說它是「一項非常不名譽的交易」。不過卡馬並未就此屈服，反而更加下定決心，為爭取多元統治而戰。但他內心深處的確也出現變化：除了這種決心，他開始痛恨一切形式的種族歧視。一九五六年，英國終於讓步，准許他帶著妻子重返貝專納蘭，但條件是他必須放棄王位。塞雷茨照辦。但在回到家鄉以後，他立即以平民身分從政，告訴新聞界，他要在家鄉「發展民主系統，提高人民生活水準，建立一個快樂而健康的國家」。

奎特．馬西雷（Quett Masire）不久後加入卡馬，成為他的終生專業夥伴。他與卡馬在一九六一年創辦波札那民主黨（Botswana Democratic Party, BDP），帶領波札那轉型，走向一九六六年的獨立。馬西雷在波札那立國後的最初幾十年，擔任卡馬的副總統兼財政部長，在卡馬於一九八〇年去世後繼任總統，直到一九九八年。從許多方面來說，兩人相去甚遠。卡馬出生皇室，馬西雷是一介平民；卡馬受過大學教育，是波札那第一位大律師，馬西雷只進過中學，在從政以前做過農夫、教師與記者。但在最關鍵的問題上，兩人志同道合：他們都矢志打造一個沒有種族歧視、獨立自主、真正民主的國家。或許同樣重要的是，兩人都是道德操守超高的人。雖說建國之父總有各種光環加持，但卡馬與馬西雷絕對稱得上實至名歸。一切證據都證明兩人是胸懷若谷、清廉公正、矢志奉獻的領導人，都決心建造一個為人民、不為自己謀福的國家。

＊＊＊

所以說，波札那運氣不錯：歷史對它有利，兩位開國領導人又都能大公無私，全力奉獻。雖說這種好運氣對新國家或許有幫助，但要克服在獨立之初面對的那些巨型障礙，光憑一些好運氣還不夠[25]。

早在第一顆寶石出土之前很久，卡馬與馬西雷面對的主要工作就是把波札那的政治導上正軌。也就是說，想辦法鞏固民主、問責與法治。幾年以後，當鑽石熱錢開始滾滾而來時，波札那就靠著這些利器對抗貪腐與濫權。

卡馬下定決心不再複製英國的種族歧視政策，波札那就憑藉這個決心，朝民主與法治領域邁出第一步。卡馬在獨立後不久宣布，任何人只要接受這個新國家的價值，都可以成為它的公民。他說，「詮釋我們國家的，是它的共同理念，不是一些狹隘的族裔標準。」

這個訊息針對兩個族群而發。卡馬急著向住在波札那的白人提出保證，他們不必隨殖民政府一起離開波札那。卡馬與馬西雷曾經見過鄰國尚比亞的遭遇——尚比亞在一九六四年獨立後，立即將境內所有外籍公務員革職，結果幾乎把整個國家搞垮——他們不想重蹈覆轍。所以兩人抗拒迅速將官僚「本土化」的誘惑。在獨立時，波札那的官僚系統只有四分之一是黑人。根據哈佛大學政治學者詹姆斯・羅賓森（James Robinson）的說法，他們「找上任何願意幫忙的人」，無論對方的出身或長相。羅賓森告訴我，新政府聘請「外國教授、學者與顧問。許多年下來，聘了許多外國人」——包括福特基金會（Ford Foundation）與英國海外開發研究所（British Overseas Development Institute）的幾十名年輕顧問——「協助它們答覆所有重大問題」。實情確是如此。波札那銀行第一

25　不妨這麼想。波札那就幾方面而言確實運氣不錯，但非洲其他幾個脫離殖民統治而獨立的國家運氣也很好，卻沒有一個能利用這些運氣，像波札那做得那麼好。以賴索托為例，在文化上與波札那非常近似，也有經常舉行民眾集會——在賴索托稱為「批所」（pitso）——以營造共識的傳統。索馬利亞在英國統治期間，也像波札那一樣，享有英國當局幾乎不加聞問之利。而剛果民主共和國也擁有龐大資源財富，並且選了一位開明的政治人物當它第一任領導人。但這些國家都沒能像波札那一樣成功。

任行長奎爾・赫曼斯（Quill Hermans）是歸化白人（lekgowa），而且政府的首席宏觀經濟企劃專家前後許多年也是一名挪威人。

這種政策使波札那沒有遭到其他非洲國家因報復白人而引發的騷亂。它也幫著波札那在極短期間，建立極度有能的文官系統。但卡馬所謂的「無種族歧視主義」還有另一個目標：不讓這個新國家沿著部落分界而分裂。為了避免奈及利亞這類國家的命運（奈及利亞在獨立後不久就爆發一場極度血腥的內戰），波札那迅速採取行動，減少斯瓦納部落與部落間，以及斯瓦納與少數族裔部落間的衝突。政府以英文與塞札那語為官方語言（所有官文書都以英文為主），禁止在人口普查過程中做任何種族或部落分類，聘用員工過程中任何類型的種族歧視都屬非法。幾年以後，卡馬告訴民眾說，當年之所以這麼做是因為「除非團結，否則我們無法讓國家長治久安。我們如果不能把自己當成波札那人，仍然自我歸類為班威托、巴威納（Bakwena）、巴加拉（Bakgatla）或巴卡拉卡（Bakalaka，都是斯瓦納的部落），我們會失去在這片土地上建立真正國家的機會」。卡馬說得對，而他的政策也管用。之後幾年，波札那雖說往往會忽視境內少數族裔，如布希曼（San Bushmen）人的權益，但大體上建立了可圈可點的族裔和諧，避免了重創非洲大陸其他地區的分裂情況與族裔衝突。

獨立之初，波札那政府立即採取中央集權行動，取走原本酋長握在手中的大多數特權，也是波札那得以保持穩定的一個原因。在獨立以前，克高希控有土地使用權、教育權與其他許多法律事務。為防阻酋長干預新政府的現代化工作、製造事端，波札那的新領導人立即剝除他們擁有的這些權力。新領導人並且禁止克高希競選公職（除非他們像卡馬一樣先放棄王位），讓政府獨攬聘用與解雇他們的權力，並將部落酋長納入一個新成立的酋長院（House of Chiefs）——就技術上來說，相當於波札那國會的上議院，但實際上沒什麼權力。最重要的是，他們在一九六七年通過《部落地區礦務權利法》（Mineral Rights in Tribal Territories Act），將地下資源的所有權從地方酋長手中（在殖民時代，地下資源歸地方酋長所有），轉交由中央政府管理。由於有了這項法規，地方酋長在鑽石財富開始源源流入時無法染指。克高希當然不喜歡這些改變，但他們都是這位最大部落的王位繼承人提拔的——因這些改變而受損最重的其實是卡馬，特別又因為鑽石礦位於班威托部落區——這事實說服了其他酋長，都同意接受改革。

透過這些方式鞏固中央權威有其必要，但也十分凶險；這麼做可以很容易就將波札那導上太多其他非洲國家當時走上的獨裁路。事實上，有鑒於卡馬在波札那的聲望，如果他與馬西雷像尚比亞的坎尼斯・卡翁達（Kenneth Kaunda）、坦尚尼亞的朱利葉斯・

尼雷爾（Julius Nyerere）一樣，採取強人統治，甚或像約與他們同期間的李光耀一樣，建立高度集權的中央政府，大多數巴札那多半不會反對。但波札那領導人不為所動。他們一方面增加新政府的效能，同時也以開發中世界罕見的方式採取行動，限制新政府的權力。

在他們就職第一天，卡馬與馬西雷就都提出保證說，克高拉以及它代表的價值——合作、透明與問責——將是這個新國家的中心特質。身為總統的卡馬避免獨攬政事；決策都透過集體擬定。二十世紀七〇與八〇年代在嘉柏隆里生活、工作的經濟學者史蒂芬·路易斯說，「一切事務」——至少一切重大方案——「必須通過內閣」。路易斯向我解釋說，首先由一名專家或高級官員擬訂備忘錄，說明新政策大綱。之後，備忘錄交由各部部長與高級主管傳閱。國會全黨團幹部會議與全國各地舉行的克高拉會議，也要進行討論。只有在取得共識以後，內閣才會針對一項措施進行投票。措施通過後，政府才會採取行動。

據馬西雷說，這種決策流程是不得不然的產物。二〇一五年五月，我飛往嘉柏隆里會晤這位前總統。當時這裡已是一個秩序井然、街道鋪得很好的城市，有中國建的、閃閃發光的辦公園區，也有整潔的郊區。已經高齡八十九的馬西雷，有一雙綠得發光的眼，再加上那彷彿將整張臉弄得開花也似的親切笑容，讓他仍顯精神抖擻，銳氣不減。一天傍晚，他在客廳裡對我說，「別忘了，我們是許多部落雜處組成的國家，部落與部落間相互猜忌，偷牛事件層出不窮。因此，想說服每個人都肯投資這個新國家，我們就必須與每個人商量，讓每個人都成為決策過程的一部分。」馬西雷這話無疑確是實情，只是他把自己與卡馬當年的自我犧牲也說得太輕描淡寫了。誠如羅賓森所說，「塞雷茨．卡馬是斯瓦納最大部落的世襲統治者。他原本想怎麼做就可以怎麼做。但他旅行全國各地，在克高拉向民眾解釋他的政策。而且他可不是到處擺出主子威風，向臣民宣示政令，他是苦口婆心辯護他的政策，向民眾解釋他在做什麼，為什麼做。還有哪一位獨立後的非洲領導人能像他這樣？」

＊＊＊

新政府的強調合作與公開，可想而知能帶來政治紅利。但也正因為如此，新政府在發現鑽石礦前後，都能以一種明智、負責任、深思熟慮的方式訂定經濟政策，從而取得經濟紅利。

在獨立後，直到發現鑽石（在奧拉帕的第一個鑽石礦，要到一九七一年才開採）而致富以前的大約六年間，政府的最高經濟優先是穩定國家金融。儘管情況極度艱難，波札那的需求龐大——它幾乎一無所有，什麼都得從頭做起——卡馬與馬西雷堅持政府撙節開支，盡可能不借貸。

新政府的節省從上做起：兩名領導人為了省錢，馬西雷在嘉柏隆里以外進行訪問時，只在黎明前、長途話費最低時打電話給卡馬。正是靠著這種撙節，以及幾項熟練的操作——例如在一九六九年與南非重新談判殖民時代留下的關稅同盟——政府很快達成收支平衡，把波札那對外援的依賴，從一九六五年占經常預算（即去除基礎設施投資以外所有的開支）的百分之五十五，降到一九七二年的零。

在鑽石財富於一九七〇年代中期開始湧入以後，嘉柏隆里當局迅速將重心轉到另兩個目標：盡量擴大礦產收益，並確保賺來的錢花得明智。

這兩項工作都很艱巨。雖說波札那的寶石非常賺錢——它們品質極高，開採成本相對低廉（有點像沙烏地阿拉伯的石油）——鑽石產業卻以難纏出名。實際經營波札那鑽石礦、販賣波札那鑽石的公司，南非的戴比爾斯（De Beers），也是狠角色。但波札那不畏艱難，經過多年不斷的努力，迫使這家巨型公司一點一滴，將愈來愈大份的獲利交給波札那。波札那聘請最好同時也是最昂貴的國際律師幫它談判。當時戴比爾斯急於擴展業務，奧拉帕鑽石礦開採成功以後，它需要嘉柏隆里當局批准，才能於一九七五年在雷哈坎（Letlhakane）、一九八二年在傑旺寧（Jwaneng）開採新礦。波札那政府利用戴比爾斯的這項需求，再加上自己的市場占有率——到一九八四年，波札那生產的鑽石已經占全球鑽石總產量的百分之二十五以上，對戴比爾斯的總營業額尤其舉足輕重——逐漸增加它的獲利分成成數，從一九六七年的十分之一增加到今天的大約百分之八十一，而且還能在不與戴比爾斯扯破臉的情況下做到這一點。戴比爾斯主管策略與公司事務的執行長布魯斯・克里佛（Bruce Cleaver），在擁有超高科技、保安措施也超嚴密的嘉柏隆里分部（想一想有人體掃瞄裝置的玻璃氣密隔間、頂樓有直昇機升降台，你就知道那是什麼樣子）接受我訪問時說，「我原本不喜歡他們的做法。但他們與我們做的一切交道，總是極合邏輯。」

談到政府另一項優先要務——不要浪擲巨額鑽石財，鄰國的經歷也為波札那帶來重要教訓。馬西雷對我說，「我們見到尚比亞與迦納境內出現的狀況。迦納在一九五七年獨立時，經濟狀況原本不錯，卻大肆揮霍，把礦物資源帶來的財富很快散盡。它的一名部長夫人甚至從倫敦買了一張鍍金的床！我們於是決定，絕不向他們學樣。」

簡言之，這項施政重點就在於極力避免浪費。政府採取撙節措施，無論在哪個國家都不會受到歡迎，特別是當情況似乎還不錯的時候尤然。但在這方面，地方文化幫了卡馬與馬西雷一個忙。巴札那人傳統上都很節省。前波札那銀行副行長、現在於嘉柏隆里經營一家顧問公司的凱斯．傑佛瑞（Keith Jefferis）向我解釋說，「這裡的文化，是因為在沙漠邊緣農耕或開墾牧場而形成的。人民十分窮苦，收入少得可憐。每個人都知道今年豐收、明年可能災情慘重的道理。所以說碰到好年頭，這裡的人不會狂歡慶祝，而會把剩下的東西存起來，因為一年以後，你可能要靠這些東西保命。」馬西雷也對我說，「其他國家的人說，『把東西存起來，等雨天享用。』我們也很早就知道要把東西存起來，等乾旱無雨時享用。」

為了省錢，政府沒有為了面子而大興土木。獨立之後許多年，它仍借用地方酒店舉行會議，以避免花錢建造大型設施。嘉柏隆里直到一九八〇年代才建了一座現代化國際機場——正因如此，亨利．季辛吉（Henry Kissinger）原有意在一九七六年訪問波札那，卻因為嘉柏隆里沒有國際機場而無法成行。波札那當年既有的機場跑道太短，無法起降這位美國國務卿使用的專機。

政府也把公務員薪津壓得很低。據馬西雷說，當他終於在一九九八年以總統身分退休時，每年領到的退休俸只有兩萬四千美元。即使在開始大舉投資基礎設施、健保與教育等必須投資的項目時，政府也時刻緊盯著經濟學家所謂「吸收能力」（absorptive capacity）的問題：政府有效花用撥款的能力。在波札那銀行擔任顧問、美國出生的傑・沙爾金（Jay Salkin）向我解釋說，政府知道，就算它的財務資源開始增加，它的人力資源仍然很少，「所以他們將人力資源考量納入預算程序，不斷自我檢討，是不是有按照計畫花用撥款的人力。」

同時，為確保預算流程穩當，避免一下錢太多、一下鬧錢荒的週期反覆，政府決定根據多年期的「國家開發計畫」（National Development Plans, NDPs）規劃一切開支。只有在所有相關政府官署與民營團體都有機會表態，並經國會批准之後，由財政與開發企劃部訂定的這項計畫才能付諸實施。一旦計畫通過，政府的歲入預估與優先順位立即鎖定，而且是直到開發計畫結束都一直鎖定。根據法律明文規定，除非經過國會明示批准，政府不得做任何額外資本開支，直到今天情況仍然如此。任何個別官員要在國家開發計畫項目外花錢，都得自掏腰包付費。

事實證明，所有這些防範措施都非常重要。但波札那想避開資源財帶來的種種副作用，光憑這些措施仍然不夠。這是因為除了浪費與治理手段不佳以外，巨額礦業收入往往還會造成所謂的「荷蘭症」（Dutch disease），取這個名稱，是因為這種現象第一次在荷蘭為人發現。這種現象的作用過程如下：資源的外銷增加時，國家貨幣的幣值也水漲船高。幣值升高使進口變得比較便宜——看起來這似乎是好現象。但隨著匯率升高，對其他國家的消費者而言，這個國家的出口變得比較昂貴。這個國家本地生產的貨品很快就在全球市場失去競爭力。結果是，農業與製造業這類非資源性產業開始萎縮，這個國家於是無力生產食物這類的重要物品，開始極度仰仗資源賺取外匯。

波札那一開始就採取幾項步驟，打破這種循環軌跡。它精心管理匯率——由於在一九七六年放棄南非「蘭德」（rand，英國統治期間留下的另一遺跡），建立自己的貨幣「普拉」（pula），這件工作做起來輕鬆許多。此外，它建立相對親商的氣候，大舉投資人力開發與基本實體基建項目，極力避免通貨膨脹，將經濟發展多元化。前後許多年，這類開支平均都占國內生產毛額的百分之二十到百分之三十，比重非常高。以二〇〇九年為例，波札那的教育開支（以國內生產毛額占比而言）高居全球第二位。這些花費收到的效果有部分立竿見影：從一九六四年到二〇一二年間，完成基本教育的民眾所占比率，從百分之一點五增加到百分之九十八。也有部分比較間接：在一九六五年到一九八〇年間，波札那的製造業年均成長率高達百分之十二點五。

＊＊＊

資源帶來的巨額財富，往往還會為國家帶來另一種危害很大，而且極具感染性的重症：貪腐。一個開發不足又有很多窮人的國家，一旦湧進大量錢財，竊取它們的誘惑與機會往往讓人無法抗拒。波札那政府認清這種危險，也知道除非能牢牢管好它的鑽石財富，否則就算有全世界最英明的策略也不管用。於是在鑽石出口開始升溫後不久，波札那政府展開一項多管齊下的肅貪運動。

在這件工作上，國家政務領導人也以身作則。卡馬——美國經濟學家與顧問路易斯口中那位「比獵犬的牙齒還潔淨」的總統——自己就過著非常簡樸的生活，出入不用護衛車隊，棄絕許多身為總統的排場。他禁止政府官員使用司機，自己開一輛二手的普利茅斯勇士（Plymouth Valiant）。不久以前，安哥拉贈予每一名國會議員一輛價值十萬美元的凌志（Lexus）。兩者之間實有天壤之別。卡馬還禁止部長搭飛機時坐頭等艙。這項規定常令許多外國官員困擾不已。波札那第三任總統費斯特・摩蓋（Festus Mogae）跟我說了一個故事，講到一九七〇年代他與馬西雷出席薩伊一項會議的往事。當時的摩蓋是財政部高官，他回憶到，「當飛機抵達薩伊首都金夏沙（Kinshasa）時，薩伊官員都在頭等艙出口接機，當然沒有找到我們，因為我們坐的是飛機後排的位子。後來他們終於找到我們時，薩伊國會議長對我們大發雷霆。他咆哮著說，『你們不能只替你們自己想！如果我國民眾發現你們坐的是經濟艙，你要我怎麼向他們交代？』」

看在外國人眼中，這些政策或許怪異，但在波札那國內它們卻很是重要。不過，卡馬在肅貪之戰中最厲害的武器，是我在前文中已經提到的：他與馬西雷都堅持決策必須透過共識。兩人都知道，無論他們自己多廉潔，如果想在波札那建立長治久安、不為資源財誘惑所動的系統，還需要有不依賴個人善意的限制。兩人於是決定建立一整套箝制個人權威的系統。馬西雷在他的備忘錄中寫道，「比特定立法與調查工作更重要的是，我們不讓任何一個人有太大的權力。」舉例來說，根據波札那的法規，「任何一個部長除非與另一個、兩個或三個部門共謀，否則不能自行做成重大決策。」這項規定讓任何人都難以營私。政府還會公開懲處貪汙被逮的高官，一名民主黨執行祕書，以及卡馬總統一名擔任高級文官的表兄，都曾因此落馬。幾十年以後，它建立了一個新加坡式的監督機構「貪汙與經濟犯罪防治局」（Directorate on Corruption and Economic Crime），賦予這個機構獨立的調查、搜索與沒收權。這些措施不能完全去除貪汙；沒有一個國家能辦到這一點。不過它們確實使波札那成為非洲最廉潔的國家之一，有效防阻了路易斯所謂的「巨貪」：包括扭曲國家決策以謀私利，以及眾多資源豐富國家出現的集體掠奪國庫現象。

＊＊＊

一九八一年夏天，在美國與歐洲一連幾年的經濟委靡之後，由於一九七九年伊朗革命對石油市場造成震撼，又因為美國聯邦準備理事會（Federal Reserve）決定出手壓抑高通膨，全球經濟突然陷入嚴重衰退。消費者不再購買鑽石，寶石價格崩盤，波札那的出口額在那年下半年重挫百分之六十四。在與戴比爾斯磋商之後，嘉柏隆里當局勉強決定以六個月為限，全面停止鑽石交易，直到價格開始回升為止。

幾近十年的持續繁榮以及火熱的經濟成長嘎然而止，這波倏然而至的衰退，讓剛上台不到一年的馬西雷總統頗感措手不及。儘管已經採取各種防範措施，他的政府仍然陷於一片恐慌，忙著尋找避免債台高築的對策。當時波札那還發生一場大旱災——事實上，是有紀錄以來最嚴重的一場旱災。

這波衰退雖說令人不快，但對波札那管理經濟的方式卻也產生幾個正面效應。馬西雷對我說，在心理層面上，這場危機顯示「無論你工作得多辛苦，任何狀況都可能出現，攪亂你的進度」。前波札那銀行副行長傑佛瑞對這個問題說得更具體：「政府發現它需要緩衝機制。而且是很多緩衝機制。」就這樣，在波札那的鑽石出口逐漸復甦，巨型傑旺寧鑽石礦於一九八二年投入生產之後，政府開始建立可以在未來景氣下挫時減輕痛苦的緩衝機制。這些機制包括幾個未雨綢繆的基金：其中有應付定期付費的，有應付償債的，還有一種叫做「普拉」（Pula，在塞札那語中意即「雨」）的基金，專以協助未來世代為目的。

自建立以後，政府用源源而至的鑽石收益營造這些基金，將它們擴建為龐大的儲蓄帳戶；二〇一五年年中，單是普拉基金總金額已達一百億美元。當二〇〇八年全球經濟危機爆發，造成一九八一年鑽石銷售崩盤事件重演時，這些基金發揮重大效用。波札那也因此能夠大體無損、度過這場危機。儘管國內生產毛額在二〇〇九年下跌幾近百分之八，政府還被迫削減開支，寫下百分之十二的年度赤字，但比起大多數商品輸出國，波札那的情況好得多，而且僅隔四年又恢復盈餘。

一九八一年這場危機，還為波札那帶來另一大好處。它不僅提醒波札那政府鑽石價格不可靠，還是一記當頭棒喝：礦藏有枯竭的一天，波札那必須有不靠鑽石也能生存的準備。這在當時倒不是什麼革命性概念；馬西雷很早以前已經強調，應將鑽石視為一種有限資產，也因此只應該用它換取其他資產。花錢開發地底下的資產，「在地面上創造新資本財——受過教育的人民、有生產力的企業、道路、學校」都很好。用鑽石財支付日常開支就不好了，那就像「吃一頭應該用來擠奶的乳牛一樣」。不過，在一九八一年危機過後，政府決定訂定一項叫做「永續預算指數」（Sustainable Budget Index）的規則，強調這項原則。永續預算指數明文規定，所有礦業收入都只能用於「投資開支」：包括道路、學校、醫院、水系統等等。經常開支（例如工資與薪水等等）必須由非礦業收入支付。

＊＊＊

不過無論任何方案總有其極限。前述這一切總總，目的也不在描繪一個十全十美的政府。儘管有許多明智的行動，現代波札那仍有許多缺點。雖說多年來的成長確實令人刮目相看，但貧富懸殊、失業與貧窮問題仍然嚴重。貧窮與失業率都在百分之二十左右——對非洲國家來說，這樣的成績已經相當不錯，但以先進民主國的標準而言，這成績還不行。這類問題之所以遲遲無法解決，有幾個理由。首先，政府仍然過度依賴基礎建設發展與公營事業的就業提供成長。今天的波札那由於已經建了太多道路與橋梁，類似工程不再能帶來巨額回報。基於同樣理由，政府已經僱用了近百分之四十的人力，也知道不應該繼續擴大這個比率。

其次，儘管開發了非常成功的高消費觀光產業，也創建了與礦物有關的新商務，譬如二〇〇六年，已於兩年前取得戴比爾斯百分之十五持股的波札那政府，說服戴比爾斯，把公司主要的分揀設施從倫敦遷往嘉柏隆里；戴比爾斯在二〇一三年將它的全球銷售主設施也搬進嘉柏隆里，但波札那在多元化經營方面做得還不夠。雖說礦業在國內生產毛額的占比，已從一九八九年的百分之五十一降至今天的百分之二十三，但非礦業的成長大多來自不可貿易的經濟領域——也就是說，大多來自服務業。這是一個問題，因為一旦鑽石資源開始枯竭，這類產業不能為波札那提供出口收益的新來源（與實體商品不同的是，大多數服務不能賣到國外）。根據大多數專家的看法，鑽石在之後幾十年間還不會消失；最樂觀的預測認為，波札那的鑽石礦還可以開採四十年。但礦業收益已經進入成長緩慢的高原期。

也因此，波札那面對一個艱難的決定：下一步該怎麼做。如傑佛瑞所說，「資源經濟必須處理兩件事。首先，事情不能搞砸，我們大體上已經通過了這道考驗。但之後，你得處理轉型與脫離資源經濟的問題。我們還沒能處理好這第二件事。」來自嘉柏隆里的學者賈普・加博雅高希（Gape Kaboyakgosi）對這個問題有以下的解釋：「我們運氣好，挖到鑽石，我們也夠聰明，能將這些財富管理得很好。但鑽石時代正在落幕。今後我們要拿什麼當作生計？」無論答案究竟是什麼，如果想開創新成長，波札那政府必須採取一長串痛苦的改革措施。這些措施包括精簡行政上的繁瑣流程、放寬勞工法規限制、將許多沒有效率的國營企業開放民營等等。

目前為止，波札那的現行領導人還拿不出成功因應這些挑戰的證明。事實上，當前政府直到目前還沒什麼表現，這是波札那最大的問題。自二〇〇八年起，領導波札那的伊恩・卡馬（Ian Khama）原是波札那的軍事指揮官。他也是露絲與塞雷茨的長子，但他與他父親相距之遠，讓人難以想像。伊恩・卡馬不是管理長才，他傲慢自負，沒有容人的雅量。前幾任總統靠著廣納眾議而成功，他卻對此毫無胃口。舉例來說，在他統治之下，克高拉集會愈開愈少，而且也更加敷衍了事。無數民主黨領導人近來已經憤而離黨，記者與反對黨政界人士已經發出遭到騷擾的不平之鳴。就連原本提攜他的摩蓋等人也開始反對他。摩蓋在一九九八年任命伊恩・卡馬為他的副總統。當我請他談一談伊恩時，摩蓋的臉色頓時陰沉下來。他告訴我，「這人是將軍。他指揮他人，不與他人商量。所以現在大家都很不滿。」

雖說出現了一個壞總統，再加上現代波札那面對的諸多問題，伊恩．卡馬的父親建立的系統仍然十分強勁。許多調查，例如「易卜拉欣非洲治理指數」（Ibrahim Index of African Governance）與雷格頓研究所（Legatum Institute）的年度「繁榮指數」（Prosperity Index）等，仍然將波札那列為非洲治理最好的國家之一。「經濟學人智庫」（Economist Intelligence Unit）將波札那的民主排名列在南非與義大利之前，「無邊界記者」（Reporters Without Borders）給予波札那高於美國的新聞自由評分。波札那仍然保有獨立而可靠的法庭，還有許多響亮的媒體批判聲——在我訪問波札那期間，沒有人會在指斥現政府時稍有猶豫。此外，對伊恩．卡馬領導的不滿似乎使民眾更加投入社會運動。青年記者摩迪里．摩根蒂（Modiri Mogende）告訴我，「許多年來，我們沒有什麼值得一提的公民社會——根本就沒有。現在我們有了，而且很積極。與非洲許多地方不同的是，我們有工會、公共服務團體等等，而且這些團體的聲勢、地位、財富與影響力都在與日俱增。」他說得沒錯。一切跡象顯示，在二〇一九年舉行的下屆大選中，民主黨將遭逢它在波札那史上第一次挫敗。

儘管有這許多正面跡象，近年來一些開發專家開始提出主張說，突然挖到金礦（或鑽石，或像許多非洲國家近年來開採到石油一樣）的貧窮國家應該以大不相同的方式處理這些資源。賴瑞．戴蒙（Larry Diamond）與傑克．摩斯巴（Jack Mosbacher）等兩位史丹福大學學者就提出建議說，這些國家應該將大部分的資源收益，以可扣稅收入的方式直接交給人民。還有人建議，這些國家應效法查德的例子：查德在二〇〇〇年與世界銀行簽約，建立一個由國際監控的帳戶，處理它的礦業財富，迦納也在二〇一一年做了類似安排。

但事實證明，查德模式一敗塗地——不到幾年，政府就開始從這原本不能動用的帳戶取錢。至於直接發放資源收益的做法，雖說簡單得誘人——特別是因為它不讓政府經手，減少了貪汙與浪費的機會，而且如第一章所示，窮人一般還會善用這筆錢——但也代表一種宿命論式的妥協。這種直接把錢交給人民的做法有一項假定：治理軟弱是解決不了的問題，最好的解決辦法就是乾脆不治理。但這麼做充其量只是權宜之計。真正有意長治久安之道的資源豐富國家，應該效法波札那，建立一個監控機制健全的政府，讓決策流程廣納眾議，限制任何個別人的影響力，懲處失職官員等等。乍看之下，波札那的成功似乎匪夷所思，也無法複製，因為它是一個因緣巧合、非常非常幸運的故事，但仔細觀察之後你會發現，實情正好相反。沒錯，波札那在起步時享有幾項得天獨厚的優勢，但它同時也面對幾項巨大的障礙。它終能一一克服這些障礙、邁向繁榮的事實，證明其他國家也能。誠如羅賓森對我所說，「其他非洲社會沒有理由不能建立倡導問責與經濟發展的政府。」這話完全正確。用羅賓森的話說，波札那帶給我們最重要的教訓是，「它可以辦到，可以很好地辦到，可以在非洲辦到，可以在資源豐富的國家辦到。你可以破解資源詛咒。波札那就是範本。」

第七章

這是我的家園

為什麼頁岩氣革命只可能發生在美國

美國在這本書中被指出許多弊端。在描述其他各國政府做對了些什麼的同時，我也不厭其煩地指出美國犯下的種種錯誤。

不過這一章例外。這一章談的是美國成功的偉大故事：美國如何孕育、開創這場造成美國與全世界改頭換面的能源革命。它不僅是美國成功的故事，還是美國獨有，只有美國做到、其他國家都還沒能做到的故事。其他許多國家正在努力跟進，不過到目前為止都還差得很遠。

美國在這個領域的成就之所以這麼驚人，除了它的獨特性以外，還有三項要件：它的規模、速度，以及不很久以前，幾乎沒有人認為它會成功的事實。

在今天這個充斥廉價化石燃料的時代我們很難回想，不過十年以前，美國人對自己國家的能源供應問題幾無樂觀可言。美國的石油與天然氣產量都在不斷減少。經過多年的混亂、錯誤，以及數以十億美元計的投資，再生能源仍然遲遲沒有進展。官員與專家無不憂心忡忡，擔心美國過度依賴進口的石油與天然氣（在二〇〇〇年，石油與天然氣占美國能源的百分之五十二）。一些末世論者緊張兮兮、盯著中國與印度這類崛起中的耗能大國提出警告，說我們即將到達「石油尖峰」：全球油產因地下油藏枯竭而不斷減少，並開始崩潰。著名的能源分析師與投資人馬修・西蒙斯（Matthew Simmons）預測，供不應求的夢魘即將成真，「有能源的國家與沒有能源的國家」即將開戰。石油地質學家柯林・坎貝爾（Colin Campbell）也預言，「饑荒、經濟衰退甚至人種滅絕」將至。就連老成持重的能源部也向美國人提出警告，要他們準備因應「重大經濟變故」。

這些預言倒也說對一件事：我們確實碰上一場大變故。不過它顯然不是他們預測的那種「變故」。由於美國公司想出如何裂解頁岩（shale）——藏在美國大陸地表下一種密度大、含碳量高的沉積岩——以及其他形式的非傳統石油與天然氣，美國的能源產量不但沒有衰竭，還像當年德州那些油井硬漢夢寐以求的那樣，突然暴量而出。沒隔多久，美國已經從過氣的能源生產國成為全球最大天然氣生產國，且可望在短期間成為全球最大的天然氣輸出國之一。過去五年中，美國油產增加百分之六十，並於二〇一四年創下二十五年來產量的最高峰；二十五年前《朱門恩怨》（Dallas）還在播出呢。拜各種創意之賜，美國能源的供應量不斷增加，超越沒多久以前還是最樂觀的預測。國際能源總署（International Energy Agency）現在預測，美國將在二〇二〇年超越沙烏地阿拉伯、俄羅斯與其他重量級的能源生產國，成為全世界第一大產油國。有些專家認為不用等到二〇二〇年，這事就會成真。就算他們都錯了，美國也可能很快就可以全面停止進口原油，或至少限定只向加拿大與墨西哥這類友好產油國購油。美國甚至自二〇一六年開始輸出石油。

這場巨大的轉型，已經引起擴及全球的大震波。根據保羅．麥卡威（Paul MacAvoy）領導的耶魯研究團隊評估，在這波能源熱潮帶動下，自二〇〇七年以來，每年約有一千億美元注入美國經濟。單在二〇一五年一年，美國四大航空公司就省下超過一百一十億美元的油料成本。花旗集團（Citi）首席全球商品分析師愛德華．摩斯（Edward Morse）估計，到二〇二〇年初，單以美國屋主們因這場革命而省下的電費而論，就高達三百億美元。此外，這波能源熱也創造了數以十萬計的高薪就業機會。

另一方面，「石油尖峰」也成為一種有些讓人尷尬的遙遠記憶。全球石化燃料耗盡的可能早已為人淡忘，我們現在認為，早在地下資源枯竭以前（由於汽車、住宅與電廠效能改善），我們已經先行達到「需求尖峰」，再也沒有人擔心美國依賴外國供應的問題了。

就連實際環境也已改善。從頁岩提取石油與天然氣的過程稱為「水力壓裂」（hydraulic fracturing），或稱「裂解」（fracking）。綠色運動份子與許多美國百姓仍然擔心，這種過程可能造成有害的副作用，而他們的擔心並非沒有道理。「裂解」在美國與世界上許多地方名聲不佳，紐約州等幾個州還禁止境內進行這種作業。他們這麼擔心的理由不難理解，因為如果處理過程不嚴謹，「裂解」會汙染地下水，將甲烷（一種危險的溫室氣體）釋入大氣。甚至有人認為它可能引發地震。

但有關裂解會造成環境成本的恐懼，很快就退潮。愈來愈多證據顯示，頁岩氣熱潮降低了排放汙染；廉價天然氣很快就取代骯髒得多的煤，成為美國電廠使用的主要燃料。燃燒天然氣釋放出的碳，比燃燒煤要少百分之五十，釋出的二氧化硫、汞與其他汙染物則少得更多。至於裂解過程本身帶來的危險，就如歐巴馬總統的能源部長歐內斯特・莫尼茲（Ernest Moniz）所說——「具有挑戰性，但仍可控制」。在來自民眾、法庭與政府的壓力下（包括歐巴馬政府在二〇一五年宣布的一項新聯邦指導原則），業界也迅速行動，採取新防範措施以減少裂解風險。政府除規定公司必須揭露在裂解過程中使用的化學藥劑外，還對油井零組件採取更緊密的監控與更周詳的測試。正因如此，雖說美國能源產量一飛衝天，甲烷氣洩漏事件卻大幅減少。我們有理由相信安全防範措施還會不斷改善。從來就對能源產業不假顏色的「環境保護基金」（Environmental Defense Fund）主席佛雷德・克魯普（Fred Krupp），對這種新做法讚譽有加，他還撰文指出，當局應該「確保這筆意外之財也能加惠環境」。換言之，好消息比壞消息大得多，其他許多國家也急著想複製美國的成功經驗，原因就在這裡。

但在評估他們能不能複製這項經驗，在敘述美國如何完成這項革命以前，我們得先了解一個重要背景。

大家都知道，國際石油與天然氣價格在二〇一四年夏天開始重挫。造成這波重挫的原因究竟何在，迄今仍不十分明朗。美國油產增加，伊拉克石油工業緩緩復甦，以及亞洲需求的減弱（在二〇一三年至二〇一四年兩年間，亞洲的石油消費成長率都比之前三年差），絕對都是造成這波重挫的重要因素。但沙烏地阿拉伯（沙國是世上最廉價石油的出產國，而且不想放棄它身為全球頂尖石油輸出國的霸主地位）的市場操控，也扮演重要角色，至於多重要，目前還很難說。我們只知道接下來發生的事：在一年之間，原油標準價格從每桶接近一百一十美元跌至不到四十美元，天然氣價格跌幅也幾乎一樣

（之後跌得更深）。

這種「跌跌不休」的走勢，對一般消費者而言是個大利多；根據一項評估，這波跌勢等於為美國汽車駕駛人加了百分之二的薪水。但對那些靠販賣能源維生的人來說，這波跌勢一點也不好玩。果不其然，到了二〇一四年，分析師開始提出警告說，由於價格較低、較容易生產的傳統石油與天然氣（使用複雜度較低的油井、透過傳統方式生產）充斥市場，美國的頁岩氣革命本身也面臨無以為繼的風險。

結果如何？

答案是……也對，也不對。頁岩氣革命的腳步當然放緩了。但絕非就此結束。

美國能源產業遭遇重挫，這一點毫無疑問。普立茲獎（Pulitzer Prize）獲獎作者、也是頂級能源顧問的丹尼爾．雅金（Daniel Yergin）就說，「商品世界被攪得天翻地覆」。新油井興建工程件數驟減，康菲（ConocoPhillips）與其他幾家「大咖」（國際石油與天然氣巨型業者的外號）被迫裁員數以十萬計。同時，許多搶搭頁岩氣革命列車、槓桿操作過度的獨立公司（總計融資額高達兩千六百億美元），也因價格與投資重挫而瀕臨破產邊緣。不少公司宣告倒閉。

就算價格沒能迅速反彈、回到二〇一四年以前的標準，基於幾個理由，美國的頁岩油生產商也不會按兵不動，等著風暴過去，而是率先出擊，搶占先機。首先你得了解，這些頁岩油生產商依賴各式各樣仍在不斷改善、日新月異的新科技進行鑽油。但這為什麼重要？因為從頁岩開採石油與天然氣，一直以來就比傳統做法昂貴（不過成本隨油井不同而有差異），這些高生產成本意味著當油價下跌時，頁岩油生產商受創最重。但由於不斷創新，情勢已經出現變化，成本價差正逐漸拉近。二〇一四年，迅速進步的科技將頁岩油平均成本價（生產商想做到不虧本，每賣一桶油必須賺到的價格），從大約七十美元（以目前行情而言，這價格高得離譜）降到五十七美元（仍然高於行情，但所差已經不多）。有鑒於目前的壓力，更進一步突破勢所難免。花旗集團的摩斯告訴我，「進度會加速。因為一旦面對壓力，你會想辦法以小博大。」摩斯認為，頁岩油產業不出幾年，就能將成本價降到四十美元。

繼續在美國頁岩油下注的第二個原因是，與大咖們這些日子在深海或偏遠地區全力經營的大油井不同的是，頁岩油井成本低廉，開採簡單而迅速。這項事實有兩層意義。第一，它意味就算油價低迷，投入這場美國能源革命的眾多較小型業者，如果能保持不疾不徐的速度，在進出比較方便的油田作業，仍能繼續鑽油。第二，它意味一旦價格終於回升——當產量減少，或沙烏地阿拉伯不想繼續每年花數以億計美元壓低油價時，油價很可能回升——這些獨立業者可以迅速重返市場，將產量提高到崩盤以前、甚至更高的水準。結果是，如同國際能源總署不久前的預測，美國在今後幾年仍將是世界的頭號新石油供應國。

＊＊＊

在探討這場能源革命的「什麼」這一部分之後，我們現在開始探討「如何」，並對引發這場革命的各項要件進行檢驗。記者這種人（包括我自己），總喜歡把目標對準一些強勢的大人物。這不是因為我們有病，而是因為以大人物為主軸能使故事更有條理，也更動人。但這場頁岩熱潮是許多不同角色與勢力交互作用的產物。所以這一章與本書其他許多章不一樣，談的是許多人的故事。

我們的故事從一九七〇年代初期、美國石油與天然氣產量開始減少時說起。大咖憂心如焚，急著在深海海底、在人跡罕至的遙遠地區尋找新來源。他們很快就發現幾處遠景極為可期的地區，問題是這些地區太難進出，開採成本過於昂貴。為管理成本，大咖必須聯手。舉例來說，殼牌（Shell）與埃索（Esso）一九七〇年代中期在蘇格蘭昔德蘭群島（Shetland Islands）北方一百英里的冰冷水域進行聯合鑽油。這項當年最具雄心的專案，預期成本高達六十億美元，當年可是驚人的天價。行動展開後沒多久，每天的花費就高達兩百七十萬美元，而這樣的數字很快就不再稀奇。之後二十五年，大咖在這類專案上總計花了一千五百億美元，為了籌措資金，引發一連多場大規模併購，像是英國石油（BP）買下美國石油（Amoco），埃克森（Exxon）吃了美孚（Mobil），雪佛龍（Chevron）併吞德士古（Texaco）等。

雖說這項策略對那些巨型公司或許有用，但業界那些較小型的獨立公司卻不具備在海外斥巨資投入開採事業的資源。當年身為GHK石油公司（奧克拉荷馬一家「油氣深井」獨立鑽探業者）負責人的羅伯．海夫納三世（Robert A. Hefner III）回憶，像他這樣的公司面對一個嚴厲的選擇。他們可以利用海夫納所謂「典型的老美智慧」開創新途徑，否則就是關門大吉。包括GHK石油公司在內的大多數業者選了第一個選項，開始探討就近開採的新途徑。

他們花了許多年嘗試、犯錯，終於有了進展，找到大礦脈：頁岩。

誠如雅金等人所說，美國的石油與天然氣產業早已懷疑頁岩擁有巨大潛能，甚至還知道怎麼提煉它——理論上知道。這個問題的答案涉及「裂解」：將洞打進土壤深處，然後注入一種液體，造成足以打碎岩石的壓力，釋出鎖在裡面的石油與天然氣。

這種技術最早在一九四〇年代已經出現，而且在石灰岩與砂岩都能運作得很好。但由於美國的頁岩藏在極深的地底，有時深達一英里，甚或更深，而且頁岩以出奇難纏著名，大多數公司根本不願嘗試。幾家嘗試過的公司最後也以失敗收場。沒有人從頁岩油井取得石油與天然氣。

然後，喬治・米契爾（George Mitchell）出現了。

＊＊＊

米契爾是來自德州加爾維斯敦（Galveston）的獨立鑽油業者。身為不識字的希臘牧羊人之子的他，從許多方面而言，都與那些頭戴牛仔帽、腳登牛仔靴、在休士頓招搖的石油大亨完全不一樣。米契爾是禿頭，面容嚴肅，有十個子女，穿著活像一個邋裡邋遢的二手車商人。德州農工大學（Texas A&M，石油業界的哈佛）畢業的他，讀過地質學與石油工程學，這兩個領域都鑽研過的人在當時不多：石油世界將地質學者視為它的藝術家與夢想家，而工程師則是它切實苦幹的技術人員。更不尋常的是，米契爾對慈善與環保的熱誠奉獻不遺餘力。他在晚年力促政府加強規範他自己的產業，還花了六億美元，根據巴克敏斯特・富勒（Buckminster Fuller）的永續經營原則，蓋了一個按照設計規劃建立的社區。

不過，儘管有這麼多與眾不同之處，就兩個重要方面而言，米契爾確實也像極了德州那些投機客：他會像牛仔一樣賭博，而且頑固得像一頭騾。他認定那些能源尖峰悲觀論者的論調都錯了，認定產量終有一天還會回升，並且花了近二十年光陰拚命掙扎，希望能從巴奈特（Barnett，德州東北部一處五千平方英里的頁岩層）搾出天然氣。之前一段時間，他曾在巴奈特較淺的岩層中找到許多傳統石油與天然氣。他的米契爾能源公司（Mitchell Energy）辛苦奮鬥了十七年，但一點進展也沒有。米契爾能源公司有很高明的裂解技術，但它打的井天然氣產量很有限，鑽探成本遠遠超越收益。到一九九〇年代中期，公司裡幾乎所有的人，包括總裁比爾．史蒂芬斯（Bill Stevens）與米契爾的兒子陶德（Todd），都認為他們應該放棄。早已向海外進軍的那些大咖當然只會在一旁冷嘲熱諷。

但窮則變、變則通的道理又一次在這裡應驗，因為米契爾已經陷入絕境。一九九八年年初，他已經年近八十，有前列腺癌，有個罹患阿茲海默症的妻子，他擁有過半數持股的公司也搖搖欲墜。持續下滑的石油產量與低油價，讓米契爾能源公司的股價在短短幾個月間從三十五美元跌到十美元。米契爾家人想賣公司，但找不到買家。債主卻開始絡繹於途。

隨即，米契爾能源公司裡一名三十歲出頭，叫做尼克・史坦伯格（Nick Steinsberger）的工程師想到一個怪點子。當時業者一般都用黏稠、多沙、以豆膠調成的乳膠進行裂解，這種乳膠很能裂解岩石，但一則昂貴，再則也會把裂解開的東西黏在一起，讓天然氣無法釋出。史坦伯格想，既然如此，何不試試簡單又廉價的辦法，例如用水來裂解？就在這時，聯合太平洋資源公司（Union Pacific Resources, UPR）一名叫雷・華克（Ray Walker）的工程師，剛想出一種用水裂解砂岩的辦法，而華克樂意與人共享他的祕密。現在回想起來，這種合作精神或許很奇怪，因為當年的獨立業者都在掙扎求存，彼此間的競爭非常激烈。但德州能源產業是個緊密結合的小天地，裡面的人像在開研討會一樣，經常交換意見。此外，聯合太平洋資源公司在另一岩層結構鑽油，也沒什麼不能協助米契爾的理由。

在那以前幾十年間，業者為了打開地下岩層結構，已經試盡幾乎所有辦法。他們用過火藥、燃燒彈、火箭燃料，還用了一種叫「鑽洞火箭筒」（downhole bazooka）的東西，但都不很成功。一九六七年，在原子能狂熱正熾之際，他們甚至在新墨西哥地底試爆了一個二十九公噸的核子裝置。這一招果然有效，但也使釋出的天然氣帶有輻射性，找不到買家。但就算以這些瘋狂的標準來說，史坦伯格的想法仍屬異想天開。把大量水灌進井孔的做法，對其他多孔、容易滲水的礦物或許有效。但大家都知道，這種所謂「鄉巴佬式裂解法」對巴奈特頁岩層產生不了作用，因為這裡布滿黏土，很可能只會吸乾了水，什麼也放不出來。

但米契爾已經沒有時間等下去。更何況，史坦伯格這項實驗所費無幾，如果成功，還能替老闆省很多錢。用水替代乳膠，能將每一口井的運作成本減少三分之二以上。所以米契爾下令照做。

史坦伯格在水裡摻了一些沙與聚合潤滑劑，灌入井孔，結果這些水不僅沖裂了頁岩，釋出巨量天然氣，而且這些天然氣還狂噴而出，一連數月，勁頭不衰（一般油氣井在開通後很快就會達到生產尖峰，之後產量就會驟減，迫使傳統公司必須不斷開採新井）。不到兩年，史坦伯格的實驗將米契爾能源公司的天然氣日產量，增加百分之兩百五十。消息迅速傳開，在切薩皮克能源公司（Chesapeake Energy）的創辦人奧布瑞·麥克蘭登（Aubrey McClendon）帶頭下，無數獨立業者很快跟進，使用後來所謂「巧妙水裂解」（slick-water fracking）的辦法，在奧克拉荷馬、路易斯安那以及東海岸諸州裂解頁岩油氣田。這項新技術甚至還能鑽油。

這個結果改變了世界。在一九九九年至二〇一三年間，北美已知的天然氣蘊藏總量增加了一倍，高達三百兆立方英尺——幾乎是沙烏地阿拉伯能源蘊藏規模的兩倍。米契爾從破產邊緣起死回生，成為巨富。這位看起來不像石油大亨的老人，還因此成為人人仰慕的遠見之士。米契爾能源公司的股價從一九九八年的低谷勁揚百分之三百五十，二〇〇一年八月，一家叫做戴文能源（Devon Energy）的公司以三十多億美元買下這家公司。戴文能源公司之後以水平鑽井技術將米契爾的做法進一步精進，使用這種技術以後，只需鑿一口井就能採到更多頁岩油；如果垂直鑽井像使用釣竿垂釣，水平鑽井就像使用拖網。

＊＊＊

米契爾於二〇一三年去世，享年九十四歲。幾十年的辛勤奮勉與逆境掙扎，使他當之無愧贏得讚譽。他聰明、有創意，勇敢而又倔強，就像史坦伯格與米契爾能源公司的其他許多員工一樣。

不過即使具備這許多特質，若是沒了另一個英雄幫助，米契爾能源公司或戴文、切薩皮克等其他業界領導廠商未必就能達成他們的突破。這個往往遭到忽視、甚至中傷的英雄是美國政府。幾乎從頁岩經確定極具能源潛能的那一刻起，華府已經無聲無息地與業界密切合作，幫助業界增產。米契爾與他的接班人儘管本身或許不常提起，但事實證明，他們能有許多成就，與政府持之數十年的合作關係是不可或缺的關鍵。

就拿裂解技術來說，它早在一九四〇年代就已經被發明。由於它一開始成效並不理想，之後二十年間又因為其他能源相對廉價而富足，沒有人願意在這種技術上花時間。到了二十世紀七〇年代，一方面因為美國國內油氣產量不斷減少，再方面也因為阿拉伯的石油禁運，美國政府警覺不妙，開始推動美國化石燃料新能源的開發。根據麥可·謝倫伯格（Michael Shellenberger）與泰德·諾德豪斯（Ted Nordhaus）的研究，聯邦政府真正投入全力、支持這項開發的是共和黨籍總統傑拉德·福特（Gerald Ford）。一九七六年，美國遭遇奇冷寒冬，由於燃料短缺，迫使學校、工廠與幾所聯邦官署關門。福特政府於是建立「天然氣研究所」（Gas Research Institute）、「非傳統天然氣回收方案」（Unconventional Gas Recovery Program）與「東部天然氣頁岩專案」（Eastern Gas Shales Project，由大學、民營公司與美國礦務局聯手的一個合資案）等幾個新實體機構，投入許多經費，展開非傳統石油與天然氣研究。

這種政府傾盡全力發展新科技與能源的做法，換成今天的共和黨一定嚇得發抖——

還記得索林卓（Solyndra）嗎？那家儘管獲得民主黨政府的巨額投資，仍然在二〇一一年破產，隨即在二〇一二年大選中，成為共和黨攻擊口實的太陽能公司？但福特是個務實派，他關心的是國家能源問題，並未將黨派正統這類瑣事放在心上。

他的努力成果很快浮現。之後幾年，政府科學家或獨自工作，或與學術界和民營公司聯手，成功研發幾項對破解頁岩難題非常有效的新科技。其中有3D繪圖，能幫助民營業者找出油氣究竟藏在哪裡；有超硬鑽石鑽頭，能鑽通堅硬的頁岩，而且不會很快損毀；水平鑽探的發展；以及運用微震顯像（microseismic imaging，原本用於預防煤礦坍塌）科技，讓裂解人員知道地底狀況。一九七八年，美國政府為非傳統天然氣訂定高價，並在一九八〇年訂立稅務優惠。若不是有這兩項財務支援撐腰，像米契爾能源這樣的公司將無力進行實驗。

儘管聯邦政府如此大力支援——在一九七八年至二〇〇七年間，能源部在化石燃料研究方面投入兩百四十億美元，還沒算上稅務優惠等獎勵措施的花費——許多業界專家與能源大亨卻一直支吾其詞，不願承認他們或他們的同事因華府的幫助而獲益。例如，海夫納就告訴我，他認為政府在助長這波能源革命的過程中並沒有做那麼多事，他說「造成這波革命的真正原因與政府的研發無關」。能源分析師與德州科技大學（Texas

Tech）教授麥可·吉伯森（Michael Giberson）也說，華府的支援充其量只是將頁岩氣生產進度推前了幾年而已。

但極度仰賴政府建議與財務支援的米契爾，公開讚揚政府扮演的角色，他與他的部屬也成為鼓吹政府投資能源產業最力的人士。前米契爾能源公司副總裁丹·史都華（Dan Steward）就說，美國政府「做了一大堆事」，幫米契爾能源公司在巴奈特鑽油，「我再怎麼誇都嫌不夠」。聯邦的支援幫助史都華與他的同事找出天然氣藏在哪裡，蘊藏量有多少，以及怎麼開採。他在二〇一一年接受訪問時說，談到財務支援，「說那些訂價政策與稅務優惠創造了頁岩氣的可能性，絕不為過。」謝倫伯格也說，「如果說頁岩氣革命給了我們一項關鍵性教訓，這教訓就是：科技創新的公共投資能帶來巨大效益，無論對環境或對經濟都一樣。」

＊＊＊

民營業者的創意與政府的支持，對這場即將出現的能源革命當然極為重要，但這兩件事還是不能完全說明，造成這場革命的究竟是什麼。美國的法律系統與經濟結構中幾項偶發性的轉折，也扮演了關鍵角色。

這其間第一項是，美國法律與其他大多數國家的法律不一樣。根據美國法律，土地所有人不僅擁有土地，還擁有土地底下藏有的一切東西。根據這項法規，美國的房地產擁有人——以及或買下或租用其土地或其礦權的採礦業者——有權享有所有出土的礦產以及因而衍生的利益。也因為有這種強大誘因，土地所有人（如果是個人）願意讓人採礦，（如果是公司）願意投資新作業。埃克森美孚（ExxonMobil）的負責人雷克斯・提勒森（Rex Tillerson）曾說，這種安排是一種「優雅之至的系統，能確保所有天然資源都充分開發」。海夫納也說，這項法規特性是「一項非常非常巨大的特色」，美國之所以有這麼多（大約六千家）獨立能源公司，原因就在這裡。世上其他國家的獨立能源公司數目很少。

有這許多公司存在的事實，帶來一連串連鎖反應的下一個階段。美國石油與天然氣市場群雄並起的特殊現象，造成頁岩氣競賽的瘋狂競爭。瘋狂競爭又導致米契爾這類的公司全力投入各式各樣科技實驗。事實上，正是這種人人都可以參與的高科技實驗，終於讓米契爾能源公司破解頁岩氣之謎，隨即讓戴文與切薩皮克等其他業者迅速跟進、精益求精。

最後，這些有創意的業者之所以有錢進行實驗（就算享有政府支援），主要還是因為美國有各種龐大而且流動的資金市場。與大多數其他國家不同的是，這類市場很擅長支援小型上市企業。美國獨立能源業者透過這類市場，與有意資助創投（風險高，又昂貴）的投資人搭上線。若沒有這些願意出錢冒險的投資人，有創意的業者不可能撐過那麼長的實驗階段，終於苦盡甘來。

美國的能源革命正因為具備這一切條件才能成功，而大多數其他國家不具備大多數這些條件。

問題與缺乏礦物財本身無關：根據評估，美國可開採的頁岩資源僅占全球總資源百分之十五。俄羅斯單是一個巴熱諾夫頁岩層（Bazhenov Shale）的結構規模，就是巴奈特的大約一百七十倍；據了解，波蘭的頁岩氣蘊藏量高達一百四十八兆立方英尺；中國的頁岩氣資源據估計，比美國與加拿大加起來還多。

但這些年來，美國已經鑿了大約四百萬口油氣井，世界上其他國家全部加起來也只鑿了約一百五十萬口油氣井。

其他國家為什麼不能像美國那樣積極？

＊＊＊

造成這種差距的第一個原因是，美國的能源業者與其他國家不一樣。美國的能源產業光怪陸離、亂成一團，既有巨型業者（即所謂大咖），也有許多在巨型業者身邊亂轉的小業者。但這種情勢不是常態。大多數其他國家的市場一般都由少數幾家巨型國營企業掌控。與獨立業者相比，這些國營企業總是動作遲緩，創意缺缺，也比較不願冒險。以美國的案例而言，在這場頁岩氣競賽中，獨立業者正是憑藉靈活機動，因而能擊敗資源勝過它們太多的大咖。其他國家也因為少了這些靈巧的小公司，而一直無法向美國學樣。

更大的問題是，特別是在歐洲，民眾反對各種形式的鑽井，對裂解的做法尤其反感。根據目前估計，歐洲的頁岩氣蘊藏量與美國一樣豐富。但歐洲直到今天才剛開始開採。整個歐洲沒有生產商業頁岩氣，也只鑿了幾口試探性的井。英國石油公司首席經濟師史賓塞・戴爾（Spencer Dale）曾說，依他之見，這情景至少在今後二十年不會出現多少改變。事實上，歐洲似乎在走回頭路：埃克森美孚、馬拉松（Marathon）與雪佛龍，最近都已放棄在波蘭進行裂解的嘗試。波蘭一度是歐洲地區前景最為可期的頁岩油氣生產國。

問題是，大多數歐洲人就是不喜歡與頁岩沾上邊。主要由於歐洲人口密度高很多（每平方公里三百八十三人，美國只有二十七人），綠色運動勢力較強，此外土地所有人並不擁有地下礦物，也因此缺乏獲利誘因，歐洲民眾對非傳統油氣的開發始終懷有戒心。儘管有愈來愈多證據顯示，裂解可以做得很安全，但法國已經禁止一切頁岩油氣的開採作業，保加利亞、捷克、德國、盧森堡、荷蘭、蘇格蘭、西班牙與瑞士，也都實施局部或全面停採，即皇家國際事務研究所（Chatham House）資深研究員保羅．史蒂芬斯（Paul Stevens）所謂「民眾漠視推翻科學」的範例。

持續的高價（歐洲人至今支付的天然氣費仍比美國高一倍），最後也可能軟化民眾的抗拒，為歐洲領導人帶來一些覺醒。汙染問題的惡化與地緣政治，也有可能造成這種覺悟。以汙染來說，由於缺乏廉價天然氣，歐洲始終離不開骯髒的煤。以地緣政治來說，烏克蘭危機充分暴露了歐洲政府因為過度仰仗來自俄國的天然氣，拿俄國總統佛拉迪米爾．普丁（Vladimir Putin）一點辦法也沒有。歐洲的天然氣消耗總量約三分之一來自俄國，包括北約組織前祕書長在內的一些歐洲官員已經指控莫斯科，說莫斯科資助歐洲的反裂解抗議，使歐洲繼續仰仗俄國天然氣。此外，愈來愈多科學研究顯示，裂解的安全度與環保效益都在不斷增加，這樣的研究成果應該也有助於反轉歐洲的民意。

即使歐洲確已覺醒，想要像美國一樣推動這場能源革命，仍需要改革它極度僵化的註冊發照與規範系統。歐陸當局目前批准的鑽探項目，規模比美國當局批准的小得多。這種做法迫使能源公司不得不申請很多個案，在一一核准後再將它們湊在一起，開一口井。就在這種種蹉跎的同時，波蘭運用頁岩氣財富的機會，就算還沒有因為方向錯誤的政府政策而徹底毀滅，至少也已奄奄一息。當大咖第一次找上波蘭時，華沙當局堅持大咖必須與本地業者合夥，並且要在還沒有收益以前就繳交巨額稅款。難怪一名大咖主管說，華沙當局這種莫名其妙的做法就像一群獵人還沒有獵到熊以前，就先爭議熊皮要怎麼分割的問題一樣。

儘管有這許多障礙，政府領導層只要有決心，仍然可以化解許多難題。就若干意義而言，開拓另一頁岩氣新疆界會比較簡單。根據美國能源部估計，中國可開採的天然氣蘊藏量比美國多百分之五十，但就其他意義而言，這麼做難度更高。

與許多歐洲國家不一樣的是，中國至少有求變的胃口。由於過度依賴燃煤，中國已經成為霧霾深鎖之國。為緩和這種窘迫，也為因應迅速增加的能源需求，北京在二〇一二年提出一項開發頁岩氣的五年計畫，誓言要在二〇二〇年將頁岩油氣產量，提升到美國的三分之一。有鑒於中國在二〇一四年整年的頁岩油氣產量，僅相當於美國在之前一年的兩天產量，這在當時是一項非常恢弘的目標，直到今天仍然如此。事實上，中國目前總共只鑿了約四百口頁岩氣井——小小的北達科他州在這場頁岩熱的最高潮期間，每兩個月就能鑿這麼多口井。

中國在開發頁岩方面，確實擁有歐洲等其他潛在頁岩氣國家無法比擬的大優勢。首先，至少就富裕國標準而言，中國的勞工仍然非常廉價。此外，中國的規範障礙很少；有關法規不多，就算訂了法規也很少嚴格執行。目前為止，民眾反對裂解的聲浪也未曾出現，不過這一點有可能出現變化。最後，中國的能源產業口袋非常深。它的石油與天然氣市場由三家國營企業把持（業界稱為「國家石油公司」）：中國石油天然氣集團公司（CNPC，中石油）、中國海洋石油公司（CNOOC，中海油）與中國石油化工集團（Sinopec，中石化）。這三家公司都是龐然巨物；以營業額而言，中石化在二〇一五年成為全球第二大公司。

儘管有這些資產，北京也祭出多項獎勵措施——北京最近提高天然氣批發價，給予頁岩氣生產商新津貼，為不能在本國製造的鑽井裝備提供免進口稅優惠——中國迄今為止在掀起本國能源革命這件事上，進展少得可憐。

大多數專家對這種現象提出的解釋，都以中國的地質與地理性難度為焦點。中國雖說地處龐大的頁岩結構上，但這些結構不像許多美國境內的油氣田一樣，位於平坦或容易開採的岩層。以綿延五個省、據信油氣蘊藏量占全中國百分之五十五的四川盆地頁岩層為例，就都藏在山陵起伏的地形之下。許多能源專家也指出，中國還欠缺尼克．史坦伯格所謂鑽探頁岩氣的一項關鍵要件：水。能源顧問業者普雷茨（Platts）的主管史都華．艾略特（Stuart Elliott）說，中國的頁岩氣蘊藏大部分位於西北部乾旱之地。艾略特說，這項事實再加上中國愈來愈嚴重的水荒，是阻礙進度的「重大癥結」。

但這些都是「不是問題的問題」。事實上，無論是缺水或頁岩岩床崎嶇不平等，都不能適當說明中國面對的掙扎。沒錯，裂解是一種需要大量水資源的工程，一口井需要耗用約兩百五十萬加侖的水。但在過去幾年，位於休士頓的阿帕契公司（Apache Corporation）等業者，已經證明可以用帶鹽分的水替代清水。其他幾家美國獨立業者也已想出如何循環使用鑿井液體之道。與德州、奧克拉荷馬州或賓州找到的那些頁岩結構相比，中國的頁岩層型態未必更加難纏，只不過與美國的不一樣罷了。中國能源產業就因為這些不同而束手無策的事實，說明它之所以陷於掙扎的真正原因：不肯冒險，喜歡走捷徑，而且欠缺真正的自由市場誘因。

基於這些理由，中國的國家石油公司總是抄襲美國，美國怎麼做有效它們也怎麼做，不肯研發自己的鑽井科技。中石油、中海油與中石化都與國際公司締約結盟，希望外國業者能在中國複製它們的成功。

向外國求助本質上並沒有錯。透過與外國的合作，可以借助外國老手的知識、技術與得來不易的經驗，投入頁岩氣開採。

問題在於中國採取的合資企業做法。首先，中國這些國家石油公司的合作對象，不是那些規模小、行動敏捷又有創意的西方公司，而是那些幾乎像它們一樣笨重不堪的業者：大咖。智庫「柏克萊土地」（Berkeley Earth）的總監伊莉莎白・穆勒（Elizabeth Muller）解釋說，中國人喜歡與大咖合作，因為這樣做安全。她告訴我，「沒有人會因為與殼牌結為夥伴而被炒魷魚。」但問題是，這樣的合作不會很有創意，中國人從這類交易中得不到多少新東西。那些外國專家只是把他們在德州與其他地方運用的做法搬到中國而已。穆勒說，「由於兩個國家的地質差異太大，這些做法並不很管用。」

美國頁岩氣革命帶來的一項關鍵性教訓是，公司必須有一試再試不斷失敗的勇氣，才能取得最後成功。誠如花旗集團的摩斯所說，「看一下喬治・米契爾這類人物的歷史，你就會發現，他經過無數嘗試才能終於有成。他不斷動手嘗試。」但中國不鼓勵這種心態。摩斯告訴我，「我認為，最主要的障礙或許是，中國的系統沒有動手嘗試這種成分。共產黨領導的公司（中石油、中海油與中石化的負責人都由北京中央政府指定），在鼓勵動手嘗試與自由決策這方面做得非常差。」

這些公司也不喜歡在美國造成米契爾等業者突破的那種激烈競爭。中國確實有幾家較小型、更急著想發動頁岩氣榮景的能源業者，也不乏願意資助它們的富豪創投資本家。但直到不久以前，這些國家石油公司仍然包辦一切中國天然氣開採權，仍然控制全國所有的油管與其他基礎設施，迫使根基較差但比較富有創意與進取精神的對手無法立足。

近年來北京確實也在著手解決這類問題。國土資源部在幾年前宣布，頁岩油氣是「新礦物」，不在國家石油公司包辦項目之列。中國政府還辦了幾場公開競價會，拍賣新頁岩油氣田的開採權。但與美國群雄並起、終於蘊育出頁岩先驅的那種市場相比，中國市場在競爭氛圍上仍相去甚遠。以目前而論，政府賣給較小型公司的土地，就地質遠景而言，遠遠不及那些已經在國營公司控制下的土地。根據法律，中國獨立業者仍然不能與志同道合的外國業者結盟合作，他們取得國際專業的能力也因此受限。

有鑒於這一切種種，中國在頁岩能源開發的過程中始終陷於掙扎，也就不足為奇。

中國已經鑿了幾口可以運作、但非常昂貴的頁岩油氣井。這些事實雖說已經證明中國可以開採頁岩氣，但還不能證明中國可以用一種合乎成本效益的方式做到這一點——至於獲利，就更加不提也罷。專家估計，中國至少要在十年以後，才能以值得生產的價碼生產相當數量的頁岩能源，想達到北京所訂（美國產量三分之一）的目標，時間還得等更久（政府已經在二〇一四年夏天悄悄降低了這項目標）。

這一切都意味，在今後一段時間，這場偉大的能源革命仍是徹底的美國革命。皇家國際事務研究所專家史蒂芬斯說，「今後五到十年其他國家都別想。十五年到二十年倒是有可能。」不過只是有可能而已，而且條件是中國與世上其他國家，能從這場美國經驗中學到正確教訓——要發揮它們自己那一套「老美創意」才行。

第八章

製造你的奇蹟

南韓怎麼保持經濟成長，成長，再成長

幾乎就在波札那與新加坡為立國而艱苦奮鬥的同時，另一個新誕生的國家也在類似狀況下掙扎不已。

當然，嚴格說來，韓國不是新國家。早自新羅國文武王在公元六六八年統一朝鮮半島以來，這個國家已經以不同形式存在了幾世紀。日本帝國在一九一〇年侵韓，以三十五年時間想盡辦法抹煞朝鮮文化。對日戰爭勝利日終於在一九四五年到來，韓國的占領狀態很快就為分裂取代：朝鮮半島沿北緯三十八度線劃分，蘇聯占領北方，美國控有南方。兩個超級強國很快在各自勢力範圍內建立新國家。一九五〇年六月，這兩個新國家打了起來。

所有的內戰都很殘酷，但韓國的情況尤其嚴重。在前後三年間，它將日本人留下來

的東西幾乎毀滅殆盡。到韓戰中期，當美軍為首的第八軍團從北韓與中國軍隊手中奪回首爾時，這個南韓首都已經化為廢墟灰燼。戰前還有一百五十萬居民的城市，只剩下二十萬人；韓國人口死了十分之一。南韓的基礎設施與經濟也同樣災情慘重。一般認為，朝鮮半島上的房舍有半數夷為平地。喬治·華盛頓大學（George Washington University）歷史教授葛雷格·布拉辛斯基（Gregg Brazinsky）估計，九百家工廠、全國半數以上的卡車與火車機車，以及三十億美元以上的資產為戰火吞噬。

這可不是一個建立新國家的理想地方。

但在之後數十年間，南韓從這段悲情中崛起，令人難以想像地蓬勃、茁壯、繁榮。而且它與波札那這類國家不同——波札那雖說以非洲標準而言算得上富有，但仍然只是中等收入國家，南韓卻能扶搖直上，成為全世界最富有的國家之一。在一九六一年比玻利維亞、迦納或伊拉克都窮的南韓，現在卻是全世界第七大輸出國，國內生產毛額高踞全球第十三位，人均財富超越義大利與紐西蘭。今天訪問首爾的人，很難見到過去戰亂的慘痛遺跡。原本遭炸彈夷平的廢墟，已經建了最時髦的摩天大樓。走在時尚的江南區（沒錯，就是那首〈江南Style〉描繪的區），搭乘新潮、漂亮、提供無線網路的地鐵，觸目盡是穿著考究的年輕人，滑著新一代超大螢幕的智慧手機與平板手機。他們甚至連長相也與他們的父母不一樣：由於當地飲食的巨幅改善，南韓男性的平均身高比三十年前的前輩高了三點五英吋。

更令人稱奇的是，南韓是在經濟穩步發展了五十多年以後，才能有今天這一切成就。像這樣經濟成長歷久不衰的例子極為罕見。大多數國家在經濟發展的競賽場上只能跑短跑，不能跑馬拉松。半個世紀以來，加快衝刺、脫離貧困的國家雖說不在少數，但能夠再接再厲、穩步向前的國家卻不多——事實上，只有十三個國家做到這一點。大多數國家在陷入中等收入陷阱後開始後繼乏力，還有些國家再次沉淪，墜入貧窮線下。

南韓是少數例外。它不僅脫貧致富，還成長得比其他任何國家更快、更久。南韓自一九六三年經濟開始起飛以來的四十五年間，年均經濟成長值一直在百分之七以上，其間僅僅萎縮過兩次：一次在一九八〇年第二次全球石油危機過後，另一次在一九九八年亞洲金融風暴期間。

也正因為這一切成果，對掙扎求存的窮國，對希望晉身富國的中等收入國家，對希望維持成長腳步的富裕工業國家而言，南韓都是值得效法借鏡的對象。

特別是因為它的成長之路並非一帆風順，南韓的成功故事尤足珍貴。南韓人或許喜歡大談「漢江上的奇蹟」，但南韓的成功與奇蹟無關。南韓也沒能避開挫敗。事實上正好相反：它經歷的經濟危機比一般國家都多，其中發生在二十世紀七〇年代初期、八〇年代初期、一九九七至九八年間，以及在二〇〇八至二〇〇九年間的危機尤其嚴重。但南韓的故事之所以這麼引人入勝，是因為它能利用這些危機，以別出心裁的創意改寫國家法規，進行在比較舒適的環境下或許辦不到的激烈改革，從而克服危機。重點也不是南韓沒犯錯；它犯了很多錯，但它能從錯誤中記取教訓，修正路線，終能繼續不斷往前邁進。

＊＊＊

南韓從廢墟致富的故事可以分為三大段落：開發時期的獨裁、民主化與自由化。

第一階段自韓戰結束八年後的一九六一年五月展開，當時一位名叫朴正熙（Park Chung-hee）的將領發動軍事政變，奪得政權。雖說南韓當時已經獨立，而且戰火已熄，但仍然滿目瘡痍、百廢待舉。南韓第一任領導人、美國支持的李承晚（Syngman Rhee），是個貪汙腐敗、剛愎自用的人，雖然擁有哈佛與普林斯頓（Princeton）學位，卻很無能。在他與他之前那個短暫的民主政府統治下，南韓經濟慘不忍睹，幾乎全靠外援苟延殘喘。

從朴正熙的背景，看不出他主政後能有好表現。朴正熙生於一九一七年，像大多數日本占領下的韓國居民一樣，他自幼貧苦。後來朴正熙常說，由於幼時營養不良，他一直長不高（他身高五呎三吋）。一九四〇年，在當了一陣子教師以後，他抓住當年日本為韓國人提供的幾個有限的晉升機會，取了「高木正雄」的日本名，加入日本皇軍。之後，就像在他前面的塞雷茨．卡馬與李光耀一樣，朴正熙前往殖民主的首都，研究他們的做法。朴正熙在東京一所著名的軍校念了幾年，從優異成績結業後以少尉軍官身分派駐中國東北的滿州國。直到日本戰敗態勢已經明朗，他才脫下皇軍制服，換上韓國軍裝。在與共產黨混了一陣後（朴正熙因此在一九四八年被新上台的韓國政府下獄，不過沒多久，他就因供出過去的同志而獲釋），他在韓國內戰期間加入南韓軍，後來升到少將。

朴正熙出身砲兵，就某些方式而言，他治國也像砲兵一樣，與李承晚頗相類似：不高興就開砲。但李承晚能用韓戰以及美國與聯合國的巨額援助掩飾他的失職，朴正熙卻沒這個福氣。他剛上台，就遭遇生死存亡的危機——事實上是四個這樣的危機。這些危機迫使朴正熙集中全力，把自己與國家推上康莊之道。

朴正熙必須解決的第一個難題是基本問題：李承晚的統治讓南韓一貧如洗。這個國家根本沒有產業。每五個人就有將近四人是靠農耕活口的農民。它既沒原料也沒有值得一提的能源，每年的出口（大多是米與魚）總值只有微不足道的四千一百萬美元。

第二個大問題涉及國家安全。韓戰雖已結束，卻是在平手僵局下停火，並沒有解決任何問題。重度武裝、相對較為富有而且獲得中國與蘇聯大力支持，不斷意圖重啟戰端的北韓，就在距離藍宮（南韓總統府別稱）僅僅三十五英里外的地方蠢蠢欲動。

當然，並非只有平壤擁有強大外援。南韓也有強大的後台：美國。美國在韓戰期間領導南韓防務，戰後仍是南韓的最大援助國，南韓經濟仍能運轉，幾乎全靠美援。不過朴正熙很快就發現，取得這種援助的代價也很高。由於朴正熙年輕時曾經參加共產運動，又因對朴正熙奪權的方式不滿，剛上台的甘迺迪政府不喜歡朴正熙。從他就任第一天起，華府就向他明白表示不滿，並開始迫使朴正熙推動民主。但朴正熙沒有照辦。

最後，第四個危機涉及朴正熙自己的同胞——他們大多數幾乎像美國人一樣不喜歡他。朴正熙在發動政變時既沒有群眾基礎，也沒有從政經驗。他不擅長演說，也不很有領導魅力。而且他剛把南韓第一個民主政府趕下台，這當然不是展示親民的好辦法。彼得森國際經濟研究所（Peterson Institute for International Economics）的韓國問題專家馬庫斯・諾蘭（Marcus Noland）總結指出，「從他上台那一刻起，朴正熙基本上就是非法統治。他發動的是韓國歷史五百年來第一場軍事政變。他並非系出名門（朴正熙是鄉下農民子弟），因此也不能說『我是傳統統治菁英一份子』。」此外，由於曾是日軍軍官，朴正熙也不能標榜自己是愛國者。就這樣，朴正熙在就任總統時，面對諾蘭所謂「政治法統的重大危機」。他完全沒有政治法統。

但朴正熙是第一流的生存專家。這一次，他自我保全的求生本能也惠及他的國家。朴正熙最偉大的地方就在於，他發現有一個辦法可以解決所有這四大問題——他可以運用這些相互鎖定的危機，推動一場解決危機的激進改革。只要能無中生有地建立強大新經濟，他可以一方面壯大他的軍隊，抵擋北韓威脅，還能掙脫老美的束縛，讓苦難多年的南韓民眾開始支持他。

唯一的問題是怎麼做。別忘了，正式名稱是大韓民國的南韓當時幾乎沒有任何明顯的資產。它太小又太窮，不能全力經營國內消費。換言之，它必須建立出口工業。但那個答案帶來更多難題。首先，它能出口什麼？誠如哈佛大學教授，曾經擔任南韓政府顧問的德懷特·柏金斯（Dwight Perkins）對我所說，南韓沒有可供外銷的天然資源。想做農產品外銷也辦不到，因為南韓的土壤不很肥沃，農產品在養活本國百姓以後已經所剩無幾。所以南韓只有一個選項：製造商品。在這個問題上，韓國過去的殖民主很值得作為借鏡。著名的韓國現代史學家布魯斯·卡明斯（Bruce Cumings）說，朴正熙曾經眼見日本在中國占領區實施「以軍隊為後盾的強制工業化」，對日本這種做法以及日本在明治時代的迅速工業化（朴正熙在當總統以後曾潛心鑽研明治維新課題），印象非常深刻。朴正熙察覺，南韓有的是願意為一點小錢而工作的青年——當時，南韓的工資平均只有美國的十分之一。朴正熙於是下定決心，效法東京的做法，開始大量生產玩具、鞋子與紡織品這類簡單商品，進行外銷。

朴正熙決定這麼做的動機，絲毫談不上崇高。他純粹是以功利角度看待這項經濟發展計畫：他的目標不是經濟發展本身，不是加惠南韓百姓，而是鞏固自己的權力，把國家建成軍事堡壘。他的目標總是一樣：「富國強兵」，而「富國」不過是達到「強兵」目標的一種手段。朴正熙認為，「民主與共產主義間的對抗是一場經濟競爭，在這場競爭中，開發方面的優勢……比正面武裝衝突更重要。」

姑且不論他的動機如何，朴正熙的決心與他對南韓經濟發展的投入都堅定不移。他親自監督國家經濟轉型的大業，提出「讓我們工作時戰鬥，戰鬥時工作」的口號。南韓的反應比朴正熙本人預期的還快。

＊＊＊

朴正熙的第一步行動，就是大舉投資南韓的人力資源與實體基礎建設項目，包括興建學校、公路、港口等等。第二步，為提升李承晚的無能政府效能，他開始結合日式階級與技能，搭配他在韓戰期間從並肩作戰的美軍那裡學到的人定勝天精神，營建一支專業化、唯才是用的官僚隊伍。為使出口更具競爭力，他將韓幣貶值，為控制國家財政，他將商業銀行收歸國有。

之後他把砲口對準商業。朴正熙知道，想按照計畫完成這項巨型的開發躍進，他需要一些強有力的夥伴。也就是說，他得與擁有民營企業技巧與經濟規模、口袋也深的業者合作。他於是找上南韓那些由家族經營的商業集團：「財閥」。

但這裡面有一個重點：就像當時許多南韓百姓一樣，朴正熙瞧不起這些財閥。大多數財閥都是在日本占領期間建立，之後在李承晚執政期間，靠著以清倉價搶到日本留下的工業設施而發跡致富。在朴正熙眼中，他們藉著與李承晚的關係榨財，根本就是發國難財的寄生蟲。但儘管如此，只有這些公司——包括現代（Hyundai，原是卡車修理公司）、三星（Samsung，以販賣水果與乾魚起家）以及樂喜金星（Lucky-Goldstar，當時是面霜生產商）——擁有他所需要的規模、財力與技巧。

朴正熙首先以典型高壓手段找上這些公司。在就職不過幾週之後，他就將許多財閥的執行長關進牢房，還迫使其中幾人背著寫有「我是一頭貪汙豬」、「我吃人」字樣的牌子遊街示眾。直到這些走了霉運的主管同意遵守他的計畫，並且以「罰款」名目將巨額款項繳交給政府以後，他才放了他們。

這一招當然讓商界領導人知道誰才是老闆。但朴正熙很快就發現，要讓財閥真心合作，這辦法未必頂好。於是他改採溫和做法，開始每個月與財閥領導人舉行協調會，還邀請關鍵性政府部會首長與會。根據Cho Mu-hyun（採訪財閥新聞的南韓記者）的說法，朴正熙在會議中「欺矇哄騙、威迫利誘」讓這些商界領導人就範。聽話的商人會獲得豐厚報酬。朴正熙會為他們提供各種津貼與低利貸款，幫他們掃清官僚障礙，還為他們減免原料進口關稅。

這種做法果然奏效。南韓經濟很快開始升溫，不過在那個起步階段並未出現開創性、或值得大書特書的輝煌成就。製造業者幾乎完全仰賴進口科技。以紡織業者為例，南韓業者經常從美國南方購買三手的老紡織機。買來以後，他們利用廉價、只有基本技術而且容易取代的勞工（許多勞工只有十四歲），一天二十四小時不斷保持機器運轉。這系統很醜陋，但很快有了報償：朴正熙就任後不到十年，南韓年出口額從五千五百萬美元增加到十六億美元。

事實上，正因為進展太大，到了一九七〇年代初期，南韓開始承受成功之害。由於之前十年的經濟成長太快，工資也開始暴漲，推高了製造業者的成本。在通貨膨脹與台灣等鄰國的新競爭壓力下，南韓發現自己不再能在廉價商品這類它的專精項目上以價格取勝。朴正熙覺察情勢不妙，又因為美國突然開始減少經援，他派遣最優秀的專家研究這個問題。專家達成的結論如下：南韓需要轉移目標，在價值鏈上更上一層樓，把焦點擺在鋼鐵、造船、電子與汽車這類技術需求較高，但獲利能力也高得多的工業上。朴正熙接納他們的建議——身為軍人的他，對於可以用冶鐵作為國力來源與象徵的說法特別感興趣——又一次率先衝刺。他在一九七三年提出重工業與化學工業化計畫（Heavy and Chemical Industrialization Plan），規定應該在什麼地點建立什麼新設施、新設施的規模應該有多大、應該採取什麼型態等。根據研究財閥的兩名南韓學者金銀梅（Eun Mee Kim）與朴吉聲（Gil-sung Park）的說法，朴正熙隨即挑選了幾家最有前景，「有冒險紀錄可循，有管理能力，業績最好」的財閥，要他們展開行動。

就像過去一樣，聽話的公司可以獲得豐厚的貸款、稅務優惠與其他好處。與他合作的執行長會應邀到藍宮赴宴。在南韓每年舉行的「出口日」慶祝會上，業績最佳的主管會獲頒「金塔工業獎章」。朴正熙還會刻意保護他的這批新企業權貴，讓他們在關鍵領域享有有效的寡頭壟斷，幫他們排除外國競爭，為他們的商品建立市場。以一九七五年為例，全球海運產業重挫，在朴正熙堅持下成為大型造船業者的現代集團陷於破產危機。朴正熙於是通過一條法規，迫令所有國內煉油廠使用韓國自造的油輪進口原油。現代也因此起死回生。

朴正熙的策略再次奏功，為南韓的經濟再添動力，確保它繼續成長。不過，雖說有這許多成就，今天若是將他視為改革楷模來效法，卻是笨拙之至。不提其他的，首先這位總統是個極端矛盾的人：年輕時熱愛旅行的他，後來成為一個極端保守派；當了領導人以後迷戀資本主義，卻又不斷干預國家經濟；農民之子的他痛恨南韓菁英權貴，當權後卻又擁抱他們。

問題更嚴重的是，朴正熙還是徹底、作惡多端的惡棍，他更像是奧古斯特・皮諾契特（Augusto Pinochet）[26]，而不像亞歷山大・漢密爾頓（Alexander Hamilton）[27]。在統治南韓多年期間，朴正熙雖也幾次採取民主手段，但他竊取選舉、騷擾反對黨、不讓媒體發聲、將數以千計的無辜民眾下獄、酷刑虐殺了許多真正或只是可疑的敵人。他曾經

26 譯按：智利軍事獨裁者。
27 編按：《美國憲法》起草人。

一怒之下禁止迷你裙與搖滾樂，活像波斯王薛西斯（Xerxes）再世。

今天有許多南韓人痛恨朴正熙，自也不足為奇。但令人稱奇的是，也有許多南韓人喜歡他。根據南韓《中央日報》（*JoongAng Ilbo*）幾年前的一項民調，百分之五十五的受訪民眾認為他是南韓史上最好的總統。朴正熙的聲望高到能在二〇一二年，幫他的女兒朴槿惠（Park Geun-hye）登上總統寶座。

今天支持他的南韓民眾，一般都喜歡淡化他的高壓做法，強調他的正面政績。例如他重視教育：朴正熙將南韓的識字率從一九四五年的百分之二十二增加到一九七〇年的百分之八十八。他們說，南韓能夠建立哈佛經濟學家丹尼．羅德里克（Dani Rodrik）所謂「有能力、誠實而又有效的官僚系統」，朴正熙居功厥偉。他們還認為，雖說在今天許多人心目中，朴正熙依賴財閥有過度中央控制之嫌，但他的做法與法國這類民主國家並無不同。他們指出，巴黎在二〇〇五年以優格是「策略產業」為由，阻止百事可樂（PepsiCo）購併法國優格業者達能（Danone）。

最重要的是，支持朴正熙的民眾指出，南韓經濟在他主政的十八年間，始終保持強勁成長。年均超過百分之九的成長率確實是不容否認的事實。南韓的人均國內生產毛額從九十一美元攀升到一九七九年的一千八百五十七美元，與巴西及墨西哥並駕齊驅。

＊＊＊

就像他的政治與人權紀錄令人震驚一樣，朴正熙的經濟成就也讓人印象深刻。他雖能帶領南韓屢創經濟佳績，但當他遇刺時，南韓的經濟發展並未完成。人民雖然不再挨餓，但還遠遠稱不上富足：在一九七九年，當時正在創造本身經濟奇蹟高峰的日本，人均收入是南韓的四倍以上，而南韓與日本兩國都落後西方工業國甚遠。南韓更已經進入「中等收入」的危險區，也就是經濟情況改善，讓政界領導人躊躇滿志，不思進取。

這正是南韓當年的寫照。當朴正熙的接班人，另一名將領全斗煥（Chun Doo-hwan）十年後下台時，南韓的人均收入已經增加到近五千美元。但財閥也從過去唯唯諾諾的成長火車頭，搖身變為龐大、傲慢的「八爪魚事業」——一九八四年，最大的五十家財閥占了南韓國內生產毛額百分之九十四。南韓也像其他許多中等收入國家一樣，慢慢發現一項事實——讓你在致富旅程中走到半途的戰術，現在已經不再管用。根據位在首爾的延世大學（Yonsei University）教授約翰・戴魯瑞（John Delury）的說法，南韓的問題是，「軍事動員雖是啟動經濟的好方式，但想維持成熟而穩健的成長，還需要一種更複雜的系統——特別是在全球市場尤其如此。對一個獨裁國家而言，要建立這種複雜度太難了。」

所幸，就在這緊要關頭，南韓由於另一場危機而不再是一個獨裁國家。一九八七年，大批學生走上街頭，抗議政府酷刑逼供、害死學運領導人朴鍾哲（Park Jong-chul）。當時南韓正在準備一九八八年奧運，希望藉這場運動盛會召告全球自己崛起的事實。在國際的密切矚目下，全斗煥不願大舉武力鎮壓。但也正因為當局放鬆管制，示威情況迅速失控，全斗煥被迫下台，南韓於是展開它的第二個重要發展階段：民主。南韓人有史以來第一次自由、直接選出一位總統。盧泰愚（Roh Tae-woo）與他的接班人金泳三（Kim Young-sam）建立的自由權——特別是言論與集會結社的自由，為日後的經濟發展播下種子。

不過這些種子需要時間孕育發芽，就在這段時間，南韓在政治上雖已自由化，但它的經濟問題卻愈來愈嚴重。將領出身的盧泰愚是舊系統的產物，很難指望他進行多少改革。屬於執政黨的金泳三走穩健路線，除了進行一些必要改革（例如開放資本市場），讓南韓成為經濟合作暨發展組織會員國（先進工業民主國的專屬俱樂部）以外，對經濟並不很有興趣。

盧泰愚與金泳三之所以不能大力改革，還有一個理由，就是當時一切似乎都還做得不錯。在一九九〇年至一九九六年間，南韓經濟年均成長率高達百分之八，既然如此，還有什麼好擔心的？事實證明，值得擔心的事很多。表面上雖然不錯，南韓在骨子裡卻正迅速惡化。財閥勢力已經龐大到足以嚇阻任何改革。一部分也因為在民主系統贏得公職的成本不斷增加，貪腐情事暴增，讓大財團可以實際上控制決策系統（盧泰愚本人也終因貪得無厭而下獄）。在完全不受監控的情況下，財閥可以肆意阻撓外資，因為他們認為外資會威脅到家族對公司的控制權。財閥也利用金泳三的自由化改革（金泳三沒有採取搭配的規範措施），將勢力伸入金融等這一類他們並不了解的產業。哈佛大學教授柏金斯說，一旦下錯注，獲利能力下挫，財閥們就會開始「亂整」，向外國貸進巨款粉飾太平，一廂情願地認為即使出了問題，首爾當局也會幫他們紓困。南韓的經濟體系就這樣愈來愈出軌，直到非有所作為不可的地步。

＊＊＊

那個必須有所作為的狀況，在一九九七年五月出現。當時有貨幣投機客攻擊泰銖，造成泰國過於膨脹的經濟崩潰，還造成東南亞市場一片混亂。這場很快就演變成所謂「亞洲金融危機」的風暴，之後席捲馬來西亞、菲律賓、印尼與香港，投資人開始撤資，銀行也開始收債。

不到幾個月，這場風暴夾著萬鈞雷霆襲向南韓。南韓出口首先崩潰。接著韓圜幣值與股市市值都跌掉一半。沒多久，無法用突然貶值的貨幣償還外債的財閥，像過去一樣找上政府求援。不過首爾的可用外匯儲備很快就用罄，就算想幫也幫不上忙。過去無法想像的狀況出現：這些巨型公司開始搖搖欲墜。在危機來襲的幾個月間，好幾千家南韓公司破產，造成自一九六〇年代初期以來最高的失業率。國內生產毛額重挫百分之三十三，首爾被迫找上國際貨幣基金組織，丟人現眼地告貸五百七十億美元紓困貸款——金額之大，創下國際貨幣基金組織成立以來最高紀錄。

首爾此舉，創下二十年來第一個向國際貨幣基金組織求助的ＯＥＣＤ會員國先例，也為狂傲的南韓人帶來災難性的心理打擊。就像之前幾次危機一樣，這項打擊經過一番盤算，也利大於弊。在大選前兩週出現的這次事件，使一般而言穩重的南韓選民採取激進立場，選出金大中（Kim Dae-jung）當總統。

人稱ＫＤＪ的金大中既是圈內人，也是極端的圈外人。全羅省（位於南韓西南部，是久遭邊緣化的省分）出身的金大中，像朴正熙一樣也出身寒微。在因經商致富之後，他於一九五〇年代投入公職，為爭取民主與民權自由而戰。在之後幾十年，套用韓國現代史學家卡明斯的話，金大中為這些原則付出「不亞於世上任何政治領導人」的巨大代價。朴正熙與他的接班人曾五次試圖殺了他。在其中一次事件中，政府的打手駕駛一輛重型卡車撞擊金大中座車，不只撞死他的司機，也讓金大中本人成為終生跛足。兩年以後，朴正熙的特務在東京一家旅館綁架金大中，把他拖上一艘船駛向大海，更在他身上綁了重物，準備把他沉入海裡。但就在最後一刻，出現一架神祕飛機（據金大中日後說，是美國中情局派來的）進行干預，迫使朴正熙的特務無法得逞。即使鬧到這步田地，金大中的活罪還沒受夠。一九八〇年，全斗煥總統將他逮捕，判了死刑。全靠美國兩度干預才讓他又逃過一死。之後金大中流亡美國。

也因此，對南韓來說，一九九七年十二月的大選至關重要：在僅僅十年間，它脫離強人統治，選出一名異議份子當總統。他還不只是一般異議份子而已：金大中多年來厲聲批判的，不僅是南韓的獨裁政府，還有這種政府造成的故步自封的經濟體系。他知道，除非能發動一場經濟革命，建立一個同樣開明的經濟體系，否則南韓仍然脆弱的民主轉型永遠無法完成。金大中痛斥前幾任總統執政期間大行其道的「官商勾結」，說正是因為這種勾結，才讓南韓民權自由受限，造成這場危機。突然間，這場危機——特別是大財閥也被迫屈膝——為他帶來打破現狀、畢生難逢的大好良機。常說「民主與市場經濟像同一錢幣的兩面」的金大中，在就職演說中保證「要採取一切必要行動……實現讓人民真正成為主人的政治」。基於這個理想，他展開全面經濟自由化運動。南韓故事的第三階段就此登場。

金大中這番話雖說讓許多南韓百姓感動不已，但也讓南韓國內外的商界領導人與專家學者憂心忡忡。保守派擔心，一直以窮人保護者與南韓邊緣化民眾之聲自居的金大中，會採取不負責任的民粹政策、進一步加深危機。他的當選讓投資人大感恐慌，韓圜應聲又貶了百分之十一，股市也重挫百分之五。

就像巴西的魯拉一樣，金大中也為人誤解。他雖然矢志爭取社會正義，但也準備以一種非傳統方式追求這項目標。他是獲利與成長的信徒，認定這是促進全民福祉的最佳工具。雖說以左派著名，但金大中從未實際支持過民粹主義經濟政策，也不反對國際貨幣基金組織要南韓推動的改革。事實上，他一直支持這些改革，金融風暴也讓他更加堅信南韓需要這些改革。

金大中推出了幾項重要的政治改革——大幅削弱情報機構的規模與權力就是一例——也擴大了南韓相當起碼的社會安全網，但他的行動大多數是出自新自由經濟主義的教科書。他不僅完全接受國際貨幣基金組織施加的每一項條件，還在許多案例中做得有過之而無不及。為削減腐敗官僚的權力，他大舉縮編公領域規模，將整個政府官署、甚至整個部會裁撤；他剝除財政部許多權力，還建立獨立的規範新機構。為刺激成長，他放寬有關解雇與聘用臨時工的法規，但也擴大失業福利以為補償。為鼓勵競爭，他開放門戶引進外籍人士，放寬國際併購以及土地產權的法規，為海外公司提供稅務優惠。

最重要的是，金大中踢開了多年來一直為財閥撐腰的那些浮誇的成規慣例。由於南韓法庭無力處理所有堆積如山的破產案件，金大中親自出馬，用這些案件迫使規模過大的公司減少債務，去除它們非核心業務的附屬公司，開始實施新會計與透明法規。

讓許多韓國人大感震驚的是，他還讓最欠缺競爭力的大公司或關門倒閉或遭購併。幾家巨型業者就此消失。南韓最老牌的汽車製造業者「起亞汽車」（Kia Motors）在一九九八年遭現代購併。南韓第二大財團「大宇集團」（Daewoo）——營業項目從汽車到電子業、旅館、造船與金融證券——由於積欠八百億美元債務無力清償而告解體，公司創辦人為躲避起訴逃往海外。

＊＊＊

這一切的動盪震撼，讓南韓甩開許多沉重包袱。學者史蒂芬・哈格德（Stephan

Haggard）與姜明丘（Myung-koo Kang）說，大宇的解體是「韓國戰後經濟史上最重要的大事」，重要性不亞於「雷曼兄弟」（Lehman Brothers）二〇〇八年九月在美國破產。

這段期間造成的創痛誠然巨大，但金大中的因應做法也讓投資人重燃信心。在一九九九年至二〇〇〇年間，外國的直接投資從一九九七年不到三十億美元，增加到超過一百五十億美元。之後七年，進入南韓的外資總額從兩千五百億美元，增加到八千兩百五十億美元，增幅超過三倍，外資在南韓股市的持股很快就超過四成。所有這些活動帶領南韓經濟迅速復甦。南韓僅僅用了兩年就將國際貨幣基金組織的債務償清（它雖告貸五百七十億美元，實際上只用了一百九十五億美元）。到了二〇〇〇年，南韓國內生產毛額成長率又一次達到接近百分之九的高標。

金大中的改革也掀起一波創造性毀滅，永遠改變南韓企業文化，讓南韓邁向成功坦途，歷二十年而不衰。在危機發生以前，提到財閥就讓人想到品質低劣的消費者商品。到二十世紀八〇年代末期，品質問題已經嚴重到連現代集團的主管也開始堅持，公司要以美國製造的汽車作為他們薪酬的一部分，因為他們不敢讓家人乘坐韓國製造的那些破銅爛鐵。根據洪又妮（Euny Hong）所著《韓酷的誕生》（*The Birth of Korean Cool*），由於三星生產的家用電器品質實在太爛，南韓那些時髦青年開始稱三星為「三衰」（Samsuck），因為你在搬動三星電扇時，若不小心握著它的頸部將它提起，它會斷給你看。

但在一九九八年以後，這一切都改變了。為撐過這場危機，滿足金大中的新規則，財閥不得不提高效率與創意，從一味抄襲別人的公司成為讓別人爭相仿效的公司。財閥揮別它們多年來的恐外症，開始歡迎外來專業，也重新聚焦於核心本業。現代集團放棄電子商務，專心製作更好的汽車。三星放棄汽車，回歸電子產業，終於成為電漿電視、3G與4G行動裝置等新興科技的全球領先業者。蘋果公司（Apple）與三星雖是智慧手機的市場死對頭，但三星出產的微晶片品質實在太好，就連蘋果也在自家產品iPhone中使用。現代出廠的汽車如今與豐田（Toyota）短兵相接。樂喜金星——為擺脫廉價品商譽，已於一九九七年改名LG——出廠的液晶平板螢幕品質不輸日本的任何產品。南韓甚至在通俗文化這類全新領域揚名立萬：儘管除了韓國人以外，世上其他國家幾乎沒有人說韓語，南韓的肥皂劇、男子樂團與電子遊戲現在風靡全亞洲。所有這些努力加總起來，使南韓自亞洲金融危機爆發以來，經濟成長腳步比OECD會員國均值快了一倍，從二〇〇八年大衰退反彈的速度，也超過其他任何一個富裕國。

但這並不表示南韓已經達到經濟涅盤狀態。過去幾年，南韓經濟成長放緩為百分之三到百分之四。這種放緩已經在南韓內部引起陣陣絞痛，不過他們或許是過度擔心了。加州大學柏克萊分校（UC Berkeley）教授巴里·艾肯格林（Barry Eichengreen）等經濟專家認為，這種放緩事實上是一種成功跡象：它只不過表示南韓已經攀上最富裕國家這一層級，來到這一層級的國家，經濟年成長率幾乎不可能超過百分之四。南韓的經濟成長雖已放緩為百分之三到百分之四，其成長腳步仍然比幾乎所有其他先進經濟體都快。

比較嚴重的問題是，南韓在相當程度上仍然守著那早已過時、不再管用的經濟策略。

南韓成功掙脫中等收入陷阱，帶來另一個令人稱奇的大教訓：事實證明，至少在適當條件下，政府的大舉干預極端有效。就某種層面來說，這其實一點也不奇怪。畢竟，想做到像南韓達成的那種經濟調適並不簡單。加州大學聖地牙哥分校（UC San Diego）的「韓－泰專案」（Korea-Pacific Program）主任哈格德就提出解釋說，「從農業轉型到工業是高風險的事」。洪又妮也指出，在轉型過程一開始，「像三星這樣的公司除了做迴紋針這類東西以外，也做不出什麼其他產品」。為邁步向前，南韓公司需要引進資本、新裝備與原物料，需要時間發展新科技與行銷專業，還需要進行實驗、即使失敗也不致於立即倒閉的足夠喘息空間。

由於朴正熙為他喜歡的公司提供所有這些援助，南韓經濟能夠成長看起來是必然的結果。只是有一件事：根據正統經濟理論，這種個別化產業援助造成的問題，遠比它解決的問題多得多。一般認為，政府大舉干預會（因為保護公司不受市場力干擾）造成效率低落，會鼓勵貪汙等。理論上，這類做法會把國家變成像北韓一樣。不過南韓不但沒有成為北韓，反而欣欣向榮。

首爾當局是怎麼做到的？首先，朴正熙在提供援助時總不忘附加嚴厲條件。彼得森國際經濟研究所的諾蘭曾經向我解釋，在一九六〇年代與一九七〇年代，許多開發中國家在選定的產業上撒錢；就這方面而言，南韓絕不是特例。諾蘭說，南韓「獨特或至少與眾不同之處，在於他們會非常仔細追蹤你的表現。你如果表現落後，就會被除名」。為避免對決策造成不當影響，朴正熙還堅持公司老闆本人不得爭取政治權力。此外，為了不讓業者不思進取，朴正熙還不時讓一些極度缺乏效率的財閥破產，作為向其他財閥示警的榜樣。

其次，朴正熙在防止貪腐這個問題上也做得非常小心。在他主政期間，雖說公司確實得向藍宮奉獻巨額贈禮，但大多數史學者都同意，朴正熙本人從不接受任何賄賂，也不讓業者的贈禮影響政策。諾蘭說，「基本政策一經作成就會有效執行」，無論有多少人上下其手。

最後，與北韓作戰的威脅持續存在（在一九六〇年代與一九七〇年代，一般認為北韓比南韓富裕、強大），似乎也讓每個人都專心投入。誠如柏金斯所說，「朴正熙、全斗煥與整個南韓都了解，如果經濟改革失敗，南韓很有可能不復存在。」

當然，南韓還是在一九八〇年代與一九九〇年代陷入困境，最後靠著金大中與亞洲金融危機才解決問題。今天令人擔心的是，有愈來愈多證據顯示，這個國家又走上過去的老路。首爾當局雖說已經不像過去那樣大力干預，但仍然管得太多。它的若干政策確實有益：舉例來說，南韓已擁有全世界最高的寬頻普及率，政府正用速度比美國境內所用快兩百倍的網路入口網站，將家家戶戶全面聯網。問題是，南韓有時也設法找出贏家，加惠特定公司，而不是讓市場決定誰能勝出。近年來，流進南韓新創企業的創投資本有百分之二十五來自政府。這比率太高了。

根據艾肯格林與其他經濟學家的分析，南韓早些年的歷史顯示，這種政府干預的做法如果處理謹慎得宜，在經濟襁褓時期——公司大體上只是抄襲他國競爭對手的技術與戰術時——確實管用。在這種情況下，政府很容易就能預測哪些公司最可能成功：它只需找出哪些公司學得最像外國業者就可以了。但當國家像南韓現在一樣、來到所謂「科技邊疆」時，一切都改變了，政府的做法也應該改變。來到這種科技邊疆以後，公司再也沒有可以模仿的對象。大多數新業務都成為實驗專案。政府縱使想預測哪些實驗最可能成功，也力不從心。經濟研究顯示，市場在找出最可能勝利者這方面比政府做得好。但南韓目前為止沒有重視這項智慧，如果它繼續插手干預下去，很可能犯下非常重大的錯誤。

今天的南韓還面對另一項有關的大挑戰：儘管金大中與他的接班人已經採取種種改革，財閥的勢力仍然過大。事實上，雖說朴槿惠總統[28]宣布要為中小型企業爭取生存空間，並以此為最高施政優先，但自金大中執政時代以來，財閥的勢力已經更加無所不在。以二〇一二年的統計數字為例，最大三十家財閥的銷售額，占有南韓國內生產毛額百分之八十二，比二〇〇二年的百分之五十三高出甚多。就許多方面而言，這項事實證明金大中的成功：他的改革使財閥在經過一番改頭換面之後飛速成長。但財閥規模過大，對南韓的邁步向前仍是一個大問題。那是因為公司一但規模太大，無論它們有多好，大到不能倒的公司幾乎總會在行動上露出這種神氣——也就是經濟學家所謂「道德風險」（moral hazard）。財閥提供的就業機會也不多，目前聘用員工數僅占南韓勞工人

28 譯按：朴槿惠已於二〇一六年年底因醜聞案下台。

口百分之五。但它們的財富、聲望與職業穩定性，讓它們搶占國家最優秀的人才，擠垮新創企業。這種現象很危險。雖說彭博社（Bloomberg）最近將南韓列為全世界最有創造力的國家（單只是三星一家公司，二〇一四年就在研發項目底下開支了一百四十億美元，比大多數國家都多得多），但如果不想辦法為小而敏捷的公司爭取發展空間，讓它們也能汲取有創意的人才，這個地位很容易不保。

問一名南韓百姓對國家現況的看法，你會聽到一堆不滿。有人抱怨人口老化速度太快，有人不滿朴槿惠總統涉及的種種醜聞。有人談到二〇一四年四月那場讓三百零四人喪生的渡輪船難悲劇，有人告訴你一連串有關貪腐的指控，有關政府對中東呼吸綜合症（MERS）處理手法的拙劣等。儘管有這許多不滿，就算它的居民似乎不甚買帳，南韓已經成為一個讓人非常欽羨的國家。諾蘭告訴我，「當然，這國家並不完美。他們有各式各樣的問題。但如果能夠的話，這世上有一百個國家樂意與南韓交換位子。」這麼說或許還小看了南韓。南韓不僅已經是全世界最富裕的國家之一，而且它安定、相對平等。此外，儘管近年來遭遇若干挫敗，南韓即使不是全球，至少也是亞洲最自由、最有活力的地方。

這種自由與活力，指出南韓經驗帶給我們的最後一項教訓。南韓歷史充分證明一件事：有效的獨裁統治雖說很可能帶領一個國家掙脫貧困，但除非能建立一種開明系統，讓每個人都能自由思考、行動與競爭，否則它永遠不可能變得真正富有。閉鎖的市場阻止競爭，助長自我膨脹，政治高壓也使包括經濟多樣性等一切自我表達形式無法出現。新聞檢查讓新理念不能成形、不能共享。以色列、瑞典等全世界最有創意的國家，都是重視自由的民主國家，原因就在這裡。這並非偶然；想發揮創意首先必須具備自由思考與競爭的能力。若沒了一九八七年的革命，或少了一九九七年過後的經濟自由化，南韓政治不可能自由化，沒了這種政治自由化，南韓永遠也無法建立屬於自己的龐大知識經濟。金大中總統尤其證明一件事：真正的永續繁榮需要真正的自由。中國與世上其他地方的獨裁者總是堅持說，縱使政治系統閉鎖，用政府指導經濟可以讓經濟不斷成長。對這些獨裁者而言，南韓的經驗既是強有力的駁斥，也是強有力的警告。南韓證明，好經濟需要好而開明的政府，反之亦然。這兩者相輔相成，無論北京那些官員或其他地方那些親中人士怎麼說，沒有好經濟與好政府，你不可能真正繁榮。

第九章

要得到，先付出

墨西哥如何讓政府恢復運轉

恩里克．潘尼亞．尼托（Enrique Peña Nieto）[29]這幾年過得很辛苦。身為墨西哥總統的他，必須應付接踵而至的危機。為了不再陷入過去那種名譽掃地、無法運轉的泥淖，他的國家似乎總在不斷掙扎。潘尼亞．尼托沒能處理好，一群大學生在毒品與暴力氾濫的南方集體失蹤這件事。他讓墨西哥最惡名昭彰的販毒集團頭子，從安全防護理當最嚴厲的監獄中逃脫，還得面對揮之不去的貪汙醜聞。同時，墨西哥的經濟也遇到重挫。整個國家一片愁雲慘霧，民眾對潘尼亞．尼托的不滿，也讓他的民調數字跌到歷史新低。

但在許多聳動的新聞標題下，墨西哥的情況其實沒那麼糟，或者說，不像住在墨西哥的人感覺中那麼糟。墨西哥的國際形象雖爛，但它其實已經是一個真正民主（不過有些瑕疵），而且穩坐中產陣營的國家。墨西哥是拉丁美洲第二大經濟體，一兆三千億美元的國內生產毛額使它在規模上與南韓和西班牙所差無幾。墨西哥同時也是世界上最開放的市場，還是美國、加拿大、德國與日本公司的製造中心，與中國分庭抗禮。就連它最近遭遇的一些經濟挫敗，也不完全是它的錯。這些挫敗主要是因為全球整體經濟下滑與油價疲軟等等。

墨西哥與墨西哥人還有另一個更根本的，應該對未來懷抱希望的理由。儘管這些日子看起來，潘尼亞．尼托似乎什麼事也做不好，但他在主政頭兩年（二〇一三年與二〇一四年）的政績卻多得驚人。在這兩年間，他在墨西哥完成了全面性的基本經濟與社會改革。這些改革使墨西哥有望在不久的將來出現爆炸性成長——只要油價回穩，政府在相當程度上控制住貪腐與犯罪，這樣的前景就能出現。

更讓人印象深刻，對我們的討論而言也更加重要的是，潘尼亞．尼托如何取得這些成就：他說服墨西哥三個交惡中的政黨，讓他們把相互仇怨拋在一邊，重新著手政務。這項成就由於太出人意表，而且成果也大得令人稱奇，足以為世上其他陷於癱瘓或停擺困境的國家，帶來有力借鏡。如果連墨西哥都能以如此可觀的方式掙脫政府癱瘓、停擺

29 編按：恩里克．潘尼亞．尼托即將於二〇一八年十二月卸任總統職務。

泥淖，其他國家包括美國，也應該辦得到。

＊＊＊

直到二〇一二年，墨西哥國境內、外的觀察家對這個國家都沒有很高指望。在那一年大選日迫近時，「革命制度黨」（Institutional Revolutionary Party, PRI）——在二〇〇〇年敗選下台以前，它統治了墨西哥七十一年——似乎有即將重新執政的態勢。大多數觀察家預測，革命制度黨一旦重新執政，會像過去一樣，在選舉做票、貪腐、玩弄裙帶主義、暗中與販毒集團合作、推動令人窒息的中央管控經濟政策等，把墨西哥搞得年均經濟成長率只有百分之二點四，一連三十年。

當然，革命制度黨那位年輕候選人恩里克．潘尼亞．尼托否認這一切指控。在整個二〇一二年大選期間，當時擔任墨西哥省省長的潘尼亞．尼托一直說，他代表的是新的革命制度黨。他嘲笑那些老前輩是「恐龍」，還宣稱「在我們要建立的墨西哥，沒有貪腐、沒有粉飾，更沒有逍遙法外的空間」。

這些競選口號當然動聽，而這位四十五歲的候選人毫無疑問也有一幅精明能幹的總統像。他憑著堅毅的下巴，一頭打理得一絲不苟、烏黑油亮的頭髮，以及一雙炯炯有神的眼睛，在多次政治集會中惹得無數女性選民尖聲大叫「甜心，上我的床吧！」

許多分析家仍然警告說這一切都是假象。有人甚至說，潘尼亞．尼托不過是「政治上的全向投影圖」而已。潘尼亞．尼托雖說出身中產階級，但他與黨內大老有血緣關係：他的教父與一個舅舅都做過革命制度黨時期的省長，他在政壇崛起，也獲得黨內一個叫做「阿拉科莫科集團」（Atlacomulco Group）的強大派系的支持。

潘尼亞．尼托還有一個毛病：他似乎每張口必惹禍。與墨西哥前幾任總統（多半在美國讀過書）相比，他的英文很菜，他也不是知識份子。他在競選演說中刻意避免專用術語，而且由於說不出三本對他有影響的書，不知道墨西哥餅的價格，因此顯得笨拙無比。談到私生活，他更是一本爛帳。潘尼亞．尼托結過兩次婚——在第二次婚姻期間與一名電視劇女星有染——另外還與另外兩個女人生了兩個孩子。由於他的床笫習慣實在太超過，在競選期間，成人約會網站「艾希莉．麥迪森」（Ashley Madison）在墨西哥市建了一面告示牌，上面是他的照片，照片旁邊有一行字：「對他的家庭不忠。對他的國家卻是忠心耿耿」。

但潘尼亞．尼托深信，批判他的人都看走了眼，而且決心做給大家看。才剛贏得二〇一二年七月大選——選民對他雖說愛恨參半，更不喜歡他的對手——這位總統當選人就找到機會，展開一場似乎不可能完成的行動：他把墨西哥三個多年來的死對頭政黨祕密聚在一起，要他們談判停火，並且訂立一項行動計畫。二〇一二年十二月二日，就職後第二天，潘尼亞·尼托與右傾的「國家行動黨」（National Action Party, PAN）、左傾的「民主革命黨」（Party of the Democratic Revolution, PRD）對手，一起公開宣布《墨西哥條約》（Pacto por México），讓舉國上下大呼意外。《墨西哥條約》是一項極有進取性、包括九十五個項目的改革方案，目的在解決墨西哥最嚴重的政治、社會與經濟問題。

這位新總統隨即展開一場世上其他國家難得一見的霹靂行動。在之後十八個月，他打破墨西哥令人窒息的壟斷事業與老骨董般的能源產業，重組墨西哥教育系統，還將墨西哥的稅務與銀行法現代化。想說明這些改革的聲勢究竟有多強很難，不過根據一個墨西哥市智庫（IMCO）的負責人胡安·帕丁納（Juan Pardinas）的說法，應該稱得上「雖不中，亦不遠矣」：他說它們是「自柏林圍牆倒塌以來，全球各國僅見最具雄心的經濟改革進程」。

* * *

這位被大家看扁的總統是怎麼做到的？他之所以能成功，第一個關鍵在於他的幾位前任做得太差。當潘尼亞．尼托發表當選感言，說「我們要做的不是管理而是轉型」時，墨西哥的情況已經驚險萬分，也為他帶來一個嘗試新做法的大好機會。

先談一談當時的狀況。在二〇一二年，儘管坐擁全球第十五大石油儲藏量，墨西哥的能源產值——由於石油與天然氣銷售占足政府預算三分之一，能源產值是墨西哥財務生機的關鍵——卻不斷探底。由於長時間的投資不足，加上實施《經濟學人》雜誌所謂「全世界限制最嚴厲的法規」而缺乏競爭，又因為墨西哥石油公司（Pemex，壟斷性的國營事業）嚴重的管理失誤與貪腐成風，能源產量十年來跌了百分之二十五。當國界以北出現頁岩氣革命之際，由於欠缺必要資金以開採自家的巨量頁岩礦藏，墨西哥也只能當個旁觀者。

墨西哥的其他經濟領域，控制在幾家寡頭壟斷事業手中。卡洛斯．史林（Carlos Slim）[30]控制的事業占墨西哥股市三分之一，他的電話公司擁有全墨西哥百分之八十的市話與百分之七十五的寬頻網路。約一成的國內生產毛額為貪汙蠶食，民調顯示，四分之三的墨西哥人認為問題愈來愈嚴重。全國學童念完中學的不到半數。在經濟合作暨發

30 根據《富比世》（*Forbes*）排名，在二〇一〇年至二〇一三年間是全世界最有錢的人。

展組織的三十四個會員國中，墨西哥國民人均壽命排名倒數第一。潘尼亞．尼托的前任、國家行動黨的費利佩．卡德隆（Felipe Calderón），對販毒集團發動軍事行動，結果造成暴力情勢升溫失控，自二〇〇六年以來已經有六萬多人喪生。美國國防部甚至在二〇〇八年提出警告說，墨西哥有可能「急遽而突然崩潰」，淪為一個失控國度——在美國南疆將出現一個玩「皮納塔」（piñatas）[31]的巴基斯坦。

情況雖說糟到如此地步，卻也因此做了一件大好事：它迫使墨西哥相互爭鬥多年的幾個政黨不得不承認，鬧到今天這步田地，他們都難辭其咎。儘管這個國家十五年前已經成為全面性的民主國家，結果卻是永無止境的政治僵局。二〇〇〇年總統選戰失利後，革命制度黨對接替它的國家行動黨政府展開全面報復，封殺二〇〇〇年至二〇〇六年的比森特．福克斯（Vicente Fox）總統，與二〇〇六年至二〇一二年的卡德隆總統推動的種種法案，使墨西哥國會就若干標準而言，成為整個拉丁美洲效率最差的立法機構。

但經過十五年的挫敗與癱瘓之後，墨西哥比較溫和的領導人終於認清，他們交相攻訐的結果不僅毀了國家，也毀了他們自己透過選票執政的機會。

潘尼亞．尼托曾在一次訪談中告訴我，見到革命制度黨於在野期間種種自我毀滅的作為，使他逐漸相信，革命制度黨如果還想主政，就需要有更積極的作為，不能一味只想夾怨報復或急功近利，只圖一時之快。一年後，我與他的高級顧問、麻省理工學院出身的經濟學者路易斯．維迪賈雷（Luis Videgaray）會面。之後當了墨西哥財政部部長的維迪賈雷，當時和我談到潘尼亞．尼托與他那群年輕的核心人士，如何「共同感到，我們需要採取一些不一樣的行動，如果再讓政府停擺六年」，無論對國家或對黨，「成本都會大得讓人受不了」。美國外交關係協會（Council on Foreign Relations）的拉美問題專家夏農．奧尼爾（Shannon O'Neil），對革命制度黨當時的思維有以下描繪：「他們自問，『我們主政了七十一年，然後，唉呀不好，我們被趕下台。怎麼才能回得去？我們不能再用操控選舉的方式保住政權，得靠智慧爭取選票才成。』」

潘尼亞．尼托在為競選總統的事做準備時，決定把自己塑造成一名改革家。這策略果然有效，但只是險勝。他雖說贏了二〇一二年選戰，但只得到百分之三十八的選票，革命制度黨在國會兩院都未能取得多數。這種不很徹底的授權讓這位總統當選人相信，如果他想有任何建樹，就得想辦法與政敵合作。

31　編按：一種墨西哥傳統遊戲，參加者打破紙糊容器，露出內藏的禮物與糖果，與眾人分享。

就在同時，他的敵人也有同一結論，這不僅是潘尼亞．尼托，也是墨西哥之幸。國家行動黨由於在兩屆執政期間一事無成，加上卡德隆那場代價高昂的掃毒之戰，因而大失民心，在二〇一二年選戰中遭到慘敗；它的候選人何塞菲娜．巴斯克斯．摩塔（Josefina Vázquez Mota）落到第三位，只得到百分之二十五的選票。至少一部分國家行動黨領導高層因此承認，除非改弦易轍，否則他們永遠別想重新執政。在二〇一四年年底一個早晨，我在墨西哥市波蘭柯（Polanco）區一處街邊咖啡座，會晤古斯塔夫．馬迪洛（Gustavo Madero）。馬迪洛原是商人，自二〇一〇年起擔任國家行動黨主席。當我問他選戰失敗為成立於一九三九年的國家行動黨帶來什麼教訓時，馬迪洛的答覆很坦率：「我們等了六十一年才贏了墨西哥總統選戰。但之後我們沒能推動教育改革，沒能推動電信改革，沒能推動能源產業改革。我們必須採取不一樣的做法才行。」

對馬迪洛來說，所謂不一樣的做法，就是國家行動黨不能像革命制度黨封殺福克斯與卡德隆一樣，破壞潘尼亞．尼托，對革命制度黨進行報復。它應該「像一個負責任的政黨一樣，把選務擺其次，把國家政務擺第一」。國家行動黨另一要員，曾擔任福克斯總統機要祕書的法律顧問桑提雅各．克里爾（Santiago Creel）對我說，「我們有兩條路走。可以像典型反對黨一樣，幹革命制度黨十二年來一直幹的那些事；或者我們也可以採取不一樣的做法，說『我們在上次大選中，連三分之一選票都拿不到，但我們有很好的黨綱。不如看看，能不能談判。』」

左翼民主革命黨內的溫和派人士也有類似想法。民主革命黨候選人安德烈斯・曼努埃爾・羅培茲・歐布拉多（Andrés Manuel López Obrador），在以半個百分點的些微之差輸了二〇〇六年選戰之後，發動大規模街頭示威，拒絕與新政府進行任何接觸。事隔多年之後，他甚至不肯與卡德隆握手。民主革命黨的務實派領導人赫蘇斯・桑布拉諾（Jesús Zambrano）告訴我，歐布拉多不願協助政府，寧願投入「六年對抗」。桑布拉諾說，無止境的攻擊使國會陷於癱瘓，造成危險的權力真空，遂為「壟斷競爭的公司、毒品走私販與工會」所乘。桑布拉諾又說，退出領導的做法「讓我們在民眾心目中形象大受損傷」。所以，在羅培茲・歐布拉多於二〇一二年二度選敗後，桑布拉諾與民主革命黨另一個溫和派赫蘇斯・奧蒂嘉（Jesús Ortega）——兩人由於總是同進同出，墨西哥人稱兩人為「赫蘇斯二人組」——決定另尋較具建設性的途徑，也知道如果失敗，民主革命黨可能永難走進主流政治。

作這些決定並不容易。卸任總統卡德隆與他在國家行動黨內強大的派系，反對與敵人進行任何合作。克里爾回憶說，儘管馬迪洛與他之後終於在黨內勝出，卡德隆團隊仍然譴責兩人是通敵犯，「就像納粹占領下的法國貝當（Pétain）政府一樣」。「赫蘇斯二人組」也面對同樣壓力。原為社會主義者的奧蒂嘉，容貌有些像是教授版墨西哥革命英雄埃米利亞諾・薩帕塔（Emiliano Zapata）。當我在他那間昏暗、擺滿骨董的辦公室與他會面時，他說，「我們必須克服墨西哥政界一句非常老的格言——對話是背叛的同義詞。」果不其然，羅培茲・歐布拉多在發現兩人的意圖時憤而脫黨，自組更激進的左派運動，繼續他的抗爭。

但這些「叛徒」不為所動。他們的腰桿也因又一項不容否認的事實而更加挺直：不僅墨西哥陷於危機，而且他們如果單打獨鬥，都無法解決問題。問題不僅是他們欠缺大多數支持而已。要在國家推動改革，他們還得挑戰那些財大氣粗的壟斷寡頭、那些規模巨大又凶悍的工會，以及其他各種反對改革、讓改革派無法出頭的私人利益。潘尼亞・尼托的又一名高級顧問，之後先後出任總統幕僚長與教育部長的奧雷利奧・努諾（Aurelio Nuño）告訴我，「所有三個黨都覺得墨西哥政府不夠強大，端不出政績。我們知道除非不再相互對抗，我們哪裡也去不了。」

＊＊＊

創造這些條件的人或許不是潘尼亞．尼托，但想出怎麼利用這些條件的人是他。儘管許多人認為他是輕量級角色，他與黨內大老的淵源也招致不少物議，但潘尼亞．尼托也有一些事實證明，自己是極有價值的資產。

沒錯，他是「根正苗紅」的革命制度黨黨員，但他是革新派。前國家行動黨政府外長喬治．卡斯塔尼達（Jorge Castañeda）曾說，潘尼亞．尼托是墨西哥民主環境中成長的第一任墨西哥總統。他也是第一任不是由前任欽點、提拔的革命制度黨總統，這使他享有很不尋常的獨立自主性。雖說常遭忽略，潘尼亞．尼托還是墨西哥省非常有效率的省長，特別是在跨政黨路線的領域，他尤其在行。民主革命黨的杜米提洛．波沙達斯（Domitilo Posadas）曾說，身為省長的潘尼亞．尼托「胸懷若谷，能夠容人，肯接受別人的建議」。這種開明態度曾讓他在墨西哥省長任內，取得令人刮目相看的好成績，將墨西哥省的債務減少百分之二十五，成長率高於全國平均值，還在金融危機高峰時期減少了省內貧窮人口。

在二〇一二年突然完成終生抱負、以些微險勝登上總統寶座以後，潘尼亞．尼托希望將這些在省長任內慣用的合作戰術，運用到聯邦層面。因此，潘尼亞．尼托當選後不久，當桑布拉諾告訴他在革命制度黨的友人，瓦哈卡（Oaxaca）省前省長荷西．穆拉（José Murat），說他願意考慮與新政府打交道時，潘尼亞．尼托立即把握機會，派遣維迪賈雷會晤桑布拉諾。

雖說對方有談判意願，但談判未必能成真，不過談判雙方如果都能運用巧思，謹慎將事，也未嘗不能談出成果。

一開始，只是桑布拉諾與維迪賈雷（維迪賈雷每天晚上向老闆報告進展）之間非正式的小聚。等到談得稍有眉目以後，民主革命黨與革命制度黨各增派一名代表：桑布拉諾帶進奧蒂嘉，就是他那位「赫蘇斯二人組」的同伴，維迪賈雷則找來曾擔任希達哥（Hidalgo）省省長、後來在潘尼亞．尼托政府擔任內政部長的米格爾．奧索里奧．鍾（Miguel Osorio Chong）。不過幾天，兩造都發現對方同時也在與國家行動黨接觸，所以為求效率，他們邀請馬迪洛與克里爾加入談判。又隔了幾週，會議紀錄的操作與整理工作益發繁重，三造又各帶進一名助理負責議程起草。

其次，為培養信任，潘尼亞．尼托堅持這項會談保密。這項此時已成為每日例會的會談，在前省長穆拉位於墨西哥市的家中舉行，前後持續了幾個月。有了這一層私密，九名與會人可以暢所欲言，或辯論，或妥協，不必顧前顧後，或擔心引起選民或特殊利益團體不滿。每個人都嚴守祕密的事實（整個談判期間，沒有任何消息外洩），也有助於化解彼此間重度的疑心。克里爾回憶說，「當馬迪洛與我初次聽到革命制度黨願意做的那些事情時（即那些影響深遠的改革），我們都不相信。那就好像是寫信給聖誕老人一樣。」奧蒂嘉告訴我，他與桑布拉諾也同樣充滿疑慮；赫蘇斯二人組擔心他們會墜入「為增加政府法統、幫助革命制度黨鞏固權力而設下的陷阱」。但每個人都對外保密的事實逐漸化解了這些焦慮。據努諾說，在私人家裡談判不僅隱密，一次又一次共同進餐，一起喝龍舌蘭酒，也讓代表們開始將對方視為真實的人，不只是政治對手而已。

為便於討價還價，三黨都同意在一開始就將所有優先要項攤在談判桌上。克里爾並且堅持，做成決定以前必須經過一致同意，「直到每個人都同意以前，沒有任何協議。」克里爾後來告訴我，在福克斯政府任內，他曾眼見許多難得一見的大好交易，卻都因為過於僵化或互惠互利精神不足而失敗，讓他十分沮喪。那段經驗教給他一個教訓：「如果你把十件事都擺在桌上，而不是只擺一件事，你可以在一一衡量之後說，『好吧，雖說我或許不同意其中一件或兩件，但我願意都試試』。」馬迪洛也認為，「要吃墨西哥辣肉餡捲餅就得吃一整個」才有意義。

革命制度黨還在一開始就明白表示，儘管它現在握有最有力的牌，但它願意妥協。舉例來說，強調民粹主義的民主革命黨堅持不能將增值稅延及食物與醫藥，這個左派政黨的選民基礎以窮人為大宗，對食物與醫藥課徵增值稅會對窮人造成重大影響。潘尼亞．尼托雖然認定墨西哥迫切需要加稅（墨西哥的稅務徵收層級當時在OECD中最低），但也願意在這方面對民主革命黨讓步。此外，革命制度黨雖說一直反對選區改革，但在國家行動黨的呼籲下，潘尼亞．尼托同意放棄這項立場。根據南加州大學（University of Southern California）教授潘蜜拉．斯塔爾（Pamela Starr）的資料，革命制度黨還開始卯上一些強大的利益團體，包括它在工會的盟友，以免他們破壞這項擬議中的約定。在《墨西哥條約》終於公布之後約四個月，政府甚至以貪汙罪名逮捕墨西哥教師工會頭子——原本勢力滔天，沒有人能夠動得了的埃爾巴．艾斯特．葛迪羅（Elba Esther Gordillo）——讓她不能興風作浪。

在優先順位的選定上，潘尼亞．尼托也非常在行。為了增加每個人的信心，他把教育、勞工、銀行與電信產業這類三黨一致同意的改革方案擺在最前面，因為他認為，這樣做能讓「條約」在施行之初立即奏效，為難度比較高的方案培養氣勢。他也刻意將其他黨的優先項目擺在前面，之後再處理革命制度黨的項目。套用他自己的話說，這麼做能為墨西哥條約帶來「裝甲保護」。秩序縱橫交錯的改革方案讓每個黨都知道，除非每個人都能謹守計畫、按部就班，否則什麼事也辦不成——同時也讓每個人都相信不會有人在背後暗算你。

隨後發生的一次事件，讓潘尼亞．尼托的這個訊息更加明確，也使各黨在「條約」宣布之後繼續團結在一起。二〇一三年春，維拉克魯茲（Veracruz）省的革命制度黨官員，涉嫌在地方選舉前夕操控政府社會開支、謀取政治優勢。事發當時，潘尼亞．尼托正準備在翌日舉行的銀行業會議中宣布金融改革，馬迪洛在獲悉這項陰謀時，揚言抵制「條約」。潘尼亞．尼托於是取消他在這次會議中的演說，將涉案官員革職，並且在「條約」中附上國家行動黨擬定的附錄——根據這項附錄，當局要擴大任期限制以強化政治改革，要建立更有力的選舉監督機構，還要實施更嚴厲的競選活動法規。

＊＊＊

儘管付出這麼多心血，當潘尼亞．尼托在二〇一二年十二月二日公開宣布「條約」時，依然遭到猛烈抨擊。反對派之所以憤憤不平的原因，有一項就是它的訂定過程完全是黑箱作業。前國家行動黨財政部長、也是卡德隆盟友的參議員厄尼斯特．考迪洛

（Ernesto Cordero），在他的國會辦公室對我說，這項交易「用非民選領導人取代了國會」。他說，這種做法明顯不合法，「我的意思是，你們國家共和黨主席叫什麼名字，又有誰知道？」專欄作家、也是「開發研究中心」（Center of Research for Development）主任的路易斯．魯比奧（Luis Rubio）也有同感。魯比奧說，換成在美國，政黨領導人像這樣祕密談判會遭咒逐，「會使立國先父們在地下也無法安寧」。

在貪腐政客與權力掮客私相授受久已成風的國家，這類不滿確實能引起共鳴。但這項改革運動絕非許多批判人士的所謂「換湯不換藥」。此外，當我用考迪洛的說法向他請教時，桑布拉諾指出，《墨西哥條約》仍然必須經過墨西哥國會多次討論通過才能成為法律，讓國會議員有充分參與表態的機會。

同時，潘尼亞．尼托為化解反對阻力而作的妥協，也讓一些人懊惱不已。以最後定案的教育改革為例，就比許多改革派希望的弱，因為它授權教育當局重新分發表現不佳的教師，但不能開除他們。民主革命黨支持的一項稅改方案，也因政府不願惹怒墨西哥的富人與商界，無法做出妥協而胎死腹中。這項稅改方案主張提高企業與富人的稅率，設定個人減免額上限，將增值稅擴及邊界城市（過去幾屆政府都壓低稅率，以鼓勵美國人跨界採買）。

但儘管有這許多瑕疵──或者應該說，正因為有了這許多瑕疵──「條約」運作得出奇良好。當國會於二〇一三年初開會時，停火局面持續，墨西哥領導人放棄戰鬥，投入立法工作。在之後的一年半期間，他們一起合作，在教育、稅務、銀行、反壟斷、選舉，以及刑法與透明度標準等領域，通過八十五項影響深遠的改革（一般都在百分之八十的國會議員支持下通過）；為對抗在墨西哥迅速成長的糖尿病，他們甚至通過立法，增加對垃圾食品的關稅。想知道這些成就有多了不起，不妨想一想，如果美國國會也能一鼓作氣，同時通過移民、稅務、銀行與競選獻金改革，會是什麼樣子。而且不要忘了，墨西哥政黨之間的嫌怨，就算不比美國民主、共和兩黨之間的對立更嚴重，至少也不遑多讓。

不僅如此，墨西哥的這些改革有許多還得通過兩次：首先通過憲法修正案，之後再通過「次級」或「實施性」法案──這些事實使「條約」的成就更加令人佩服。

三個政黨還得克服來自墨西哥社會許多部分的頑抗，特別是在能源領域自由化問題上，面對的阻力尤其巨大。「條約」在這方面做了三件大事：它讓民營公司與墨西哥石油公司競標探勘與生產合約；它准許墨西哥石油與其他公司進行合資；讓電力供應商彼此競爭。能源改革還建立一項主權財富基金，處理石油收益，並且從墨西哥石油董事會中剔除工會代表，以改善墨西哥石油的管理結構。在大多數國家，進行讓能源產業接受市場力調控的能源改革似乎不是很稀奇。但在這個問題上，墨西哥不是大多數國家。早自拉薩羅．卡德納斯（Lázaro Cárdenas）總統於一九三八年將能源產業國有化以來，政府控制石油天然氣資源已經成為一種強大的國家尊嚴來源。對許多墨西哥人而言，特別是對民主革命黨——其創辦人是卡德納斯的兒子——黨員而言，維護國營事業的壟斷已經成為一種宗教似的信念。近年來，能源產業由國家控制以及欠缺競爭力會損傷整個國家，雖已成為愈來愈明顯的事實，但這種宗教似的信念在墨西哥仍然根深柢固。也因此，放鬆管控，甚至只是有限度放鬆——根據新法規，民營公司競標的只是「執照」而不是「特許」，換言之，它們可以擁有開採出來的石油，但地表下一切資源仍屬國家財產——在墨西哥也像是一場全面性的大革命。

＊＊＊

權宜結合的好處是，因此而結合的各造可以做單靠自己永遠做不到的事。但這種安排的問題是，它們一般無法持久。事實證明「條約」也不例外。二〇一三年十一月底，當石油改革法案提交表決時，民主革命黨宣布退出這項協議。桑布拉諾說，新法的改革深度超過他在二〇一二年談判過程中同意的範疇。但民主革命黨的退出事實上頗有建設性，正因為它的退出，其他比較重視市場力的政黨才能通過一項更加有效得多，但民主革命黨不可能接受的改革。而且儘管如此，在「條約」其他部分，民主革命黨仍繼續與革命制度黨、國家行動黨合作，通過各項法案。

潘尼亞．尼托於二〇一四年八月二十日，正式宣布《墨西哥條約》屆滿，但交易的結束並不表示它以失敗收場。設計這項交易的人一直就知道它的壽命有限。隨著二〇一五年期中選舉迫近，想保持團結會變得難上加難，條約設計人也根據這項判斷行事。努諾告訴我，「我們非常清楚，這條約頂多只有一年半或兩年的壽命。我們這麼快馬加鞭、忙著通過許多改革，原因就在這裡。」

更重要的是，雖說「條約」或許已經結束，它的改革在今後許多年應該對墨西哥仍有深遠影響，而且影響範疇不僅僅是經濟或法典而已。克里爾告訴我，「條約」已經創造一種「坐下來談並不是叛徒的新文化」。努諾說得更誇張，形容這項交易是「走向新墨西哥的第一步」。努諾解釋說，「在墨西哥條約以前，我們的政壇兩極化，政務停擺，與美國今天的政治非常近似。如今我們各政黨間的關係大不相同。」維迪賈雷也表示同意。他說，由於經歷這一切談判、交易與立法合作、信任與溝通，「政府與反對黨間的關係比過去任何時間都好」。「墨西哥條約」的參與人直到今天仍不時聚會，一起工作。維迪賈雷說，「墨西哥條約是一個團隊，就某種方式而言，它直到今天仍然如此。」

《墨西哥條約》雖然重要，但它的實際效應仍有幾個大問號。

首先，儘管有這許多立法成就，談到最棘手的工作——實際實施這些新法規——墨西哥政府仍只是剛起步而已，實際施行才是見真章的關鍵。誠如奧尼爾所說，「能把這許多東西都訂成法規頒布當然很好。但你能夠做到嗎？」斯塔爾也說，「墨西哥正在嘗試許多他們從未做過的東西，所以學習曲線會很陡峭。」不僅是政府面對考驗而已，斯塔爾告訴我：「他們正在為墨西哥商界訂定新遊戲規則，但那些業者早已習慣了舊規則。」

毫無疑問，有些改革不能收立竿見影之效。被改革惹毛了的一些企業決定什麼也不做，國內投資額遂在二〇一三年下挫。以瓦哈卡省為首的幾個貧窮省分，最初不肯實施新的強制教育標準。同時，其他許多改革也得花許多年功夫，才能在實質上改善墨西哥平民百姓的生活（百分之四十六的墨西哥人仍生活在貧困中）。事實上，墨西哥經濟在過去幾年確實走軟，不過造成這種現象的主因是油價下挫以及中國與其他地方的經濟成長放緩。能源價格持續走軟，也讓墨西哥在二〇一五年七月舉行的首次探油公開標場面冷清。

不過這些都不足驚怪。結構性改革的難處在於，它們的效益總需要花時間才能體現——大多數政界人士不願進行這樣的改革，原因就在這裡。也因此，舉例來說，墨西哥政府希望石油改革能吸引巨額投資、創造幾百萬個新就業機會、大幅增加油產、降低國內電價。但即使根據最樂觀的估計，也得等到二〇一八年、潘尼亞．尼托任內的最後一年，才有可能達到這些目標。

但若干轉跡已經開始出現。在招聘人員、建立規範機構，以執行新電信、經濟競爭與選舉法規的進程上，政府已有長足進展。政府還打破傳統，不像過去那樣任用政治親信、而起用沒有黨派色彩的技術官僚進入這些機構任職。更好的是，許多分析家認為經濟不需多久就能復甦。富蘭克林．坦伯頓投資（Franklin Templeton Investments）的一篇報告預測，《墨西哥條約》應能在短期內「鼓勵創意、幫助創業人取得貸款、增加關鍵領域的競爭力」。也因為這樣，世界銀行已經預測，墨西哥的國內生產毛額將在二〇一六年成長百分之三點二，在二〇一七年成長百分之三點五。

農業與小型企業貸款金額已經不斷增加。外資在二〇一三年暴增，在二〇一四年，墨西哥政府債券有史以來第一次獲得穆迪（Moody）信貸評級的「A」級。新增就業機會與其他重要指標也出現活絡跡象。來自美國的新油氣管已經運作。最後，以卡洛斯．

史林的電信壟斷為例，電信壟斷迫使墨西哥人必須負擔全球最昂貴的長途電話費。根據胡安·帕丁納的說法，墨西哥人「選總統的選項比選電話公司的選項還多」——正因為這樣，就算小小改善也能引發巨大震撼。二〇一四年年底，一家名不見經傳的手機供應商建了許多神祕告示牌，在墨西哥市傳得沸沸揚揚就是例證。這些告示牌上面寫著簡單但挑釁意味濃厚的幾個字：「Adiós Carlos!」（再見，卡洛斯！）

＊＊＊

儘管有許多進步跡象，《墨西哥條約》還面對一個更大的問題：即那些它沒有處理的問題。潘尼亞·尼托很早就做了決定，這項條約不以法治或墨西哥當前的安全問題為重點。經過卡德隆總統執政期間一連幾年的血腥歲月，潘尼亞·尼托在當選總統後，決定把施政重心以及世人矚目焦點轉向經濟。

事實證明，這麼做是一項重大誤判。整體來說，暴力事件仍然猖獗。儘管政府說兇殺案件在潘尼亞·尼托任期頭兩年間減少百分之二十九，警察與軍方也抓了幾名墨西哥最著名、最難抓的黑手黨頭子，但與毒品有關的死亡案件在某些地區愈來愈多，武裝自衛組織在幾個省已經出現，綁架與勒贖在全國各地持續升溫——當然，還有大毒梟喬奎因．「矮子」．古茲曼（Joaquín "El Chapo" Guzmán）也經由地道逃出墨西哥安全措施最嚴密的監獄。

此外，還有伊瓜拉（Iguala）恐怖事件。伊瓜拉位於貧窮、暴力事件頻傳的南方省分格雷洛（Guerrero）。二〇一四年九月二十六日夜晚，省內一所師範學校的四十三名左派學生出發前往一處抗議集會，之後集體失蹤。政府忙亂了許多天，一點頭緒也沒有。最後政府組織了巨型搜索行動，找出幾處與案情無關的集體墓穴，但沒有找到抗議學生。又隔了幾個月，當局宣布在附近一處河岸邊找到學生被火化的遺骸。據政府說，這些學生被貪汙警員與「聯合戰士」（Guerreros Unidos）幫的匪徒綁架、槍殺，最後毀屍滅跡。「聯合戰士」是伊瓜拉的販毒集團，是當時伊瓜拉市長夫婦的打手。市長夫婦似乎是擔心這群學生會到場鬧事，妨礙競選演說，於是下令黑幫打手將他們清除。

這件屠殺案確實令人髮指，但在墨西哥卻絕非史無先例。多年來，墨國這類事件層出不窮，不勝枚舉。據估計，自二〇〇七年以來，單是遭販毒集團殺害的人就有十萬之眾。但這件案子的案情實在太無恥——特別是因為案情顯示，伊瓜拉那些政客竟然與地方販毒黑幫沆瀣一氣。帕丁納告訴我，那就好像電影《教父》中那位黑手黨頭子維多．柯里昂（Vito Corleone）當了紐約市長一樣。政府反應又實在太笨拙，終於引爆眾怒。

一連幾個月，大規模反政府示威震撼全國。許多墨西哥人對有關案情的政府說法根本不予採信。

就在這場危機勢如鼎沸的緊要關頭，墨西哥媒體挖出更多對潘尼亞．尼托不利的壞消息：他的妻子透過一項不清不楚的交易，從一家政府包商處購得一棟價值七百萬美元的華廈，讓家人居住。沒多久，維迪賈雷也遭到類似指控。這些接二連三不斷揭發的黑幕，讓墨西哥民怨更加一發不可收拾，也讓墨西哥人明白想管好暴力與政府的貪贓枉法，這個國家還有漫漫長路要走。民怨繼續升溫，政府的一切經濟與政治成就可能因此毀於一旦。

面對這一切接踵而至的事件，潘尼亞．尼托的反應太過遲緩。不過，他終於也採取一些重要因應步驟。他改組內閣，解散地方警隊，將警員納入新成立的全國性機構以推動警政改革；建立全國性緊急熱線；保證提高政府合約作業的透明度；在格雷洛等貧窮省分建立專屬經濟區。他還推出憲法修正案，讓聯邦政府接管遭黑幫滲透的城市。潘尼亞．尼托隨即在二〇一五年督導建立一個新「國家反貪系統」（National Anticorruption System），由獨立檢察官全責打擊貪汙，並且規定公職人員必須宣布資產與潛在利益衝突。

不滿人士說他的這些措施勁道太小，也來得過遲。政府在經過調查後，宣布潘尼亞・尼托、他的妻子與維迪賈雷在購屋案上並無不法，也讓不滿人士質疑這項政府調查的公正性。他們的質疑可以理解，因為主持這項調查的官員就是由潘尼亞・尼托本人指定的。不過基於三個理由，墨西哥的前途仍然讓人樂觀。

首先，無論是貪腐指控或伊瓜拉屠殺慘案，都沒有損及《墨西哥條約》的主要政治成就：清除多年來的障礙，讓墨西哥政府重新運作。

其次，格雷洛省之所以發生如此慘劇，最根本的原因不是犯罪，不是毒品，而是貧窮。「條約」的經濟改革一旦走上正軌，應該能對這個問題造成巨大衝擊。

最後，儘管潘尼亞・尼托跌了許多跤，他仍有機會在二〇一八年任期屆滿以前站穩腳步。如果說，在過去幾年，這位總統與他在反對陣營中的夥伴為世人留下什麼印象，這印象就是，即使是最嚴厲的批判人士也不得不對他們的本領嘖嘖稱奇。帕丁納說，「許多人低估了潘尼亞・尼托，最先是低估他參選總統的能力，之後又低估他領導改革的能力。事實證明他們都錯了。現在他面對擔任總統以來最大的挑戰。但我們很有理由相信他能找出因應之道。」

＊＊＊

現在要問那個非問不可的問題了：其他國家能不能複製墨西哥治癒政治癱瘓症的藥方？

答案是，雖說事情不簡單，但阻撓政治運作的每一項障礙都是可以克服的。潘尼亞．尼托之所以能在當選總統之初達成這項交易，有些因素是墨西哥特有的。這類因素包括：當他當選時，沒有人對他有多大指望（他的政敵因此沒怎麼把他看在眼裡），他得票率不高（這迫使他妥協），還有三個黨都認清他們需要改革，也都了解一味阻撓只會讓他們在全國選戰中自取滅亡。此外，墨西哥的政治系統也讓黨的領導人對本黨議員享有相當緊密的控制權，讓黨的領導人能不需經過中低層黨員參與，逕行締交（不過自《墨西哥條約》的選舉改革通過以來，這項控制權已經減弱）。

墨西哥在另一關鍵上也很幸運。維迪賈雷告訴我，雖說政治學者不喜歡強調個人角色，「但人確實很重要，我們何其有幸，能有赫蘇斯．奧蒂嘉、赫蘇斯．桑布拉諾、桑提雅各．克里爾與古斯塔夫．馬迪洛這樣的人主政」。這幾位領導人都有超人一等的能力，善於認清現實，直接面對，以最負責的方式處理問題。維迪賈雷說，「如果換了另一群領導人，就算基本走勢一樣，我們仍極有可能出現大不相同的結局。」克里爾也有同感：「我不是說我與眾不同，也不是說任何人與眾不同。但這個團體與眾不同。」

但就大多數方式而言，墨西哥的政治系統一點也不特出。誠如努諾等人所說，在最後走上談判桌以前，民主與共和兩黨在美國的政爭，並不比造成墨西哥政黨分裂的政爭更兇殘。其他因政黨相爭而陷於政治癱瘓的國家，如以色列、印度或義大利等等，情況也一樣。同時，雖說墨西哥因危機所迫不得不採取行動，這種危機意識也同樣一點都不稀奇；近年來，類似大難當頭的緊急意識同樣出現在歐洲、美國與大多數新興市場。這一切都顯示，許多目前陷於政治癱瘓的國家確實可以效法墨西哥的範例——要靜悄悄地談，要忍痛妥協，政治領導人要願意冒險與信守承諾，最重要的是，要認清「零和」政治成不了任何事。

特別是，誠如帕丁納所說，墨西哥的故事還有另一項重要道德意義。當我問他，依他之見，墨西哥能為其他國家帶來什麼關鍵教訓時，他沉思片刻說了兩個字：「希望。」

他告訴我，「如果你問墨西哥的平民百姓，或甚至問那些參與這項條約談判的人，換成在幾年以前，他們相不相信這樣的事會在這裡出現，他們會說不相信。我們已經沮喪了十五年。但我們的教訓是，不可能的事可以成真。它確實成真了。有時你真的能在沙漠中央找到水。」

第十章

自己動手保衛自己

紐約市以及權宜的藝術

墨西哥的故事給我們的另一教訓是，政府想處理造成政務癱瘓的問題，最好的辦法就是破解癱瘓。

這是可想而知的。解決問題最好的辦法就是針對問題直接下手，這一點非常明顯。不過，有時想這樣做根本辦不到。美國功能失調的聯邦政府，呈現的就是這個例子。想從美國的國家決策架構中，摘除讓它病得不輕的各式各樣黨派營私與自我交易，你得建立新標準，設定新法規，開創新治理操守。然後，願上帝保佑你——你還得在兩黨尋找願意合作的夥伴。

面對這類問題的領導人，往往不能等待這些條件一一成真。他們沒有達成理想解決辦法的時間；問題現在就得解決。換言之，他們需要一種權宜之術。

二〇〇一年九月十一日，紐約市就非常慘烈地面對這一種狀況。

在幾架飛機從藍天直墜而下幾分鐘以後，亂成一團的官員開始忙著了解狀況。甚至在火場餘燼未熄之際，對許多不同的人而言，九一一已經有許多不同的意義。美國遭到攻擊，已經處在戰爭狀態。兩大洋不再能保護美國。美國的外交政策可能導致、而且已在片刻前造成始料未及的可怕後果。伊斯蘭恐怖主義比大多數美國人理解的都更加嚴重。

麥克·彭博（Michael Bloomberg）——當時正在競選紐約市市長的媒體大亨與慈善家（他在兩個月後當選）——很了解這一切。但甚至在還沒有贏得十一月舉行的這次市長選舉以前，他已經得出另外兩項悲觀的結論。

第一項是，他即將接掌的這個城市——這個有全球著名的紀念碑、有成群觀光客、有巨大密集人口、有成千玻璃帷幕大樓、有許多老舊橋梁與隧道的城市——對「基地」組織而言，是個特別令人垂涎的攻擊目標。而且專家已經提出警告，「基地」組織還繼續盯著這個城市。

彭博的第二項結論更令人擔憂：紐約市不能倚賴其他任何人保護它。聯邦政府不能運作；它已經讓這個城市失望過一次，看來這一次情況也不會有什麼不同。紐約州首府、貪腐惡名遠播的州議會所在地阿伯尼（Albany）更加不可靠。新總統喬治．布希（George W. Bush）是哈佛大學企管碩士，在競選時曾以管理長才為標榜。但上任才九個月，布希政府已經充分暴露其無能，特別是在國家安全問題上尤其如此（更糟的事還在後面）。舉例來說，在九一一事件發生前幾個月，即將卸任的柯林頓政府官員曾提出明確警告，說中東恐怖份子即將對美國發動攻擊，但布希與他的首席顧問們不以為意。

不過布希不是紐約市唯一的問題；美國的立法部門也讓紐約市失望。九一一調查委員會後來達成結論說，恐怖攻擊發動之前幾年，國會因為整天忙著黨派之爭，「無暇為行政官署提供指導，沒有以任何有意義的方式進行改革，也沒有對（情報機構）進行有系統的監督」。

在無人監管的情況下，中央情報局（CIA）、聯邦調查局（FBI）等情報機構的表現拙劣不堪。例如，聯邦調查局鳳凰城分局曾在二〇〇一年七月的備忘錄中提出警告說，「基地」組織的恐怖份子正在美國飛行學校上課，但聯邦調查局沒把這項警告當一回事。

當彭博準備接掌紐約市時，所有這些問題都在他腦海裡打轉，而得出的結論讓人很不快。誠如他日後所說，紐約市進入一個更加暴力的新紀元，卻不能指望華府「率騎兵隊馳援」。不僅如此，紐約市還得避開聯邦政府，做一些現代美國城市沒做過的事：想辦法靠自己的力量保衛自己。

這麼做意味全面改寫許多規則，包括市長職責的定義。舊有的分工——市政廳只管學校與收垃圾等地方議題，國防與外交這類大事由華府來做——已經結束。紐約市需要一整套新治理典範。

這是一項極度艱巨、讓人膽戰心驚的挑戰。但以狂傲不馴著稱的彭博，在步入政壇以前已經白手起家、建了一個億萬美元的媒體帝國，對他而言，應付這樣的挑戰早已司空見慣。

此外，他也別無選擇。

＊＊＊

可想而知，彭博的第一項要務就是如何加強紐約市薄弱的警力，保護它轄下五大區的八百萬居民。甚至在二〇〇二年一月一日就職以前，他已經開始物色一名能幫他維持紐約市治安的警察人選。

彭博只花了幾天就找到他要的人。雷蒙．凱利（Raymond Kelly）是紐約市警察局職業警官，對警察業務與紐約市狀況瞭若指掌。凱利是牛奶商之子，早在警校念書時已經加入紐約市警局，而且一路升遷。他就連長相也像個警察：越戰退伍的他，站立時挺得像枝標槍，有著舉重選手的身材，一頭銀白色短髮，還有黑社會老電影裡面常見的那種硬漢臉容。

凱利早於一九九二年，就在大衛．丁金斯（David Dinkins）市長任期即將結束時，第一次當上紐約市警局局長，但之後他以比爾．柯林頓（Bill Clinton）政府財政部次長的身分主持美國海關，負責監督特勤局及菸酒與槍械管理局。凱利活用他在華府的這幾年時間，與華府一些最有權勢的人物建立親密關係。他也從這段經驗中了解美國首都是怎麼運作的——更重要的是，了解它為什麼無法運作。凱利最近告訴我，「我曾經就近觀察聯邦政府，發現它非常遲鈍；它不動。」當他重返紐約市警局，擔任紐約大學都市學教授米契爾．摩斯（Mitchell Moss）所謂紐約市的「國防部長、中情局局長與……首席建築師都加在一起」時，這項有關華府的認知發揮了關鍵性作用。

摩斯這樣的比喻或許有些誇張，但它其實還沒有充分說明凱利與彭博所面對挑戰的複雜性。首先是資源問題。兩人都已經看出紐約市現在是站在最前面的尖兵。彭博怒不可遏地說，「聯邦政府沒有站在前方，而是縮成一團躲在房間一角。」但在保衛紐約市的工作上打頭陣，價格非常昂貴。特別是九一一不僅在實體與心理上，還在財務上重創紐約市。這波恐怖攻擊以及之後造成的恐慌，使工人與企業紛紛逃往郊區，讓紐約市損失約十四萬個工作機會。二〇〇二年，紐約市審計官估計紐約市經濟損失總額約在八百三十億到九百五十億美元之間；一年後，紐約市遭遇它三十年來最大的預算赤字。

其次，儘管恐懼氣氛充塞每一個角落，新政府對於它究竟面對什麼威脅幾乎一無所知。在回到警察局長的老崗位時，凱利很失望地發現警察局實際上是在抓瞎。他事後回憶說，「局裡的警察不知道我們自己的城市裡發生了什麼事，更別說世上其他地方發生什麼了事」。

之所以造成這種困惑，主要歸咎於美國的情報部門。這個部門就連對自己內部的官僚都以吝於情報分享著稱，更別指望它們會與地方警察分享情報。在九一一攻擊過後沒多久，當時擔任紐約市市長的魯道夫．朱利安尼（Rudolph Giuliani），派了一組紐約市警察局警探前往華府蒐集情報。但中央情報局與聯邦調查局對這些警探大玩拖延閃躲遊戲，迫使他們沒多久就兩手空空，返回紐約。

這個問題的另一部分是內部問題。紐約市對恐怖主義並不陌生；儘管今天仍然記得的人或許已經不多，伊斯蘭極端主義者曾經在之前攻擊過世界貿易中心。一九九三年二月，他們在世貿北塔（North Tower）引爆一枚炸彈，造成六死千餘人受傷的慘劇。這次攻擊曾迫使朱利安尼政府採取行動，加強市政府當局的災難應變能力。但就像克里斯多福・迪基（Christopher Dickey）在他所著《保衛城市》（*Securing the City*）書中所說，「紐約市執法機構一直以來就認定，阻止恐怖攻擊非他們力所能及，基本上是『三個字母』那批傢伙的工作」。警察所謂「三個字母」指的是中央情報局（CIA）、聯邦調查局（FBI）與國家安全局（NSA）。迪基在書中說，「警察會挖苦FBI是『Famous But Incompetent』（名聲響亮但無能），但似乎只有這些無能的傢伙才擁有對付外來威脅的資源與方向」。

由於這種心態，在二〇〇一年年底，實際負責紐約市些許反恐工作的，是一個叫做「反恐聯合特遣隊」（Joint Terrorism Task Force, JTTF）的組織。理論上這是聯邦調查局與紐約市警察局合作的編組，但事實上反恐聯合特遣隊既不「聯合」，也無「合作」可言。聯邦調查局全面支配派到這個單位的少數市警局警探，讓他們做一些次要、甚至僕役般的工作。根據約翰・傑刑事司法學院（John Jay College of Criminal Justice）前院長湯瑪斯・里佩多（Thomas Reppetto）的說法，「聯邦調查局在獲得一項潛在威脅的情報時，會將情報嚴守祕密，不准聯合特遣隊裡的市警局警探向其上司提報。」當聯邦調查局難得一次與紐約市警局分享情報時，總是時間過遲。有一次，反恐聯合特遣隊從一名恐怖份子嫌犯手中搶下一台電腦，裡面藏了許多基地組織針對紐約市行動計畫的線索。但聯邦調查局把這個檔案押了六個星期，把紐約市警局完全蒙在鼓裡——在反恐這一行，六個星期不啻一輩子。

＊＊＊

彭博與凱利決心改變這一切，而且要盡可能地快。但面對無論在權力與財政資源上都比紐約市大太多的聯邦政府，紐約市又能做些什麼？再怎麼說，聯邦情報機構每年預算五百億美元，約為紐約市警局總預算的十倍，而且單是中央情報局就雇了十萬人，是紐約市警隊人力的兩倍還不止。

雖說人力與裝備皆不如人，凱利仍決定一捋虎鬚。他找了一位以強悍出名、叫做菲爾．普拉斯基（Phil Pulaski）的警長，帶了一百名警員浩浩蕩蕩開到反恐聯合特遣隊。凱利事後告訴我，普拉斯基這隊人馬的工作就是「威迫」聯合特遣隊，以全面取用聯邦調查局可能擁有的一切情資。凱利的咄咄強勢再加上普拉斯基的手段——他在抵達聯合特遣隊總部時，立即宣布自己是新老大——果然讓聯邦調查局氣得暴跳如雷，還派了一名助理局長到凱利的辦公室表達不滿。不過讓幾乎每個人都嘖嘖稱奇的是，這一招確實有效，警探很快就將各式各樣新情報送回警局。

但這些情報儘管珍貴，卻不能解決紐約市的問題。聯邦調查局本身的反恐情報就不周全，在九一一之前幾個月還錯失了無數線索，僅僅知道聯邦調查局已經知道的還不足以保護這個城市。所以彭博與凱利決定建立自己的情報網與反恐架構。

紐約市警局當時已經有一個叫做「情報組」的單位。不過，雖說名目響亮，這卻是一個不做任何反恐工作的冷單位。凱利嘲笑說，它只是一種「護送服務」，每天就是領著來訪貴賓在市內打轉。其他許多警察也戲稱，情報組的工作就是替貴賓拎外套。

為了將情報組轉型為一個真正蒐集情報的單位，凱利找上大衛・柯恩（David Cohen）。柯恩也像凱利一樣了解聯邦政府運作，但與凱利不一樣的是，他對諜報與反恐工作也瞭若指掌。柯恩看起來不像詹姆士・龐德（甚至不像龐德的老闆M），比較像一名戴眼鏡的會計師。儘管外表不很驚人，這位滿嘴髒話的波士頓人在中情局任職三十五年，做過中情局分析長與諜報長，是中情局史上身兼這兩項要職的唯一一人。之後柯恩離開中情局，在紐約市警局擔任分局長，與凱利邂逅。

只比凱利晚幾天上任的柯恩，立即展開工作。他事後回憶，「那情況就像是在賽車場上為賽車換胎一樣」。柯恩憑藉他的中情局背景，建立了一個分析單位，用了幾名常春藤盟校的畢業青年，一名前最高法院書記，與一些從國務院、聯合國、世界銀行與華爾街出走的人士當分析員。這些分析員的工作類似內部智囊，幫助街頭警察解讀伊斯蘭教習俗與部落文化。柯恩還建立幾個單位，專責追蹤可疑的金錢動向，研讀外國媒體，搜尋聖戰團夥的聊天室。他派遣警探滲透可疑的激進份子混跡場所。他還展開一項叫做「關係行動」（Operation Nexus）的作業，對恐怖份子可能找上門的地方企業——從化學藥品批發商到廢品清理場、到水中呼吸器商品店——進行跟監，並為這些企業提供建議。

柯恩的部門最後僱用了約六百人。為輔助這個部門，凱利還建了一個全新的反恐局（Counterterrorism Bureau），由前陸戰隊將領法蘭克．李布蒂（Frank Libutti）擔任局長。如果柯恩的情報組是紐約市的迷你中情局，李布蒂的反恐局就是紐約市的國土安全部（DHS）。反恐局有一個未來主義色彩濃厚的總部——裡面有閃爍的電子地圖、跑馬燈新聞、以及許多播放阿拉伯語電視廣播串流節目的巨型螢幕——專責威脅評估：找出紐約市地標、公用與私營建築物及基礎設施的弱點，並加以強化。「自由塔」（Freedom Tower）正是由於反恐局提出有關安全顧慮的反對，而被迫重新設計。反恐局並為市、州以及聯邦官員提供定期訓練，在地鐵入口實施手提袋檢查。為了讓恐怖份子措不及防，讓他們無法順利對計劃下手的目標進行監測，或只為了震攝他們、讓他們不敢輕舉妄動，反恐局還派出「海克力斯小組」（Hercules Team）——全幅裝甲，攜帶自動武器的精銳警隊——乘坐黑色休旅車，對帝國大廈、時代廣場或哥倫布圓環這類地點進行突檢。

＊＊＊

不過，要將全美最大的警察局轉型為莉蒂亞·哈利勒（Lydia Khalil）所謂「半智庫、半警署、半民兵的組織」（卡利爾在開羅出生，在柯恩的分析單位擔任資深分析員），需要市政廳與紐約市警局總部人員在工作態度上進行巨幅調適。畢竟，市警局的傳統工作重點只是在犯罪事件發生後進行調查。在二〇一四年繼凱利出任局長的威廉·布拉頓（William Bratton）曾說，「三十年來，我們成功與否的評估標準……一般就是抓了多少人犯，接了多少通緊急求救電話，以及我們的反應有多快等等」。紐約市警局與其他警局不管嚇阻，那是法院與監獄的事；不管外國威脅的辨識，那是情報機構的事。甚至是一九九三年世貿中心爆炸案這類恐怖攻擊事件，也被視為孤立事件加以處理。

彭博與凱利基於許多理由，把這一切傳統做法完全拋開。但這麼做也有很大風險。首先是選區權責方面的風險。由於紐約市的資源有限，每調一名員警加入反恐，處理一般性犯罪的警力就會減少一分。這種人力上的轉變如果導致搶劫、暴力或其他街頭犯行升高，彭博的實驗與他的市長任期都有可能嘎然而止。事實證明，在朱利安尼市長任內創下最低紀錄的一般犯罪，在彭博任內繼續下降。

彭博雖說有錢有勢，但他忽略、蔑視華府的習性仍然在政治上極具風險。他與凱利接管一個又一個傳統屬於聯邦政府的工作，卻從未向任何人請准。二〇〇二年，紐約市警局決定開城市警察局先例，派遣警官前往海外，更將他這種行事風格（與它的危險性），發揮得淋漓盡致。經過彭博首肯，但在未與國務院或任何其他聯邦機構相商、甚至連提都不提的情況下，凱利先後派遣警探往訪從阿布達比到巴黎、新加坡、聖多明哥等十一個外國城市。許多年來，紐約市警察還訪問了阿富汗、印度、巴基斯坦、菲律賓、俄羅斯與土耳其，並參訪了古巴關塔那摩灣（Guantánamo Bay）的美國監獄。這些警官在抵達外國城市後，總是立即投入地方警局，與在地員警廝混，建立「條子對條子」的親密關係，以便一旦這些城市遇襲，他們才能迅速取用關鍵資料。

這是挑釁意味極其濃厚的行動——理由很多，其中一項是聯邦調查局已經在海外駐有本身人員。可想而知，聯邦調查局官員在獲知這項新政策以後，氣得採取行動，阻止其他美國城市向紐約市學樣。不過，聯邦調查局一直未能阻止紐約市。曾有一名高級警官告訴《紐約客》的威廉·芬尼根（William Finnegan），「雷蒙·凱利一旦決定做什麼，你以為華府有人夠種到對他說他不能做嗎？」

凱利做出的成果也讓聯邦機構難以辯駁。當恐怖份子於二〇〇四年在馬德里鐵路系統引爆四枚炸彈時，紐約市派出的一名警官在事發後不到十八小時已經趕抵現場，讓紐約市警局當天就修訂了自己的保安規定。同樣地，當倫敦地鐵翌年遭到攻擊時，一名紐約市警探由於已經在地鐵上，能將炸彈客使用的戰術與方法立即傳回紐約，讓紐約迅速更正本身的安全防範措施。

這樣的成功，使聯邦官員頂多只能發發牢騷，事實證明，紐約市也從未因這些挑釁受到聯邦當局任何直接懲罰。不過它當然也不能為紐約市買來華府的任何善意。九一一事件讓美國政府忙成一團。事件過後，國會不斷舉行聽證會，最後改組了美國情報系統。布希發動「全球反恐戰」（Global War on Terror），進軍阿富汗與伊拉克，大幅增加美國在海外的軍事行動，以及在國內外的情報蒐集活動。儘管如此，華府似乎一直沒有特別盡力直接幫助紐約——至少這是彭博政府的看法。

除了缺乏情報共享機制以外，紐約市當局最不滿的是經費。彭博的許多撥款要求都遭到拒絕。就算華府終於決定撥款，由於貪汙與國會以選區決定撥款金額的系統，紐約市分到的經費也總是不足，其他比較封閉的城市得到的經費卻經常多得花不完。以二〇〇四年為例，華府給懷俄明州的撥款，以人均金額而言是紐約市的七倍。在二〇〇六年，國會還將撥給紐約市的反恐補助減少約四成，另一方面卻將撥給內布拉斯加州奧馬哈這類城市的補助增加了四成。凱利在那一年憤憤不平地說，「我們幾乎仍在自費保護這個城市。」凱利這話嚴格說來雖不精確，但也不太離譜。

華府雖說為彭博政府帶來許多挫折，但彭博與凱利這種義無反顧、勇往直前的做法，也有一些強有力的優勢。

速度是其中一項重要優勢。由於無須與任何人協商，彭博政府可以迅速作成與執行決定。柯恩說，他在數十年的政府工作中，從未經歷過這麼小的「情報與行動間的氣隙」。綠扁帽（Green Beret）特戰隊出身、在二〇〇三年六月繼李布蒂出任反恐局局長的麥克・席漢（Michael Sheehan）也曾說，他這段時間在紐約市的工作，步調不像是在聯邦官僚機構，更像是在特戰隊。席漢以紐約市警局決定派警官出國一事為例說明這一點。柯恩在一次每天上午八點的例會中，向凱利提出這個構想。凱利當時說，這像是個好點子。之後這個話題未再提起。直到兩週以後，主管情報的柯恩認為自己在採取這樣重大的行動以前需要確認，於是再次向凱利提出這件事。凱利立即有些不耐煩地說，「我們不是已經討論過這個問題了嗎？你的警探什麼時候才能到倫敦？」（那名警探三天後到了倫敦）

紐約市獨斷獨行的做法還有一項巨大優勢，就是它沒有繁瑣的官僚作業——這項優勢，在其與聯邦政府聘用政策的差異中充分顯露。美國情報機構之所以錯失九一一發生以前出現的眾多線索，最主要的原因之一是看不懂這些線索。在九一一事件發生前幾年，聯邦調查局由於雇用的雙語工作人員實在太少，蒐集到的阿拉伯語錄音情資大約有三分之一來不及翻譯。其中包括二〇〇一年九月十日錄到的一段對話。在這段對話中，一名「基地」份子對他的同夥說，「明天要行動了。」

紐約市警察局的規則大不相同。許多年來，紐約市警察局一直是族裔大熔爐的紐約市移民社會的標竿重鎮。九一一過後，凱利將紐約市警局已經很濃厚的這個特性進一步發揚光大：他從所有新進員工中找出具備雙語技巧、願意以祕密身分工作的人，還在外文報紙中刊登求才廣告。凱利告訴我，結果是「我們找到一些來自喀拉蚩後街、能說當地方言的人」。到二〇〇二年，紐約市警隊擁有六十名阿拉伯語流利的警員，聯邦調查局直到三年以後才擁有約半數這樣的人才。到二〇〇九年，根據員工資料，紐約市警局擁有能說五十六種語言——包括孟加拉（Bengali）、達里（Dari）、波斯（Farsi）、福建話、印地（Hindi）、普什圖（Pashto）、旁遮普（Punjabi）、俄語與烏爾都語（Urdu）——的一千六百九十七名語言專家。就連聯邦官員都不得不承認，紐約市在這方面的成就確實高人一等：在過去十五年，聯邦調查局、中央情報局、特勤局（Secret Service）與國防情報局（Defense Intelligence Agency），都曾先後在外國語言與文化問題上向紐約市求助。

不出幾年功夫，彭博政府憑藉這一切資產與創意，創造了一種蘭德公司的反恐專家布萊恩・麥克・詹金斯（Brian Michael Jenkins）所謂「應該做為全國各地榜樣」、走在「時代尖端」的保安作業。彭博與凱利確實也多次撈過界，他們的一些創意也曾引發激烈爭議——不僅聯邦官署對他們不滿，紐約市警察局嚴厲監控紐約市穆斯林社區與清真寺的做法，也讓少數族裔與民權自由團體怨聲載道。情報組有一項名聲最臭的專案，是派遣便衣警探在穆斯林社區的餐館、商店與清真寺進行監聽。這項惹來數不清民怨，卻連一條具體線索也沒得到的專案，已於不久前喊停。

雖說有許多爭議，彭博與凱利仍然自豪地說，在他們主政期間，紐約市至少破獲了十六起已經確認的攻擊事件，還可能有更多他們不知道的。儘管有人對這些數字提出異議，但事實是，在彭博擔任市長期間，紐約市沒有讓恐怖份子的後續攻擊行動得逞過一次：在九一一過後那段人心惶惶的歲月，幾乎沒有人相信政府能辦到這一點。

＊＊＊

彭博政府在三屆任期期間，運用權宜之術繞過障礙，解決政府停擺危機，再造紐約市警察局——它那些多采多姿的警察、軍人與間諜，那些重武器，那些國際牽扯，那些高科技情報工作——是這種權宜之術最具戲劇性的例子，但絕不是獨一無二的例子。華府與阿伯尼的停擺直接造成、或因不加聞問而間接造成一堆紐約市必須處理的問題。雖說彭博也抱怨不已，但單只是抱怨並非選項。他就經常提醒社會大眾，州與聯邦政界人士有時間爭執不休，但「這個國家的市長們仍得應付現實世界」。

彭博與紐約市處理了許多問題，其中有三項的抱負尤其恢宏。

第一項是氣候變化。在正常狀況下——也就是說，當政府做政府應該做的事時——保衛環境這類工作最好留待國家當局處理。因為只有國家當局才有足夠的人力與物力，全面應付如此規模的問題。但由於紐約市多雨、地勢又低，對氣候議題特別敏感，彭博政府終於忍受不了華府牛步化的動作，決定自己動手。根據一項叫做「紐約市計畫」（PlaNYC）的專案，紐約市展開一百二十七個項目，以增加城市彈性，降低溫室氣體排放。為達到在二〇三〇年將碳排放減少百分之三十的目標，「紐約市計畫」對市內建築物、計程車與垃圾車實施嚴厲的保育與節能新法規；它提出一項類似倫敦實施的「車輛入城費」計畫，以增加收費的方式，減少進入曼哈頓排放廢氣的車輛；還準備在遭汙染的紐約港放養能夠吃下水道廢物的軟體動物等。在之後幾年，一些比較奧妙難解的計畫基於後勤困難，或撤銷或停擺（不過軟體動物那項計畫不在其中）。到二〇一四年，以二十三年為期的「紐約市計畫」展開不過才七年，已經有相當驚人的進展，碳排放降低幾近百分之二十，二氧化硫汙染度降低百分之六十九，建了三百多英哩新自行車專用道，種了近一百萬株新樹。這些作為沒有一樣能拯救這個世界，但紐約市盡了它一份力量。

接下來是基礎建設營造：這是又一項傳統上屬於國家級政府的工作。在二十世紀，美國的大型營造工程絕大多數都由聯邦政府出資委建。以紐約市為例，兩座機場、羅斯福大道、林肯隧道、三區大橋（Triborough，現改名為羅伯特．甘迺迪大橋）等，都是由華府出資或背書委建。但近年來，國會兩黨爭戰不休，加以對削支問題提出的解決辦法太差、太短視，這種一度讓美國引以為傲的傳統已經奄奄一息。因此，當彭博政府在二〇〇七年決定將七號地鐵線延長，以改善通往哈德森場（Hudson Yards，計畫中位於曼哈頓西區的商業與住宅區）的交通時，它根本連向人求助這一層麻煩都省了。當時主持這項工程的副市長丹・多克托洛夫（Dan Doctoroff）向我解釋，當年紐約市政府的想法是：「我們知道不可能從聯邦政府那裡請到任何款項，如果真想在西區做點什麼，就得完全靠自己。」就這樣，儘管這是一項耗資三十億美元的巨型工程，紐約市依然自行動手做。據紐約大學教授摩斯說，如果市政府當年想向上層請款，這項地鐵線延長工程會「死得很徹底」。唯一的選項就是靠自己。這條新地鐵線已經在二〇一五年九月開放通車。

紐約市甚至在更難纏的高等教育這一塊，也闖入傳統聯邦領域。就像美國的公路、橋梁、機場與隧道一樣，美國大多數的大型州立大學與一些最優秀的私校，都是華府出資創辦的。甚至紐約的所謂市立大學也不是市政府辦的。它是由阿伯尼當局創辦，直到今天大部分經費來源仍是州政府。

但在二〇〇八年，「大衰退」造成重創——紐約市在十五個月間失去三萬六千個華爾街工作與二十億美元稅款——彭博政府決定需要採取行動，讓紐約市過度仰仗金融業的經濟走上多元化。在與三百多名執行長與眾多專家磋商後，紐約市的經濟開發公司（Economic Development Corporation, EDC）判定，要降低對銀行家的依賴，最好的辦法就是讓紐約市成為高科技創意天堂。根據經濟開發公司評估，想建立這樣的天堂，最好的辦法就是在本地訓練一整代新工程師與其他技術人員。就這樣，紐約市在二〇一〇年推出紐約市應用科學行動方案（Applied Sciences NYC initiative）：在紐約市建幾座「科技工數」（STEM，科學、技術、工程與數學）新園區的一種競賽。為汲取紐約市的規模、財富與聲望，世上最頂尖的二十七所大學爭相報名。經過多回合嚴厲的評選過程，彭博政府選出四所大學。

不出幾年，這些項目開始為紐約市的教育景觀帶來革命性變化。卡內基美隆大學（Carnegie Mellon）在布魯克林海軍造船廠（Brooklyn Navy Yard），建立一座數位媒體新中心。以紐約大學為首的一個國際財團，成員還包括位於孟買的菁英學府印度理工學院（Indian Institute of Technology），在布魯克林市區建立了都市科學與進步中心（Center for Urban Science and Progress）。在位於曼哈頓與皇后區之間、羅斯福島（Roosevelt Island）那片未經使用的土地上，康乃爾大學（Cornell University）與以色列的理工學院（Technion Institute of Technology）也興建一座應用媒體、健康與工程研究的大校區。

經濟開發公司預測，這些案子能在短期間創造數以萬計的建築工就業機會，一旦完成，能將紐約市工程科系的畢業生人數增加百分之一百二十。這是一次巨型躍進，一定可以像彭博政府期待的那樣，將紐約轉型為像舊金山與波士頓那樣的創業科研中心。

＊＊＊

如果說一個普通城市在普通狀況下，採取無論是警察、氣候、基礎建設或高等教育之中任何一項行動，都讓人難以想像。但當然，紐約市從來不是一個普通城市，它這十五年來面對的狀況也絕非尋常。但這並不能說明彭博與他的團隊是如何能辦到他們達成的一切。有意效法的領導人得更進一步，仔細觀察他們使用的戰術才行。

根據多克托洛夫的說法，彭博的第一個祕訣是，他憑本能知道，避免向州或聯邦政府求助，不僅通常有必要，還往往是比較好的做法。想讓阿巴尼當局或國會做有建設性的事實在太難，有鑒於這樣的援助不會來，要求援助只會造成一項計畫的無限期擱置。彭博發現，乾脆不靠它們自己動手，情況還好得多。紐約市的反恐實驗與七號地鐵線延長案的成功，都證明了這種做法的智慧；如果紐約市當年透過正常管道要求撥款，這些項目很可能直到如今還在等候上面回覆。

當然，大多數城市今天仍然指望首都或華府能幫它們：因為似乎只有國家當局才有從事真正大工程的資源。但彭博發現事情未必都是這樣；有時必要手段在別處也能找到。不過自己動手仍然極其艱辛，還得另有一些巧招才能成事。

首先，你必須在尋找新財源這方面非常有創意。在主持紐約市政務十餘年間，彭博政府鍛鍊出一套了不起的、與慈善人士及民營企業合作的技巧。市政府說服史汀（Sting）與大衛・洛克斐勒（David Rockefeller）這些有錢人，讓他們捐款種植百萬株新樹就是例證。它還勸使非營利組織「紐約市警察基金會」（New York City Police Foundation），為派駐海外的警探負擔生活費。在慈善捐助不足以解決問題的情況下，彭博政府變得更有創意。為籌措七號地鐵線延長工程的經費，多克托洛夫發明一套複雜而且嶄新的特定地區債券，用哈德森場開發以後的稅收做擔保。在大規模教育行動上，紐約市政府表現得也同樣老謀深算。前經濟開發公司負責人塞斯・平斯基（Seth Pinsky）告訴我，「與今天在新加坡或杜拜這些地方建立的大多數新校區不一樣的是，紐約市建的新校區絕大部分成本由大學本身負擔。」即使餘下的那些少數，主要經費來源也不是市府。舉例來說，為說服哥倫比亞大學投資八千萬美元建造新資料中心，彭博政府提供哥大一千五百萬美元的優惠，不過這些補助是以廉價租用市建築物、特價電費與貸款豁免等形式為之，不是現金補助。市政府確實也保證為新康乃爾科研中心提供一億美元的基礎設施改善經費，但與這項專案二十億美元的總工程款相比，一億美元只是區區之數。

當然，想找出有創意的解決辦法，你需要非常有創意的人。彭博之所以成功的另一關鍵是，他能結合許多非常優秀、能跳脫傳統窠臼思考與行動的人。他無論要做什麼事，總是先找最佳人選，而且很少考慮這些人選是否具備傳統資歷。舉例說，當凱利把柯恩、李布蒂、席漢帶進警局時，三人都沒有警務經驗，但都具備其他對紐約市極有助益的長才。投資銀行家多克托洛夫的情況也一樣。在彭博於二〇〇一年聘用他以前，他從未參與過城市政治。類似例子還有很多，但也包括卡西・布萊克（Cathie Black）等一些失敗的例子。布萊克原為媒體主管，彭博於二〇一一年任命她為紐約市教育局長，但上任不過數月就被迫辭職。

當然，一旦用了適當的人，你得讓他們盡情發揮，讓他們繼續幫你。這件事看似簡單，實則不易。只要曾經在政府工作過的人都會告訴你，浸淫在不良的管理、繁瑣的官僚與因循苟且之中（薪酬高也未必幫得上忙），就算最敏捷的人也會很快銳氣盡失。

彭博大體上避開了這些問題，因為他讓部屬享有大得不尋常的授權，鼓勵他們往大處思考，一旦部屬遭遇重挫，也為他們提供堅決後盾。多年下來，紐約市政府多項極具抱負的計畫受挫，有時還敗得很慘。「車輛入城費」方案遭阿巴尼當局封殺，彭博爭取在紐約主辦奧運、在曼哈頓西區建新體育館，以及禁止大杯加糖飲品銷售的計畫也敗得轟轟烈烈。但他支持這些計畫，也認為它們的準備與執行都做得很好，也因此，彭博沒有因計畫失敗而將任何人革職。

為說明這一點，多克托洛夫向我說明在紐約市爭取興建新體育館期間，這項計畫如何遭到光電視覺公司（Cablevision）的激烈反對。光電視覺公司是紐約市兩大有線電視供應商之一，也是麥迪森廣場花園（Madison Square Garden）體育館的老闆——這當然不是巧合。二〇〇五年，就在彭博競選連任時，光電視覺公司開始大打廣告反對這項計畫，譴責市長。眼見事情愈演愈醜陋，多克托洛夫只得找上老闆，表示應該放棄整個計畫，因為沒有必要為了一座體育館付出敗選的代價。多克托洛夫回憶說，彭博「當時露出一臉我從未見過的怒容對我說，『我不要聽你再說這樣的話。我們一起投入這件事，而且這是應該做的事，所以不管怎麼樣，我們要繼續做下去。』兩個月以後，案子失敗，麥克的聲望也隨著跌落，他唯一的反應是過來對我說，『好吧，現在有什麼B方案嗎？』」

多克托洛夫告訴我，「他這種做法真能讓部屬對他死心塌地。更重要的是，它能鼓勵人冒險。」

雖說彭博顯然是有效率的管理人，身為市長的他，最大長才還不在管理，而在他那種責無旁貸的意識，那種不計一切為紐約市福祉拚鬥的決心。屬於道地務實派的彭博，將政黨視為包袱——他在開始從政時是民主黨，之後在二〇〇一年，為避開候選人過多的初選而成為共和黨，隨後又在二〇〇七年宣布自己是無黨派人士。他關心的是政策與構想，不是政治。彭博身邊一位不願透漏姓名的前高階顧問曾對我說，「他的祕密很簡單。就是不顧艱難，只要是對的，去做就對了。」彭博的前公關主任比爾·康寧漢（Bill Cunningham）說，彭博「認為只需有了資料，就能動手做你認為該做的事。那其實就像實驗一樣。他是那種不管民調怎麼說，認定該做的事就會做的人。像這樣的人，民眾會喜歡嗎？」

以彭博的案例而言，答案是「喜歡」，至少大多數時間都喜歡。不過，他的警察行動確實也惹火了聯邦官署，讓地方維權團體憤恨不已。不滿人士還指責他坐視貧富懸殊與無家可歸問題惡化。多年來，由於彭博養成了一種無謂觸怒他人的習性，有時他最可怕的敵人就是他自己。他不喜歡拉攏民眾。舉例來說，一般政客總會利用週末參加街頭遊園活動，與選民搏感情，彭博卻喜歡利用週末到外地度假。儘管許多紐約人認為他這種行事風格讓人耳目一新，但他的行為也引來許多罵名，特別是在他即將卸任那段時間，情況尤其惡劣。他經常在記者會上發脾氣，有一次還卯上一名殘障記者，加以羞辱，讓整個會場大驚失色。根據《如果市長統治世界》（*If Mayors Ruled the World*）一書作者班傑明．巴伯（Benjamin Barber）的說法，儘管以拙劣手段迫使紐約市修改選舉法、而贏得第三屆任期，彭博「似乎始終未能真正了解，他的權謀手段甚至在友人間，都已招致種種忌恨」。

不過自卸任以後，彭博的聲望似乎更見崇高。就像他曾經領導過的那個城市一樣，他這個人——他的財富、他的住家、他的開銷與他的政策——現在也已成為世人茶餘飯後的熱門話題。有意效法他、但出身比較一般的政界人士，也因此面對一項最大的挑戰。康寧漢說，彭博或許一點也不在乎其他人的感覺，但那是因為「他不欠任何人的情」。其他沒有他這麼富有的政界人士，能像他這樣獨來獨往嗎？

彭博顯然認為可以。他在二〇一四年自掏腰包成立一個非營利顧問公司，協助世界各地其他有創意的領導人，在氣候改變這類爭議性議題上，效法他與紐約市的做法。

不過，對於其他人能否成功效法彭博模式這個問題，最能作答的人或許不是他本人。在他卸任後，他那套以務實、權宜手段施政的模式，獲得兩個意外人士的贊助。這兩個案例應該比他自己贊助自己更加有意義得多。

比爾·白思豪（Bill de Blasio）以反彭博的形象，在二〇一三年參選紐約市市長，說自己會是比現任那位富豪更關懷、更進步的市長。但在就任市長以後，白思豪事實上奉行了彭博的核心理念，認為城市可以、也應該自己動手做更多的事。在他的第一次市情咨文演說中，白思豪說紐約市「不能等候華府採取行動」，不能「讓那些阻礙成為無法解決貧富不均與移民改革這類問題的藉口」。白思豪在擔任市長以後，果然增加了紐約市的最低工資，並且採取不論移民身分、一律發給紐約市民證等措施，處理這兩個議題。

白思豪對彭博模式的默認，雖說令人稱奇，但彭博模式之後還找到一個更有權勢、更讓人意想不到的信徒：歐巴馬總統。歐巴馬在第二任任期過半以後，對國會多年來的掣肘終於忍無可忍，於是宣布他一旦認為必要，就會設法繞過參、眾兩院。從那以後，歐巴馬使用行政命令權片面推動有關移民（暫時停止幾種類型的遣返）、刑法（釋放數以千計非暴力的毒品犯罪人犯）以及同性戀權益（禁止聯邦包商以性導向為由進行歧視）方面的改革。二〇一五年八月，歐巴馬發動他就任以來最大規模的單獨行動。他宣布，氣候改變「正是那種大到讓我們都知道大家都在一條船上的巨型挑戰」，隨即下令環境保護署（Environmental Protection Agency, EPA）迫使美國電廠——美國境內碳汙染的最大單一汙染源——在二〇三〇年前將碳排放量減少百分之三十二。歐巴馬的這項改革，不僅與彭博八年前推出的氣候計畫極為相似，對彭博的基本信條也是極具深意的首肯：你不能用其他人不做為由，為自己不做找藉口，而且在危急困難之秋，領導人如果真的想領導，就必須做好不計後果、單獨行動的準備。

結論

如何在沉淪中的世界生存、茁壯

我在幾年前開始想寫這本書時，心中有三個基本疑問。

在這個動盪不安的時代——伊斯蘭國猖狂、貧富懸殊、政治功能失調、制度性衰變、新興市場恐慌，而且全球顯然都在走下坡——為什麼有些國家仍能不斷成長、茁壯？這問題令人費解。

其次，其他國家能不能向這些國家學習？換言之，它們的成功祕訣可以輸出嗎？

最後，將它們的成功故事整合之後，能不能提供任何較廣的教訓？

在開始真正鑽入這些問題之後，它們開始以驚人速度迅速分枝，像電影「魔法師的學徒」（Sorcerer's Apprentice）中那個「魔法掃帚」一樣。但雖說數目不斷增加——先是增加到後來成了這本書十章主題的十篇故事，之後每一篇故事又衍生更多情節——我總想辦法專心盯著答案。

這種全神貫注、只探討問題怎麼解決的做法，終於為這本書定了型。有關國際事務的眾多著作讓我看得心灰意冷，也是我寫這本書的一大動機。到今天，我已經以記者、編輯與讀者身分在國際事務領域浸淫了二十年，這方面著作偏重問題診斷的現象，讓我愈來愈驚訝。

不要誤會我的意思：這些分析有許多都寫得非常好，是極其聰明之士的手筆。而且他們寫的東西很重要。

但採取下一步行動、追問我們應該怎麼解決這許多問題也同樣重要。不過依我看來，在大多數情況下，學者專家就算真的為問題尋找答案，找出的答案也總是脫不了兩種形式。其中一種是你會在報紙不署名社論上見到、勇氣可嘉但語焉不詳的告誡，例如「必須採取行動！」另一種是以抽象手法表達、讓你無從做起的建議，像是「公民必須奮起，要求改革！」這兩種答案每每讓我想起那幅經典漫畫：兩位頭髮斑白的數學教授站在黑板前，黑板上草草塗了一個複雜得讓人目眩的算式。其中一名教授指著黑板上寫著「然後奇蹟發生」幾個字的一段文字，對他的同事說，「我覺得你應該在第二步的這個地方說得更清楚一些。」[32]

我在閱讀有關國際事務的書時，總渴望在奇蹟如何發生這方面找到一些更明確的細節。我在前述十章裡盡力提供一些這樣的細節。針對我的前兩個基本問題，我想我也找出一些答案。

現在要談第三個，有關更廣泛教訓的問題。我認為基於以下理由，這麼做很值得：這本書談到許多領導人怎麼解決特定問題的故事，像這樣一本書，在本質上難免也是一本談領導與問題解決術的書，也因此不能只談一些面對挑戰、奮力掙扎的政府官員。如果你一氣呵成地讀完前述十章，你會發現它們也提供較廣泛的指導原則。在化到極精、極簡之後，書中政治人物使用的工具與方法，在其他許多問題上也能派上用場。它們對其他許多地方也有效；畢竟我們談的這些成功故事，廣被不同地區、歷史時代、開發層次，甚至涉及的政權型態也不同。此外，無論是銀行、城市、大學，或基金會、巨型公司、小型家庭企業、非營利團體或其他各式各樣的領導人，也都能運用它們。如這本書所示，解決之道絕不簡單，但只要你願意付出心血，走對方向，也絕非不可能。

還有，你得汲取以下教訓。

一・另類思考方式威力大

大學生都知道，愛默生（Ralph Waldo Emerson）曾經寫道，「愚昧的堅持，是心胸狹隘者揮之不去的心魔，只有那些目光如豆的政客、哲人與教士才會將它奉為聖旨。」幾近兩百年後的今天，引用他這句名言的人誠然不少，但忽略他這句忠告的人更多。這很不幸，因為有志解決問題的人，應該以愛默生這句警告為第一條守則，盡快拋開意識形態的枷鎖。

愛默生是美國人。一個多世紀前發明「實用主義」（pragmatism）一詞，並且成為最有力推行者的數學家與邏輯學者查爾斯・桑德斯・帕爾斯（Charles Sanders Peirce），也是美國人。但誠如本書故事所述，兩人這種強有力的理念早已超越美國邊界，擴及全球。所謂實用主義就是開放心胸尋找解決辦法，不讓任何黨派、部族、門閥或習俗阻撓搜尋之路，這本書提到的眾多英雄就由這實用主義一以貫之，他們能有如此成就，實用

32 譯按：讀者可以鍵入「I think you should be more explicit here in step two」幾個字在網路上搜尋，就能看到這漫畫。

主義也是單一最佳的註解。

在這本書提到的眾多領導人中，重利進步派、能讓執行長們自嘆弗如的魯拉，雖說缺點一籮筐，卻是實用主義藝術最熟練，也最大張旗鼓的實踐者。在二〇〇三年當選巴西總統時，魯拉已經為學得實用主義教訓付出辛苦代價：他之前三度問鼎總統寶座，卻都因拘泥於意識形態純淨而失敗。這三場敗績儘管痛苦，卻使他在終於掌權以後，能以罕見開放的心胸採納最佳意見——無論提出建議的是左派還是右派。雖說他崇高的聲望，最後因為他顯然容忍政治分贓而受創，但憑藉虛懷若谷的心胸，身為總統的他，創建了全世界最有抱負、最成功的社會計畫。家庭補助專案所以能獲得巴西最窮的人熱情擁戴，還能獲得最富的人青睞，主要就在於它無所不包的多元異質性。

魯拉從不把意識形態界線放在心上，而且只要有機會，也一定在這話題上大事張揚。在總統任內，有一次一名反對魯拉的政客大罵他，說家庭補助專案構想是魯拉從反對黨巴西社會民主黨那裡偷來的。這名政客罵到，「你的行為就像巴西是你發現的一樣，你可沒有！」魯拉立刻反擊：「你說的沒錯。但那只是因為當時我還沒生下來。」

魯拉確實大言不慚。在這本書裡，喜歡把破除舊習掛在嘴邊的領導人不是只有他而已。老杜魯道為彰顯他的實用主義，還在官邸正廳掛上「理智勝於感情」的招牌。在波札那獨立後不久，有人問奎特．馬西雷，他的政府是社會主義還是資本主義，馬西雷驕傲地答道，「什麼有效，我們就做什麼，不管它叫什麼名字。」

這些官員沒有一個人因抗拒政治舊規而付出高昂代價；事實上，他們與我們觀察到的其他許多領導人還因此收穫頗豐。但這並不表示實用主義沒有風險或簡單易行，並不表示所有標榜它的政治人物都能做得像上述三人一樣成功。在你的政黨、你的派系或昔日盟友前強出頭，可能讓你失去支持、經費與友人。舉例來說，墨西哥反對黨的領導人在拿出勇氣放棄嫌怨、與潘尼亞．尼托共襄改革大業盛舉時，同黨的傳統派即對他們展開大舉撻伐，將他們指為叛徒，還差一點就把他們趕下台。此外，麥克．彭博對他的共和黨淵源公開表示不屑，或許也是他無緣問鼎白宮的原因之一。

最後，實用主義不能與騎牆混為一談。在這本書裡，幾位最講求實際的領導人也都是非常重視原則的人。他們在整個職涯過程中，儘管有時表達的方式未必正統，但對他們的理念、對他們選擇的道路與群眾基礎始終不離不棄。

與那些一味頑固的領導人不同的是，當賭注極大時，講求實用的領導人為謀求解決辦法，願意撇開原則或忠誠。死忠的意識形態信徒在面對問題時，一般都會把主導性根本理論擺在最前面，然後只考慮因而直接衍生的解決辦法。但這本書裡的人物往往反其道而行。他們朝外著眼，先摸清個案相關事實，擬出技術性解決之道，然後操控決策過程，促成解決辦法實施。在這個過程中，他們會盡力讓解決辦法與自己的信念切合，但解決辦法一定擺第一。也因此，他們有時會以一種出其不意的方式服務他們的支持者：金大中倡導保守派的宏觀經濟改革以幫助南韓窮人，老杜魯道提升對加拿大全民的文化保護以促進法裔加拿大人權益等，都是這樣的例子。雖說這類政策的成果未必能夠立竿見影，但選民終究獲益，也因此不再責怪他們那些怪誕的政治行徑。

二・擁抱極端

二〇一四年春，我坐在彭博公司（Bloomberg LP）總部，與彭博頭兩任市長任內於大部分時間擔任副市長的丹・多克托洛夫，討論紐約市政治，接著談到地方史。

多克托洛夫告訴我，「我對紐約市有這樣一個理論。只有在情況危急萬分的時候，我們才真正能在這裡推動改革。回顧過去八十年的歷史就知道了。拉瓜迪亞（La Guardia）是在大蕭條猖獗期間當選的。他當了十二年市長，做得很好，但之後情況再次惡化。二十年後，大家都沮喪到極點，於是選出標榜改革政綱的林賽（Lindsay）。之後又隔二十年，事情再次沉淪，於是朱利安尼當選。然後，彭博之所以能當市長，唯一的原因是九一一。非傳統候選人只有在重大危機期間，才可能成為這個城市的市長。」

去除特定條件，多克托洛夫這個理論可以應用在本書談到的每一篇故事中，因為這些故事都有一段類似時刻。救贖只有在重大危機期間——往往只有在生死存亡關頭——才會出現。只有災難與迫在眉睫的緊急狀況，才能使人展現創意，找出解決辦法。危機的細節當然每個地方各不相同。在紐約市，要等遭到大規模恐怖攻擊之後才出現基本性的改革。在盧安達與南韓，造成改革的是慘烈的內戰。對新加坡與波札那而言，那是立國初期可怕的環境。在印尼，則是隨民主轉型之後爆發的恐怖主義與激進伊斯蘭運動。在墨西哥，那是不斷升高的暴力、失控的經濟衰退以及政府運作的癱瘓。對加拿大而言，那是一場根本性的文化衝突與分離運動的威脅。以巴西而論，那是嚴重得造成社會動盪的貧富懸殊。至於美國，那是二十世紀七〇年代的石油危機。雖說特定條件各不相同，但在所有這些事件中，迫在眉睫的環境都扮演一個同樣角色：迫使當權者撇開日常政治與傳統決策，從大處、非常大的大處著眼。

我強調環境的意思，並不是說在所有這些故事中，產生決定性作用的是命運而不是自由意願與睿智的領導。環境扮演重要角色：制度性與政治性障礙往往能扼殺激進的解決辦法，極端條件可以清除這類障礙。但政府隨時都得應付嚴重危機。最好的政府與其他政府的差異，就在於因應危機的手段。

本書提到的領導人都認為，危機為他們帶來終身難逢、可以將劣勢轉為優勢、重寫規則的大好良機，而且也都把握了它們。彭博把握它們，重新詮釋市政府角色，重劃紐約市、阿伯尼與華府職權的界線。老杜魯道把握它們再造加拿大的認同。朴正熙為南韓建了一個嶄新的經濟體系，金大中在三十年後將它拆了重整。潘尼亞·尼托改寫墨西哥的政治遊戲規則，並且在改寫過程中結束墨西哥打了二十年的國會內戰。

在此必須澄清一件事：這些領導人沒有一個創造了他們置身的極端條件。但他們都獨具眼光，發現這些條件為他們帶來的、難得一見的揮灑自由，而且都拿出勇氣充分運用了那些自由，讓他們的同胞不必再面對如此可怕的考驗。

三·讓大家都滿意——不過只能是一點點

雖說危機往往能為領導人帶來不尋常的自由與特權，但成功的決策人在運用這種權力時仍需極端小心。光靠膽子大不能有效領導，它還需要克制——而且往往是在最難克制的時候需要克制。

當加拿大幾乎因魁北克分離主義而於二十世紀六〇年代末期分裂時，老杜魯道原本可以讓多年來一直受到壓抑的法裔加拿大人揚眉吐氣。將近三十年以後，保羅・卡加梅原也可以以牙還牙，報復盧安達的種族滅絕，讓他的圖西同胞出口惡氣。潘尼亞・尼托於二〇一二年為革命制度黨奪回墨西哥總統寶座時，原可以乘勝追擊，像反對黨當年對付革命制度黨一樣，將反對黨邊緣化。

但所有三位領導人都明白排斥這種不妥協的做法。他們與書中其他許多人物一樣，以驚人的自我節制採取行動。

選擇妥協這件事實的本身，並不保證他們能因此取勝。因為無論怎麼說，政治本來就離不開討價還價，而討價還價就得妥協。具有決定性關鍵的，是這些領導人怎麼妥協，以及他們究竟放棄了什麼。

我在這裡要指出兩件事。首先，所有這些領導人都在他們的聲勢似乎如日中天時，選擇寬容大量。舉例來說，卡加梅在二〇〇〇年剛將盧安達內戰餘燼大致踩熄，他本人也剛當上總統。但他不但沒有藉機報復，對付過去幾年殘害他與他的圖西同胞的胡圖族，而且還大力倡導和解。

卡加梅的做法也值得注意：他迫使自己的圖西族人與胡圖族一起做出痛苦的犧牲。老杜魯道的做法軌跡也類似，他擁抱多元文化主義以因應加拿大的認同危機。這樣的政策或許能從英裔加拿大人士手中奪走傳統主控優勢，但與老杜魯道同族的法裔加拿大人也因此不能取得主控。最後，潘尼亞．尼托也採行相關途徑：為說服反對黨簽署他的《墨西哥條約》，他迫使自己的黨放棄一些急欲完成的優先法案。

所有三位領導人都有一項共同認知：「滿意法則」是良好管理的關鍵，特別是在解決衝突的過程中尤其重要。卡加梅、老杜魯道與潘尼亞．尼托在面對危機時，原本可以採取讓自己的人——核心選民——從頭至尾都滿意的行動，或至少讓這些選民盡得所需。但他們知道這種「勝者通吃」的戰術只會使社會分裂問題變本加厲，於是他們選擇讓大家都得到一些滿足，或至少讓大家都能得到一些想要的東西。這種做法意味沒有一個群體能盡得所需，結果是每個人都不滿。

不過由於每一個群體都能得到一部分想得到的東西，他們的不快有其限度。這些妥協方案獲得多方接受，交易於是達成，國家也終於揮別長久以來為它們造成無盡煩惱的分裂。

四．建立護欄以防統治踰矩

理想主義者一旦執政，就算未必禍國殃民，往往也效率不佳。造成這種現象的一個原因是，他們相信好的領導人可以十全十美，或至少可以在大多數時間做正確的事。這樣的信念儘管讓人心動，卻低估了人類幹壞事的本領。現實主義者知道人會幹壞事。他們接受這項事實，這種接受事實的態度，使他們比較能成為有效率的領導人。理想主義者信賴人性；現實主義者雖也信賴人性，但還會想辦法求證。

在本書所列許多領導人的職涯中，這種現實主義扮演特別重要的角色。他們基於現實考量，為他們領導的政府建立、實施（有時還創設）各式各樣監控與限制機制。他們認為人會犯錯，於是設法進行管控，而不是一廂情願地相信這樣的錯不會出現。

塞雷茨．卡馬的故事，為這項原則的實踐提供了最佳典範。在設計波札那政府時，卡馬納入幾項重要機制，不僅對部屬與接班人，還對他自己加以限制。而且他這麼做完全出於自願，這讓他的決定尤其令人印象深刻。再怎麼說，卡馬是波札那最大部落的世襲王，是波札那國父，還是深得民心、世界著名的殖民暴政受害者。也因此，他當年如果效法眾多非洲獨立運動領導人實施獨裁，波札那人不會反對。但卡馬不為所動，堅持在他的新政府中，任何人都必須遵守同樣嚴厲的規則。為防範領導人一意孤行，他規定決策必須經過廣泛共識。為確保施政透明，他堅持官員必須經常舉行「克高拉」會議。他並且以長程開支計畫鎖住他的政府與日後政府，以避免大多數資源豐富國家都會碰上的那種忽盛忽衰、動盪不安的循環。波札那的民主、經濟與社會都因此欣欣向榮。但對卡馬而言，所有這些決定在當年都不是輕而易舉的選項。

在限制政府權力這個議題上，李光耀是更複雜得多的例子。與卡馬不同的是，李光耀並不設法限制自己的權力。但無論怎麼說，他構建新加坡肅貪架構的做法，讓他的案例很重要。與一般以嚇阻為基礎的做法不同的是，李光耀並不認為人的行為可以改善。他的系統認定貪腐惡行必將出現，因此設法防患未然，要在貪腐行為出現以前除去可能造成貪腐的機會。李光耀知道，就算受過最優良訓練的公民也會誤入歧途，因此儘管努力維護新加坡開放的氣氛（如果就政治意義而言並非這樣，至少就經濟與個人意義而言如此），他也設法限制他們誤入歧途的機會。

魯拉當然是神氣活現的民粹主義與民主政治信徒，但他也了解現實主義的重要性，並且據以設計了家庭補助專案。這項專案之所以能夠如此成功，部分原因是它很簡單。透過電子轉帳把現金直接交到窮人手中的做法，去除了中間人——巴西過去的社會救濟方案，都因從中轉手的官僚或分配不當、或中飽私囊而效益受損。這種做法減少了貪腐（至少降低了政府這部分官員的貪腐），提高了這些救濟金造成的衝擊，還因削弱地區頭目的權力而提升了巴西的民主——在過去，這些地區頭目一直藉著這種替政府分配福利補助的權力，像封建領主一般不斷坐大。

五．透過演進進行革命

乍看之下這規定似乎很基本。就某種意義來說，它很像歐巴馬總統第二任任期提出的那句口號：別幹蠢事。

當歐巴馬政府官員在二〇一四年喊出這句口號時，這句看似平白無奇的口號惹來許多罵名[33]。但如果歐巴馬的政策真像批判人士說得那麼直截了當，政府想遵行應該不難。事實真相是，大多數政府為了不幹蠢事都費盡千辛萬苦。

我們在這裡討論的這個原則，情況也一樣。這個原則有一種比較特定的意義：鼓勵以人道方式進行改革，一方面避免前輩犯下的錯。這話雖說聽起來合情合理，執行起來卻難得驚人。要做到這一點，領導人必須放棄為過去的不公不義進行報復的機會（還得做出規則三要求的犧牲）。要做到這一點，領導人還必須願意自縛雙手，讓自己做起事

33 許多學者專家與外國領導人對歐巴馬的外交政策感到不滿，說他的政策畏首畏尾。他們認為歐巴馬這項理論，是為他的外交政策找理由。

來更加困難，以避免因走捷徑而必然出現的醜陋交易。

在這本書中，不同政府以不同方式運用這項規則。在蘇西洛．班邦．尤多約諾主政期間，印尼未遵行這項原則，在對抗恐怖主義與激進伊斯蘭運動的過程中，沒有使用蘇哈托當年慣用的那些暴力、不法手段。印尼的民主政府領導人完全了解這代表什麼：由於當局缺乏羈押他們的法律證據，剛剛獨立的法院有時不得不開釋政府費盡心血想關起來的恐怖份子嫌犯，煽動份子往往也能因此逍遙法外，繼續在街頭鼓吹仇恨。但尤多約諾與印尼其他民主領導人決定，這是值得付出的代價，而且他們大體上都能信守這些承諾。以卡馬的案例而言，想運用這項規則，就必須用一種更加多樣化的系統，取代大英帝國的專斷獨裁。對卡加梅來說，這項規則的意義就是不用圖西人的高壓取代胡圖人的高壓。對潘尼亞．尼托來說，就是不利用總統權威，幫助革命制度黨對付國家行動黨與民主革命黨。

事實證明，這種容忍在每一個案例中都頗具政治爭議性。在有些案例中，不畏艱難走正道在情緒上是一種重創；在其他案例這麼做不能讓人滿意。在所有的案例中，它都讓決策更困難：比起公正、公開地與對手打交道，乾脆將對手宰了、燒了或撇開一邊，要簡單得多。但這些領導人拒絕以高壓手段報復過去的罪行，或對付目前的問題，他們不避艱辛訂定新價值觀，為他們國家的安定與成功立下大功。

＊＊＊

可以從本書故事中汲取的教訓不僅如此而已，許多個別故事也能為我們帶來較窄的啟發。不過這五個是其中最大的，加上其他眾多啟發，它們為我在一開始替自己訂下的第三個基本問題做了解答。

不過寫到結尾，也有了這許多結論，我們不得不提出最後一個必須解答的謎題：如果所有這些問題真的都已經有了解決之道，為什麼運用它們解決問題的國家仍然不多？

倒不是我們列為探討對象的這些國家過於獨特，與其他國家都不一樣，因此其他運氣較差的國家縱想效法也力有未逮。

也不是因為這些國家的領導人特別英明。沒錯，書中所有這些領導人都是有才幹的政治人物與決策者，其中有些人還獨具天賦，超人一等。但這些領導人中，在展開職涯之初就大放異彩、注定成就豐功偉業的人不多：彭博在華爾街做的第一份工作就遭革職，魯拉也險些成為巴西政壇中前仆後繼、千千萬萬失意政客中的一人，直到終於當選總統。但他們與本書提到的其他領導人在面對考驗時，都能克服挑戰、取得勝利。不過，雖說他們最後都有驚人成就，但這些成就並非只有超人才能辦到。我不相信「偉人論」，這本書的故事也證明此說不可靠。它們證明一件事：領導人是靠努力而成功，並非天生英明偉大。

這說明其他領導人也能效法他們。直到今天，向他們學樣的領導人仍然寥寥無幾，太多國家仍然在本書提到的這些可怕的災難中苦苦掙扎——但這些事實並不表示問題不能解決。它只表示，面對問題的領導人還沒有找到解決問題的智慧與勇氣而已。

就某種層面而言，他們欠缺勇氣不難理解。前文所述的這些解決辦法沒有一個是簡單的，事實上正好相反。有時那是因為它們看起來太過反直覺；有時是因為它們違反根深柢固的政治信念；有時問題在於它們需要政治家自我沉痛犧牲，還得說服選民也照辦。此外，想謀得解決問題之道，領導人還得開放心胸、從其他地方引進策略——這讓許多國家主義的政治人物與一般百姓很難接受。

無論合不合理，這些障礙都很巨大，也因此克服它們需要冒極大的政治風險。要冒這樣的險，又需要勇氣與不屈不撓的毅力。

這樣的要求對我們的領導人來說，或許顯得有些太超過。但要記住，這本來就是領導人應該做的事。我們聘用領導人，為的就是這些事。

有鑒於今天世上整體而言多災多難的狀況，我們也需要領導人做這些事。

確實，他們，還有我們大家，都在逐步接近那個我們不再有多少選擇的關鍵點。解決之道就在那裡；我們的領導人現在必須採取行動。如若不然，事情會讓那些末世論者說中，真會愈變愈糟。

致謝

這是我的第一本書，這表示在寫本書之初，我對寫書這事有一些荒唐可笑的誤判。其中最大的誤判是，認定它是一件可以自己辦到的事。事實證明這想法簡直錯得離譜。

事實真相是，寫這樣一本書需要太多的人共襄盛舉。我對他們極為感念。在許多情況下，若是沒有他們伸手相助，我什麼也做不到。在少數幾個案例中，我或許可以勉力做到，但我不僅會搞得灰頭土臉，這本書的品質也會因此大打折扣。如果這本書真能寫得好，他們應居首功。

我首先得感謝安德魯．威萊（Andrew Wylie）。他是我在動念寫這本書以後，除了家人以外找上的第一人。沒想到這位世上最有力的著作代理人，一口答應做我的代理。直到事隔許多月後的今天，我仍然覺得安德魯對我的信心有些不可思議。不過無論他為什麼願意這麼做，他開始為我熱情奔走，能有他與他的工作人員——特別是詹姆斯·普蘭（James Pullen）——相助，我真是何其幸運。

我也很感激透過安德魯的關係而結識的提姆·杜根（Tim Duggan）。提姆是我在Crown的編輯。幹了多年編輯的我一直喜歡拿紅筆刪別人的稿，如今眼見自己寫的稿任人刪改，難免有些不適。但提姆盡可能讓這項角色倒換無感，而且他提出明智的建議讓我的稿件增色不少。他還能適時鼓勵我，增加我的自信。他與Crown的那些同事，特別是莎拉·佩迪米（Sarah Pekdemir）、潘尼·賽蒙（Penny Simon）、威廉·華斯勞（William Wolfslau）、諾曼·華金斯（Norman Watkins），還有我那位目光敏銳的校對安迪·楊（Andy Young），都是令人欣喜的工作夥伴。

在寫作過程中，許多友人與同事幫我審稿，為我提供建議，聽我發牢騷，給我打氣，讓我堅持。由衷感謝你們：艾利克·布洛克（Eric Block）、史蒂芬·庫克（Steven Cook）、阿維·吉瑟（Avi Gesser）、保羅·高洛（Paul Golob）、勞瑞·海斯（Laurie Hays）、丹尼爾·庫茲—費蘭（Daniel Kurtz-Phelan）、亞當·庫西納（Adam Kushner）、安佳·曼紐（Anja Manuel）、泰勒·馬隆尼（Tyler Maroney）、亞當·席高（Adam Segal）、吉奧夫·尚德勒（Geoff Shandler）、魯奇·夏瑪（Ruchir Sharma）、彼得・范普拉（Peter Van Praagh）、喬書亞・華萊克（Joshua Wallack）與強納森・魏斯圖（Jonathan Weisstub）。特別要感謝我那位忠實的朋友亞歷山大・哈迪（Alexander Hardy），他扮演業餘心理醫生（儘管他受過外科醫生訓練）的角色，在從書名到排版各式各樣問題上，給我各種建議（這些建議都很熱鬧，一般來說很有幫助，但有時也會不負責任）。

約翰・德魯利（John Delury）、菲利浦・古里維奇（Philip Gourevitch）、凱斯・傑佛瑞（Keith Jefferis）、喬書亞・庫蘭吉克（Joshua Kurlantzick）、夏能・奧尼爾（Shannon O' Neil）、塞斯・平斯基（Seth Pinsky）、瓊・庫雅（Jon S. T. Quah）、傑夫瑞・雷茲（Jeffrey Reitz）、麥克・謝蘭伯格（Michael Shellenberger）、茱莉亞・史威格（Julia Sweig）與法雷利・維夏夫特（Valerie Wirtschafter）分別為這本書的各章審稿，糾正我犯下的許多大錯，讓我虧欠良多。讓我感到虧欠更多的，是三位正好也是專業編輯人的友人與同事：史都華・雷德（Stuart Reid）、卡拉・羅賓斯（Carla Robbins）與賈斯汀・佛格（Justin Vogt）。他們一時不察，同意替我逐字逐句審稿，結果他們沒有食言，讓這本書文字流暢得太多。

妮姬塔・拉溫尼（Nikita Lalwani）、安娜・柯登斯基（Anna Kordunsky）與喬丹・

史奈德（Jordan Schneider），與我的助理克莉絲汀．克拉克（Christine Clark）都曾幫我做研究、找資料。克莉絲汀孜孜不倦地幫我整理檔案，確定統計數字，追蹤來源，讓我顯得比我實際上更加博學得多。這本書可想而知，涉及許多訪問、報導，我得感謝拉維亞．安東尼（Flavia Antunes）、羅桑娜．傅恩提．伯蘭（Rosanna Fuentes Berain）、羅伯．布雷克（Robert Blake）大使、喬．柯奇蘭（Joe Cochrane）、艾隆．康尼里（Aaron Connelly）、亞立克斯．費德曼（Alex Feldman）、尼西德．哈佳里（Nisid Hajari）、安娜．波拉．奧杜立卡．馬里斯卡爾（Ana Paula Odorica Mariscal）、亞歷山大．曼尼吉斯（Alexandre Menezes）、艾爾．米勒（Earl Miller）大使與摩里斯．提佩斯曼（Maurice Tempelsman）。由於他們的協助，我才能在為了寫這本書而往訪十幾個國家的過程中，見到要見的人。我還要感謝在訪問墨西哥與印尼期間，分別擔任我的口譯員的露西．康格斯（Lucy Congers）與魯斯瑪（Rusma）。

回到紐約以後，瓊娜（Joanna）與丹尼爾．羅斯（Daniel Rose）為我提供了一個大多數都會作者夢寐以求的資產：一間安靜的辦公室。也因此，我要在這裡向他們兩位深致謝忱。

當然，在那間辦公室寫作，我就不能把時間花在我的例行工作上。但我在《外交事務》（*Foreign Affairs*）季刊與外交關係委員會（Council on Foreign Relations）的那些好同事從不——嗯，應該說，幾乎從不——抱怨。我知道我的缺席多少總會讓他們的日子比較難過（不過，說不定會讓其他一些同事的日子更加好過）。所以，為了他們對我的容忍、支持與建議，我要感謝理查．哈斯（Richard Haass）、吉姆．林賽（Jim Lindsay）、金．摩德．休斯（Jan Mowder Hughes）、安德魯．帕拉丁諾（Andrew Palladino）、賈克．麥斯（Jake Meth）、伊娃．左立克（Iva Zoric）與伊琳娜．法斯金諾斯（Irina Faskianos）。此外，凱蒂．阿拉瓦拉（Katie Allawala）、史都華．雷德、賈斯汀．佛格、安．塔波（Ann Tappert）、莎拉．佛斯特（Sarah Foster）與《外交事務》雜誌其他每一位同事，在我忙著做這本書的時候幫我忙進忙出，我也要在此特表謝忱。

我能具備寫這本書的條件，還得感謝幾位良師益友。

我何其有幸，能在職涯旅途中獲得幾位頂尖作家、編輯人與思想家的指導與提攜。在這裡我要特別感謝其中兩人。法里德．扎卡利亞（Fareed Zakaria）聘了我兩次：第一次他聘我擔任《外交事務》雜誌資淺編輯（當時我對新聞或外交事務幾乎一無所知），之後又聘我進《新聞週刊》（*Newsweek*）工作。在那些年間，他不斷給予我支援、忠告與友誼。我不知道若是沒有他我會像什麼樣，但我知道我一定走不到今天這一步。同時，吉迪昂．羅斯（Gideon Rose）是我所能想像最好的老闆了。他對我的慷慨與耐心讓我難以置信，而我知道，在許多情況下，他對我是過於寬宏了。他對我的政治觀與國際事務思考方式影響之深，超過任何其他人。

我的家人是例外——我的意思是，我的家人也鼓勵我，讓我充滿信心，相信這本書值得一寫。謝謝你們，我的兄弟諾亞（Noah）與安德魯（Andrew），還有你們的妻子茱莉（Julie）與汀娜（Tina）。至於我的父母比爾（Bill）與羅雪拉（Rochelle），你們一定知道我以身為你們的兒子，能與你們共享這本書為榮。一定了解我知道沒有你們幾十年來的愛、教誨、辛勤努力與無盡的支持，不會有這本書（當然也沒有我）。我知道再怎麼千恩萬謝也無法彌償我的虧欠，但我實在也不知還能說些什麼。

我將《國家為什麼會成功》這本書獻給四個人，最後，我要向這四人致謝。

吉洛米（Gerome）與諾維（Novi）：儘管我因為寫這本書而經常離家遠行，偶爾在家也往往魂不守舍，但你們兩位在這整個過程中總是毫無怨言地承受一切。你們的愛、幽默，你們的加油打氣、你們對我無比的信心都使我堅持不懈，讓我盡可能提高工作效率，以便早日回家與你們重聚。

里奧（Leo）：你還太年輕，不了解這些話。不過有一天你會發現，你與這本書算得上是胎生兄弟。你媽與我第一次發現你，是在我與Crown簽約的同一週。儘管你在我寫到第六與第七章之間才來到這個世上，但你與這本書一起成長、茁壯。

我原以為，你的到來時機不佳，之後才發現這時機實在再美好不過。因為你為我帶來無法形容、連想都不敢想的喜悅與力量。從許多方面來說，這本書是你的書。

最後還有我的甜心亞莉克西絲（Alexis）：我不知應該怎麼感謝妳，因為妳給了我最多最多。妳是我第一個讀者、我最好的友人，我最親密的知己。因為有了妳，這本書才能寫得更好，才得以問世。我不知應該怎麼做才能報答妳為我做的這一切。但我會盡力。

注釋

Introduction

1 **couldn't cover an emergency outlay of just $400**: Board of Governors of the Federal Reserve System, *Report on the Economic Well-Being of U.S. Households in 2014* (Washington, DC: May 2015), 1, http://www.federalreserve.gov/econresdata/2014-report-economic-well-being-us-households-201505.pdf.

2 **72 percent of Americans still think we are in a recession:** Robert P. Jones, Daniel Cox, Betsy Cooper, and Rachel Lienesch, *Anxiety, Nostalgia, and Mistrust: Findings from the 2015 American Values Survey*. Public Religion Research Institute, November 17, 2015, http://publicreligion.org/site/ wp-content/uploads/2015/11/PRRI-AVS-2015.pdf.

3 **just a quarter of US citizens think**: "Right Direction or Wrong Track," Rasmussen Reports, December 7, 2015, http://www.rasmussenreports .com/public_content/politics/mood_of_america/right_direction_or_wrong_track.

4 **not just an American phenomenon**: "Global Indicators Database: Future Economic Situation," Pew Research Center, August 2015, http://www.pewglobal.org/database/indicator/56/.

5 **the global middle class topped 1.8 billion people:** Homi Kharas and Geoffrey Gertz, "The New Global Middle Class: A Cross-Over from West to East" (paper prepared for the Wolfensohn Center for Development at the Brookings Institution, 2010), 5, http://www.brookings .edu/~/media/research/files/papers/2010/3/china%20middle%20class%20 kharas/03_china_middle_class_kharas.pdf.

6 **the average emerging-market growth rate fell**: Robert J. Samuelson, "A Global Recession?," *Washington Post,* September 29, 2015.

7 6**residents of unequal communities:** Margot Sanger-Katz, "Income Inequality: It's Also Bad for Your Health," *New York Times,* March 30, 2015.

8 6**the global wealth gap will widen:** Henrik Braconier, Giuseppe Nicoletti, and Ben Westmore, "Policy Challenges for the Next 50 Years," *OECD Economic Policy Paper,* July 2014, 7, http://www.oecd.org/economy/Policy-challenges-for-the-next-fifty-years.pdf.

9 7**the richest 20 percent of the population:** Christopher Ingraham, "If You Thought Income Inequality Was Bad, Get a Load of Wealth Inequality," *Washington Post,* May 21, 2015.

10 7**America's 25 top hedge-fund managers:** Philip Bump, "The Top 25 Hedge Fund Managers Earn More Than All Kindergarten Teachers in U.S. Combined," *Washington Post,* May 12, 2015.

11 7**the number of Americans living in abject poverty:** Aimee Picchi, "The Surging Ranks of America's Ultrapoor," CBS MoneyWatch, September 1, 2015.

12 7**the fabled 1 percent:** Faith Karimi, "Wealthiest 1% Will Soon Own More Than Rest of Us Combined, Oxfam Says," CNN.com, January 19, 2015.

13 7**so have many salaries:** Nelson D. Schwartz, "Low-Income Workers See Biggest Drop in Paychecks," *New York Times,* September 2, 2015.

14 7**the average American wage:** Drew Desilver, "For Most Workers, Real Wages Have Barely Budged for Decades," Pew Research Center Fact Tank, October 9, 2014, http://www.pewresearch.org/fact-tank/2014/10/09/for-most-workers-real-wages-have-barely-budged-for-decades/.

15 **According to the economist Robert Reich:** Robert Reich, "The Practical Choice: Not American Capitalism or 'Welfare State Socialism' but an Economy That's Working for a Few or Many," RobertReich.org, May 20, 2014.

16 **According to Alan Krueger:** Alan B. Krueger, "The Rise and Consequences of Inequality in the United States," speech, January 12, 2012, http://www.whitehouse.gov/sites/default/files/krueger_cap_speech_final_remarks.pdf.

17 **the federal government has deported:** Mike Corones, "Tracking Obama's Deportation Numbers," Reuters, February 25, 2015.

18 **more than 70 percent of them:** "Broad Public Support for Legal Status for Undocumented Immigrants," Pew Research Center, June 4, 2015, http://www.people-press.org/2015/06/04/broad-public-support-for-legal-status -for-undocumented-immigrants/.

19 **September 2015 report:** Mary C. Waters and Marisa Gerstein Pineau, eds., *The Integration of Immigrants into American Society* (Washington, DC: National Academies Press, 2015), sum-6.

20 **Immigrants are also more likely:** "Let Them In and Let Them Earn," *The Economist,* August 29, 2015.

21 **Were the United States to merely formalize:** Raúl Hinojosa-Ojeda, "Raising the Floor for American Workers: The Economic Benefits of Comprehensive Immigration Reform," Center for American Progress and the Immigration Policy Center, January 2010, https://cdn.american progress.org/wp-content/uploads/2012/09/immigrationeconreport3.pdf.

22 **the OECD estimates:** Braconier, Nicoletti, and Westmore, "Policy Challenges for the Next 50 Years," 27.

23 **conservative members of Congress rejected a bill:** "A Chilly Welcome: Congress Protects America from Canadian Pensioners," *The Economist,* March 8, 2014.

24 **an estimated thirty thousand of them:** "Foreign Fighters: An Updated Assessment of the Flow of Foreign Fighters into Syria and Iraq," The Soufan Group, December 2015, http://soufangroup.com/wp-content/up loads/2015/12/TSG_ForeignFightersUpdate4.pdf.

25 **more foreigners than had fought with the Afghans:** Peter R. Neumann, "Foreign Fighter Total in Syria/Iraq Now Exceeds 20,000; Surpasses Afghanistan Conflict in the 1980s," International Center for the Study of Radicalization, January 26, 2015, http://icsr.info/2015/01/foreign-fighter -total-syriairaq-now-exceeds-20000-surpasses-afghanistan-conflict-1980s/.

26 **And according to Seth Jones:** Seth G. Jones, *A Persistent Threat: The Evolution of al Qa'ida and Other Salafi Jihadists* (Santa Monica, CA: Rand Corporation, 2014), x.

27 **the world suffered 39 percent more terrorist attacks:** Micah Zenko, "Terrorism Is Booming Almost Everywhere but in the United States," *Foreign Policy,* June 19, 2015.

28 **The author Steven Pinker:** Steven Pinker, *The Better Angels of Our Nature: Why Violence Has Declined* (New York: Viking, 2011), 250–51 and 302.

29 **Kristian Skrede Gleditsch has shown:** "How to Stop the Fighting, Sometimes," *The Economist,* November 9, 2013.

30 **an estimated $1 trillion in bribes each year:** "Six Questions on the Cost of Corruption with World Bank Institute Global Governance Director Daniel Kaufmann," http://web.worldbank.org/WBSITE/EXTERNAL/NEWS/0,,contentMDK:20190295~menuPK:34457~pagePK:34370~piPK:34424~theSitePK:4607,00.html.

31 **corruption is thought to leach about 5 percent:** International Chamber of Commerce, Transparency International, the United Nations Global Compact, and the World Economic Forum Partnering Against Corruption Initiative (PACI), "The Business Case Against Corruption," http://www .weforum.org/pdf/paci/BusinessCaseAgainstCorruption.pdf.

32 **child-mortality rates in highly corrupt states:** Organization for Economic Cooperation and Development, "The Rationale for Fighting Corruption," background brief, CleanGovBiz, 2014, http://www.oecd.org/cleangovbiz/49693613.pdf.

33 **a long list of countries stands to benefit:** Larry Diamond and Jack Mosbacher, "Petroleum to the People: Africa's Coming Resource Curse—and How to Avoid It," *Foreign Affairs,* September/October 2013.

34 **Papua New Guinea could soon:** Anthony Fensom, "Papua New Guinea: Riding the Resource Boom," *Diplomat,* February 5, 2013, http://www .thediplomat.com/2013/02/papua-new-guinea-riding-the-resource-boom/.

35 **Mongolia has discovered new mineral reserves:** "Mineral-Rich Mongolia Grapples with 'Resource Curse,' " Agence France-Presse, April 21, 2015.

36 **Afghanistan has found underground stores:** J. Edward Conway, "How Afghanistan Can Escape the Resource Curse," *Foreign Affairs,* October 11,

2015.

37 **The McKinsey Global Institute has calculated:** McKinsey Global Institute, *Reverse the Curse: Maximizing the Potential of Resource-Driven Economies* (McKinsey & Company, December 2013), 1, http://www.mckinsey .com/insights/energy_resources_materials/reverse_the_curse_ maximizing_the_potential_of_resource_driven_economies.

38 **$3 billion in stolen oil revenues:** Ibid., 89.

39 **since Zambia and Nigeria became:** Ricardo Soares de Oliveira, "Avoiding Africa's Oil Curse: What East Africa Can Learn from Past Booms," *Foreign Affairs,* April 16, 2014.

40 **Jeffrey Sachs and Andrew Warner:** Jeffrey D. Sachs and Andrew M. Warner, "Natural Resource Abundance and Economic Growth" (NBER Working Paper No. 5398, National Bureau of Economic Research, December 1995), http://www.nber.org/papers/w5398.

41 **80 percent of resource-rich states:** McKinsey Global Institute, "Reverse the Curse," 1.

42 **according to the academic Michael Ross:** Michael L. Ross, *The Oil Curse: How Petroleum Wealth Shapes the Development of Nations* (Princeton, NJ: Princeton University Press, 2012), 1.

43 **twice as likely to suffer civil wars:** Ibid.

44 **energy consumption:** Robert Kaplan, "The Geopolitics of Energy," RealClearWorld, April 3, 2014, http://www.realclearworld.com/articles/2014/04/03/the_geopolitics_of_energy.html.

45 **the United States sits on only about 15 percent:** Edward Morse, "Welcome to the Revolution: Why Shale Is the Next Shale," *Foreign Affairs,* May/June 2014.

46 **Ruchir Sharma:** Ruchir Sharma, "The Ever-Emerging Markets," *Foreign Affairs,* January/February 2014.

47 **The actual income that an average Chinese family earned:** Edward Wong, "Survey in China Shows a Wide Gap in Income," *New York Times,* July 19, 2013.

48 **a mere 31 percent of the popular vote:** Ananya Vajpeyi, "The Might of the Pen," *Foreign Affairs,* December 17, 2015.

49 **"the White House [never] committed":** Peter Baker, "Promised Bipartisanship, Obama Adviser Found Disappointment," *New York Times,* November 11, 2015.

50 **"the single most important thing":** Major Garrett, "Top GOP Priority: Make Obama a One-Term President," *National Journal,* October 23, 2010, http://www.nationaljournal.com/member/magazine/top-gop-priority -make-obama-a-one-term-president-20101023.

51 **"far from helping the economy":** Ben S. Bernanke, *The Courage to Act: A Memoir of a Crisis and Its Aftermath* (New York: W. W. Norton, 2015), 539.

52 **"gives a misleadingly diminished":** Jonathan Tepperman, "The Scholar as Secretary: A Conversation with Ashton Carter," *Foreign Affairs,* September/October 2015.

53 **confirmed fewer federal judges:** Burgess Everett and Seung Min Kim, "Judge Not: GOP Blocks Dozens of Obama Court Picks," *Politico,* July 6, 2015.

Chapter 1: Profits to the People

1 **"It sometimes bothers my educated friends":** Unless otherwise specified, all Lula quotes are from an author interview with Luiz Inácio Lula da Silva, December 8, 2014.

2 **even tiny, benighted Haiti was more equitable:** Wendy Hunter and Natasha Borges Sugiyama, "Assessing the Bolsa Família: Successes, Shortcomings, and Unknowns" (paper presented at Democratic Brazil Emergent, Brazilian Studies Programme, University of Oxford and the Brazil Institute, King's College London, February 21–22, 2013), 2.

3 **a third of Brazil's population:** Ibid.

4 **close to forty million Brazilians:** "Almost 40 Million Brazilians Climbed to Middle Class in the Last Eight Years," MercoPress, June 28, 2011.

5 **Average household income shot up:** Rogerio Studart, "Brazil and the Global

Battle to Eliminate Extreme Poverty," *Globalist,* March 26, 2013.

6 **"the hirsute lefty union man":** Mac Margolis, "Brazil's Lulapalooza Might Be Ending," *Bloomberg View,* September 21, 2004.

7 **"Brazil has changed":** Mauricio A. Font, *Transforming Brazil: A Reform Era in Perspective* (Lanham, MD: Rowman & Littlefield, 2003), xiv.

8 **"pro-Castro radical":** Kenneth Maxwell, "Brazil: Lula's Prospects," *New York Review of Books,* December 5, 2002.

9 **George Soros:** "The 685 Billion Reais Question," *The Economist,* June 13, 2002.

10 **The main stock index fell by 30 percent:** "Markets Slump on Lula Speech," BBC News, October 28, 2002.

11 **Investors started dumping their Brazilian holdings:** Tiago Pariz and Walter Brandimarte, "Brazil Posts Biggest Dollar Outflow in over a De-cade," Reuters, January 8, 2014.

12 **"CEO- whisperer, amigo to the middle class":** Margolis, "Brazil's Lula-palooza Might Be Ending."

13 **started hacking away at Brazil's bloated national budget:** Jonathan Wheatley, "Lula Meant What He Said," *Businessweek,* March 2, 2003.

14 **"from policy announcements":** Ibid.

15 **they were soon copied:** Kathy Lindert, Anja Linder, Jason Hobbs, and Bénédicte de la Brière, "The Nuts and Bolts of Brazil's Bolsa Família Program: Implementing Conditional Cash Transfers in a Decentralized Context" (World Bank Social Protection Discussion Paper, May 2007), 10, http://siteresources.worldbank.org/INTLACREGTOPLABSOCPRO/ Resources/BRBolsaFamiliaDiscussionPaper.pdf.

16 **Brazil's own experience had shown:** Author interview with Lena Lavi-nas, December 10, 2014.

17 **Most spent it quite rationally:** Christopher Blattman and Paul Niehaus, "Show Them the Money: Why Giving Cash Helps Alleviate Poverty," *Foreign Affairs,* May/June 2014, 121.

18 **contemporaneous academic research showed:** Christopher Dunn, "Inter

generational Earnings Mobility in Brazil and Its Determinants" (un-published paper, University of Michigan, September 2003), 21.

19 **most social assistance programs:** Ariel Fiszbein, Norbert Schady, Fran-cisco H. G. Ferreira, Margaret Grosh, Nial Kelleher, Pedro Olinto, and Emmanuel Skoufias, *Conditional Cash Transfers: Reducing Present and Fu-ture Poverty* (Washington, DC: World Bank, 2009), 63.

20 **the first time a Brazilian president:** Hunter and Sugiyama, "Assessing the Bolsa Família," 2.

21 **"The opposition said":** Jonathan Watts, "Brazil's Bolsa Familia Scheme Marks a Decade of Pioneering Poverty Relief," *Guardian,* December 17, 2013.

22 **by creating the popular impression:** Fiszbein et al., *Conditional Cash Transfers,* 10.

23 **an investigative report:** Kathy Lindert and Vanina Vincensini, "Social Policy, Perceptions and the Press: An Analysis of the Media's Treatment of Conditional Cash Transfers in Brazil" (World Bank Social Protection Discussion Paper, December 2010), 50, http://siteresources.worldbank .org/SOCIALPROTECTION/Resources/SP- Discussion- papers/Safety - Nets-DP/1008.pdf.

24 **he staffed the new body:** Natasha Borges Sugiyama and Wendy Hunter, "Whither Clientelism? Good Governance and Brazil's Bolsa Família Pro-gram," *Comparative Politics* 46, no. 1 (October 2013): 55. 38 **the MDS cut some half a million:** Brian J. Fried, "Distributive Politics and Conditional Cash Transfers: The Case of Brazil's Bolsa Família," *World Development* 40, no. 5 (2012): 1043.

25 **by imposing rigorous conditions:** Lindert and Vincensini, "Social Policy, Perceptions and the Press," 73.

26 **"the amount spent on Bolsa Família":** "Bolsa Familia Budget Expected to Increase by $2.1 Billion USD in 2013," International Policy Center for Inclusive Growth, March 20, 2013, http://pressroom.ipc-undp.org/federal-government-announced-an-additional-2-1-billion-usd-for-bolsa -familia-

in-2013/.

27 **currently costs Brazilian taxpayers:** "How to Get Children Out of Jobs and into School," *The Economist,* July 29, 2010.

28 **the 12 percent the government spends on pensions:** "Brazil's Fall," *The Economist,* January 2, 2016.

29 **a 2011 study by the British government:** Catherine Arnold, Tim Conway, and Matthew Greenslade, "Cash Transfers Evidence Paper" (United Kingdom Department for International Development, April 2011), 76, http://webarchive.nationalarchives.gov.uk/+/http:/www.dfid.gov.uk/Documents/publications1/cash-transfers-evidence-paper.pdf.

30 **"a pro-market approach to combating poverty":** Lena Lavinas, "21st Century Welfare," *New Left Review* 84, no. 6 (November/December 2013): 14.

31 **an "innovative welfare program":** Jorge G. Castañeda, "Latin America's Left Turn," *Foreign Affairs,* May/June 2006.

32 **"neither left-wing nor right-wing":** Author interview with Bernardo Sorj, December 10, 2014.

33 **A close student of Lyndon Johnson:** Author interview with Matias Spektor, December 9, 2014.

34 **"financially principled populism":** Wheatley, "Lula Meant What He Said."

35 **doubled the income of Brazil's most destitute families:** Tina Rosenberg, "To Beat Back Poverty, Pay the Poor," *New York Times,* January 3, 2011.

36 **equivalent to eradication:** Raymond Colitt, "Focus on Brazil's Poor Helps Rousseff's Reelection Chances," *Bloomberg Businessweek,* January 2, 2014.

37 **"the single largest ten-year change":** Spektor interview.

38 **recent studies credit Bolsa Família:** Claire Provost, "Social Security Is Necessary and Globally Affordable, Says UN," *Guardian,* February 21, 2011.

39 **the income of the poorest 20 percent of Brazilians:** Sam Jones, "Brazil Fights Inequality with Better Education," *Mail and Guardian,* November 28, 2014.

40 **sharp contrast to the United States:** "40 Years of Income Inequality in

America, in Graphs," NPR Planet Money, October 2, 2014.

41 **Bolsa Família deserves a huge amount of credit:** "How to Get Children Out of Jobs and into School."

42 **by helping increase vaccination rates:** Tereza Campello and Marcello Côrtes Neri, eds., "Bolsa Família Program: A Decade of Social Inclusion in Brazil," Institute for Applied Economic Research, 2014, 24, http://www.ipea.gov.br/portal/images/stories/PDFs/140321_pbf_sumex_ingles .pdf.

43 **by decreasing malnutrition:** "How to Get Children Out of jobs and into School."

44 **healthy weight-to-age ratio:** "Brazil and Mexico Combat Poverty and Inequality," *Global Sherpa,* May 15, 2012.

45 **one of the sharpest reductions ever seen:** Alec Liu, "How Giving Cash Directly to the Poor Paid Off in Brazil," *Motherboard,* December 31, 2013.

46 **the number of children forced to work:** Hunter and Sugiyama, "Assessing the Bolsa Família," 10.

47 **graduation rate:** Liu, "How Giving Cash Directly to the Poor Paid Off in Brazil."

48 **improving school attendance:** Alan de Brauw, Daniel O. Gilligan, John Hoddinott, and Shalini Roy, "The Impact of Bolsa Família on Schooling" (International Food Policy Research Institute Discussion Paper, January 2014), 14, http://papers.ssrn.com/sol3/papers.cfm?abstract_id=2405714&download=yes.

49 **the national literacy rate has already risen:** "Pennies from Heaven," *The Economist,* October 26, 2013.

50 **Bolsa Família has empowered Brazilian women:** Hunter and Sugiyama, "Assessing the Bolsa Família," 14–15.

51 **exclusive authority over contraception:** Ibid., 14.

52 **"lead more autonomous and dignified lives":** Wendy Hunter and Natasha Borges Sugiyama, "Transforming Subjects into Citizens: Insights from Brazil's Bolsa Família," *Perspectives on Politics* 12, no. 4 (December 2014): 7.

53 **increased faith in their country's democracy:** Hunter and Sugiyama, "Assessing the Bolsa Família," 15.

54 **Bolsa Família has increased Brazil's GDP growth:** "Bolsa Família Turns Ten," *The Economist,* October 22, 2013.

55 **an election analysis:** Wendy Hunter and Timothy J. Power, "Rewarding Lula: Executive Power, Social Policy, and the Brazilian Elections of 2006," *Latin American Politics and Society* 49, no. 1 (Spring 2007): 4.

56 **"political suicide":** Stephen Kurczy, "Social Workers Channel Indiana Jones to Deliver Welfare Checks to Brazil's Amazon," *Christian Science Monitor,* August 27, 2014.

57 **"by making transfers conditional":** Maxine Molyneux, "Mothers at the Service of the New Poverty Agenda: Progresa/Oportunidades, Mexico's Conditional Transfer Programme," *Social Policy and Administration* 40, no. 4 (August 2006): 438.

58 **75 percent of adult Bolsa Família recipients**: Stephanie Nolen, "What Would Robin Hood Do: How Cash Handouts Are Remaking Lives in Brazil," *Globe and Mail,* December 28, 2013.

59 **"no one in their right mind":** Author interview with Wendy Hunter, December 3, 2014.

60 **"as close as you can come":** Celia W. Dugger, "To Help Poor Be Pupils, Not Wage Earners, Brazil Pays Parents," *New York Times,* January 3, 2004.

61 **"likely the most important":** Tina Rosenberg, "To Beat Back Poverty, Pay the Poor," *New York Times,* January 3, 2011.

62 **"a stunning success":** "How to Get Children Out of Jobs and into School."

63 **more than sixty-three countries:** Liu, "How Giving Cash Directly to the Poor Paid Off in Brazil."

64 **at least forty other countries:** Rosenberg, "To Beat Back Poverty, Pay the Poor."

65 **the program did significant good:** James Riccio, Nadine Dechausay, Cynthia Miller, Stephen Nuñez, Nandita Verma, and Edith Yang, "Conditional Cash Transfers in New York City: The Continuing Story of the Opportunity

NYC–Family Rewards Demonstration," MDRC, September 2013, http://files.eric.ed.gov/fulltext/ED545453.pdf.

Chapter 2: Let the Right Ones In

1 **"general agreement":** Triadafilos Triadafilopoulos, "Dismantling White Canada: Race, Rights, and the Origins of the Points System," in *Wanted and Welcome?: Policies for Highly Skilled Immigrants in Comparative Perspective,* ed. Triadafilos Triadafilopoulos (Toronto: Springer Science and Business Media, 2013), 15.

2 **"You're safe at home now":** Ian Austen, "Syrian Refugees Greeted by Justin Trudeau in Canada," *New York Times,* December 11, 2015.

3 **about 250,000 newcomers a year:** Jeffrey G. Reitz, "Pro-immigration Canada: Social and Economic Roots of Popular Views" (Institute for Research on Public Policy Study, paper no. 20, October 2011), 3, http:// oppenheimer.mcgill.ca/IMG/pdf/IRPP_Study_no20.pdf.

4 **the proportion is expected to rise:** Gordon Nixon, "Canada Must See Immigration as a Competitive Edge," *Globe and Mail,* May 12, 2014.

5 **the top three countries of origin:** Government of Canada data; see http://www.cic.gc.ca/english/resources/statistics/facts2011/permanent/10.asp.

6 **immigration is one of Canada's key positive features:** Irene Bloemraad, "Understanding 'Canadian Exceptionalism' in Immigration and Pluralism Policy" (Migration Policy Institute paper, July 2012), 1, http://www.migrationpolicy.org/research/TCM-canadian-exceptionalism.

7 **public support for immigration in Canada:** "Immigration support by Canadians at all-time high," CBC News, October 20, 2011.

8 **only 20 percent of the Canadian public wants to reduce:** Bloemraad, "Understanding 'Canadian Exceptionalism,' " 2.

9 **even the country's immigration critics favor higher levels:** Reitz, "Pro-immigration Canada," 4–5.

10 **Canada hasn't had a single anti-immigrant riot:** Bloemraad, "Understanding 'Canadian Exceptionalism,' " 6.

11 **"feared the peaceful invasion of immigrants":** John English, *Citizen of the World: The Life of Pierre Elliott Trudeau,* vol. 1, *1919–1968* (Toronto: Alfred A. Knopf Canada, 2006).

12 **"Reason Over Passion":** Jeffrey Simpson, John Gray, and Donn Downey, "Pierre Trudeau, 1919–2000: An Unconventional Man, a Conventional PM," *Globe and Mail,* September 29, 2000.

13 **close to a million French Canadians fled:** Damien-Claude Bélanger, "French Canadian Emigration to the United States, 1840–1930" (Westmount, Quebec: Marianopolis College, August 23, 2000), http://faculty .marianopolis. edu/c.belanger/quebechistory/readings/leaving.htm.

14 **French speakers remained underrepresented:** Jack Jedwab, "An Anglo Elite in Quebec? Not Anymore," *Globe and Mail,* October 15, 2013.

15 **"Vive le Québec libre!":** Thomas S. Axworthy, "De Gaulle and 'Vive le Québec Libre,' " Historica Canada, July 23, 2013, http://www.the canadianencyclopedia. ca/en/article/de-gaulle-and-vive-le-quebec-libre -feature/.

16 **more than two hundred bombings:** Marc Laurendeau, "Front de libération du Québec," Historica Canada, August 11, 2013, http://www.the canadianencyclopedia.ca/en/article/front-de-liberation-du-quebec/.

17 **"the greatest crisis in [Canada's] history":** Richard J. F. Day, *Multiculturalism and the History of Canadian Diversity* (Toronto: University of Toronto Press, 2000), 180.

18 **The bill formally gave French equal status:** Ibid., 182.

19 **the "Third Force":** Evelyn Kallen, "Multiculturalism: Ideology, Policy and Reality," in *Multiculturalism and Immigration in Canada: An Introductory Reader,* ed. Elspeth Cameron (Toronto: Canadian Scholars' Press, 2004), 78–85.

20 **They represented about 26 percent:** Elspeth Cameron, "Introduction," in Cameron, *Multiculturalism and Immigration in Canada,* xviii.

21 **"cultural pluralism is the very essence":** "Pierre Elliott Trudeau, Federal Multicultural Policy," in Cameron, *Multiculturalism and Immigration in Canada,* 401–2.

22 **the first of its kind anywhere in the world:** English, *Citizen of the World,* 142.

23 **Trudeau steadily increased support:** "The Truth About Pierre Trudeau and Immigration," *Maclean's,* June 5, 2013.

24 **an initial funding of $3 million a year:** Bohdan Bociurkiw, "The Federal Policy of Multiculturalism," in *Ukrainian Canadians, Multiculturalism, and Separatism: An Assessment,* ed. Manoly R. Lupul (Edmonton: University of Alberta Press, 1978), 112.

25 **"If Canada is to survive":** Richard Gwyn, *The Northern Magus* (Toronto: McClelland and Stewart, 1980), 243.

26 **funding for "folk dances":** "The Truth About Pierre Trudeau and Immigration."

27 **"French culture was being downgraded":** Author interview with Jeffrey Reitz, July 28, 2014.

28 **an unconnected "chain of ethnic enclaves":** John English, *Just Watch Me: The Life of Pierre Elliott Trudeau: 1968–2000* (Toronto: Alfred A. Knopf Canada, 2009), 146.

29 **"a desire and effort":** "Pierre Elliott Trudeau, Federal Multicultural Policy," 402.

30 **one of Trudeau's main priorities:** "Forging Our Legacy: Canadian Citizenship and Immigration, 1900–1977," http://www.cic.gc.ca/English/resources/publications/legacy/chap-6.asp.

31 **"an underpopulated country":** Day, *Multiculturalism and the History of Canadian Diversity,* 185.

32 **"Canada must populate or perish":** Valerie Knowles, *Strangers at Our Gates: Canadian Immigration and Immigration Policy, 1540–2006* (Toronto: Dundurn Press, 2007), 180.

33 **Canada lost more than forty thousand professionals:** Peter S. Li, *Destination Canada: Immigration Debates and Issues* (Don Mills, ON: Oxford University Press, 2003), 25.

34 **three types of foreigners:** Triadafilopoulos, "Dismantling White Canada,"

15.

35 **Asian immigrants were particularly feared:** Ibid.

36 **"Canada's northern environment":** Cameron, "Introduction," xvi.

37 **"to prohibit or limit the admission of persons":** Knowles, *Strangers at Our Gates,* 170.

38 **"an established (and most would say sensible) feature":** English, *Just Watch Me,* 110.

39 **"to prevent aggravation":** Triadafilopoulos, "Dismantling White Canada," 20.

40 **Canada formally abandoned ethnicity:** Knowles, *Strangers at Our Gates,* 187.

41 **any suitably qualified person:** Day, *Multiculturalism and the History of Canadian Diversity,* 185.

42 **Fairclough "was simply not telling the whole truth":** Ibid., 186.

43 **Ottawa would "still give preference":** Triadafilopoulos, "Dismantling White Canada," 24.

44 **Between 1946 and 1953:** Statistics from the Government of Canada, "Cultural Diversity in Canada: The Social Construction of Racial Difference," http://www.justice.gc.ca/eng/rp-pr/csj-sjc/jsp-sjp/rp02_8-dr02_8/p3.html.

45 **Asians, Caribbeans, Latin Americans, and Africans:** Triadafilopoulos, "Dismantling White Canada," 16.

46 **the idea of race-blind immigration:** English, *Just Watch Me,* 143.

47 **the public opposed** any **increase in immigration:** Mildred A. Schwartz, *Public Opinion and Canadian Identity* (Scarborough, ON: Fitzhenry and Whiteside, 1967), 86–87.

48 **more than half of Canadians surveyed:** Gallup Canada poll, October 1966, http://odesi2.scholarsportal.info/webview/index.jsp?object=http://142.150.190.128:80%2Fobj%2FfStudy%2Fcipo-321-E-1966-10&mode=documentation&v=2&top=yes.

49 **more than $1 billion a year:** Bloemraad, "Understanding 'Canadian Exceptionalism,' " 12.

50 **Canadians' support for the country's generous immigration policies:** Jeffrey G. Reitz, "Economic Opportunity, Multiculturalism, and the Roots of Popular Support for High Immigration in Canada," in *Anti-immigrant Sentiments, Actions and Policies in the North American Region and the European Union,* ed. Mónica Verea (Mexico City: Center for Research on North America, Universidad Nacional Autónoma de México, 2012), 291–94.

51 **65 percent of newcomers to Canada:** Joe Friesen, "Canada to Open the Door Wider to 'Higher Calibre' Immigrants," *Globe and Mail*, October 31, 2014.

52 **Canada's foreign-born citizenry is more educated:** Bloemraad, "Understanding 'Canadian Exceptionalism,' " 4

53 **economic-class migrants consume less in welfare spending:** Brian Lilley, "Immigrants Use of Welfare a Mixed Bag, Documents Show," *Toronto Sun,* January 11, 2011.

54 **employment rate is among the highest in the OECD:** Clément Gignac, "For Canada, Immigration Is a Key to Prosperity," *Globe and Mail,* October 7, 2013.

55 **a large majority of Canada's unemployed feel the same way:** Bloemraad, "Understanding 'Canadian Exceptionalism,' " 3.

56 **what made them proudest of their country:** Jeffrey G. Reitz, "Pro-Immigration Canada," 7–8.

57 **it had climbed into second place:** Ibid., 7.

58 **85 percent of Canadians now see multiculturalism:** Reitz, "Economic Opportunity, Multiculturalism," 302.

59 **the most patriotic among them:** Bloemraad, "Understanding 'Canadian Exceptionalism,' " 7.

60 **"a more open or tolerant":** Reitz, "Economic Opportunity, Multiculturalism," 308.

61 **Canada has the highest naturalization rate:** "Canada Welcomes Record Number of New Canadians," *Canadian Immigration News,* April 17, 2014, https://www.migrationexpert.ca/visa/canadian_immigration _news /2014/

Apr/1061/1061/canada_welcomes_record_number_of_new_canadians.

62 **"laps gently onto Canadian shores"**: Bloemraad, "Understanding 'Canadian Exceptionalism,' " 5.

63 **"designed to radically or suddenly alter":** Ibid., 13.

64 **surprisingly progressive steps on immigration:** Alex Castonguay, "The Inside Story of Jason Kenney's Campaign to Win Over Ethnic Votes: The Secret to the Success of Canada's Immigration Minister," *Maclean's,* February 2, 2013.

65 **their party needed to boost its popularity:** Ibid.

66 **the Conservatives had outpolled Trudeau's old party:** Edward Alden, "What Canada Can Teach GOP on Immigration," CNN.com, May 8, 2013.

Chapter 3: Kill Them with Kindness

1 **"facing one of the most dangerous years":** Seth Mydans, "Indonesians at a Crossroads: Democracy or Chaos?," *New York Times,* December 26, 1998.

2 **the nation would burn:** Terry McCarthy, "Indonesia Burning," *Time,* May 25, 1998.

3 **"Indonesian people have been in chains":** Mydans, "Indonesians at a Crossroads."

4 **Islamic parties scored an alarming 36 percent of the vote:** Robert W. Hefner, "Shari'a Politics and Indonesian Democracy," *Review of Faith and International Affairs* 10, no. 4 (Winter 2012): 64.

5 **some 135 million ballots were peacefully cast:** "Jokowi's Day," *The Economist,* July 24, 2014.

6 **doling out most political power to its regions:** Elizabeth Pisani, "Indonesia in Pieces: The Downside of Decentralization," *Foreign Affairs,* July/August 2014.

7 **Today fewer Indonesian Muslims:** "Sharia Do Like It," *The Economist,* April 30, 2013.

8 **Since hitting a high point:** Norimitsu Onishi, "Indonesia's Voters Retreat from Radical Islam," *New York Times,* April 24, 2009.

9 **though their tally improved slightly in 2014:** Ben Otto and Sara Schonhardt, "Islamic Political Parties Make a Comeback in Indonesian Election," *Wall Street Journal,* April 10, 2014.

10 **"If you want to know whether Islam":** Mark Landler, "Clinton Praises Indonesian Democracy," *New York Times*, February 18, 2009.

11 **Islam had traditionally looked different there:** Jeff Lee, "The Failure of Political Islam in Indonesia: A Historical Narrative," *Stanford Journal of East Asian Affairs* 4, no. 1 (Winter 2004): 88.

12 **This blending of faiths, which academics call "syncretism":** Ibid.

13 **the Muslim sultan of Yogyakarta:** Jon Emont, "Watch the Throne: The Battle over Indonesia's First Female Sultan," *Foreign Affairs,* June 9, 2015.

14 **visit the tombs of holy saints:** Avantika Chilkoti, "Indonesia: A Challenge to Tradition," *Financial Times,* August 26, 2015.

15 **Java's famous indigenous form of theater:** Pankaj Mishra, "The Places in Between: The Struggle to Define Indonesia," *The New Yorker,* August 4, 2014.

16 **a reliably incompetent one:** Joe Cochrane, "In a Nation of Muslims, Political Islam Is Struggling to Win Votes," *New York Times,* April 7, 2014.

17 **Luthfi Hasan Ishaaq:** "Indonesian Islamic Parties Head for Poll Drubbing," Agence France-Presse, March 30, 2014.

18 **captured on camera watching porn:** Endy Bayuni, "Can Indonesia's Main Islamist Party Recover from Scandal?," *Foreign Policy,* February 1, 2013.

19 **its blended approach to Islam:** Author interview with Robert Hefner, professor of anthropology and director of the Institute on Culture, Religion, and World Affairs at Boston University, August 28, 2014. All following Hefner quotations are from this interview unless otherwise specified.

20 **growing steadily more religiously conservative:** "Muslims in Indonesia May Be Becoming More Pious, but Not Necessarily More Extreme," *The Economist,* September 10, 2009. See also "Chapter 1: Beliefs About Sharia," Pew Research Center, April 30, 2013, http://www.pewforum.org/2013/04/30/the-worlds-muslims-religion-politics-society-beliefs -about-sharia/.

21 **some 70 percent of Indonesian Muslims:** "Sharia Do Like It."

22 **most of them shudder at the harsh way it's enforced:** Saiful Mujani and R. William Liddle, "Muslim Indonesia's Secular Democracy," *Asian Survey* 49, no. 4 (July/August 2009): 588.

23 **He seemed like a tired old man:** Bob S. Hadiwinata, *Politics of NGOs in Indonesia: Developing Democracy and Managing a Movement* (London: RoutledgeCurzon, 2003), 81.

24 **he used his office to challenge:** Seth Mydans, "Abdurrahman Wahid, 69, Is Dead; Led Indonesia for 2 Years of Tumult," *New York Times,* December 30, 2009.

25 **she "makes George Bush seem like an intellectual":** "President or Princess?" *The Economist,* April 26, 2001.

26 **Megawati never showed much interest:** Author interview with Joshua Kurlantzick, senior fellow for Southeast Asia, Council on Foreign Relations, August 22, 2014.

27 **Megawati offered them a deal:** Hefner interview.

28 **even serving in East Timor:** Paul Dillon, "Profile: Susilo Bambang Yudhoyono," Al Jazeera, July 4, 2004.

29 **was never credibly accused of human rights abuses:** Ishaan Tharoor, "Susilo Bambang Yudhoyono: The Man Behind Indonesia's Rise," *Time,* July 10, 2009.

30 **his "second country":** Stanley Weiss, "Despite the Bombing: Indonesia's Progress Will Continue," *International Herald Tribune,* August 8, 2003.

31 **was immediately sacked for his defiance:** Richard C. Paddock, "Beleaguered Wahid Sacks 4 Members of His Cabinet," *Los Angeles Times,* June 2, 2001.

32 **"charismatic, hero styles of leadership":** Jane Perlez, "A Cautious Reformer as Indonesia's Next President," *New York Times,* September 22, 2004.

33 **he blasted the notion of a sharia-based constitution:** "Dispense with the Pieties," *The Economist,* May 20, 2010.

34 **The president told Charlie Rose in 2011:** "The President of Indonesia

Is Interviewed About His Role as the Leader of the World's Third Largest Democracy," *Charlie Rose Show,* April 26, 2011.

35 **"always protect our minorities":** The text of Yudhoyono's speech is at http://www.appealofconscience.org/d-557/awards/H.E.%20Susilo%20Bambang%20Yudhoyono%20%20President%20Of%20The%20Republic%20Of%20Indonesia.

36 **analysts often compare to Egypt's Muslim Brotherhood:** Endy Bayuni, "The Political Failure of Indonesian Islamists," *Foreign Policy,* October 25, 2012.

37 **peduli (caring) and bersih (clean):** Mujani and Liddle, "Muslim Indonesia's Secular Democracy," 582.

38 **Suharto and his family had embezzled:** Marilyn Berger, "Suharto Dies at 86; Indonesian Dictator Brought Order and Bloodshed," *New York Times,* January 28, 2008.

39 **he declared that the country would be "destroyed":** " 'I Have to Face Many Fundamental Issues': An Exclusive Interview with Indonesia's New President," *Time,* October 25, 2004.

40 **convict and jail some 160 senior officials:** "Interview with Foreign Editor Greg Sheridan," *The Australian,* February 23, 2012.

41 **the father-in-law of Yudhoyono's son:** Gregory B. Poling and Blake Day, "Corruption in Indonesia and the 2014 Elections," Center for Strategic and International Studies, November 7, 2013, http://csis.org/publication/corruption-indonesia-and-2014-elections.

42 **the KPK even nailed the head of the constitutional court:** "Indonesia President Susilo Bambang Yudhoyono Under Pressure as Corruption Investigators Arrest Top Judge," *Independent,* October 3, 2013.

43 **helped turn Indonesia's moribund market:** Pisani, "Indonesia in Pieces."

44 **the country more than doubled its exports:** Karen Brooks, "Indonesia and the Philippines: A Tale of Two Archipelagoes," *Foreign Affairs,* January/February 2014.

45 **SBY was also accused of turning a blind eye:** Author interview with R.

William Liddle, professor emeritus of political science, Ohio State University, August 27, 2014.

46 **when he issued a "religious harmony" decree:** Adreas Harsono, "No Model for Muslim Democracy," *New York Times,* May 21, 2012.

47 **SBY's Democratic Party backed a loosely worded antipornography law:** Cochrane, "Political Islam Is Struggling to Win Votes."

48 **the greatest stain on his record:** Liddle interview.

49 **bringing Indonesia's Islamic parties into the political mainstream:** Jay Solomon, "In Indonesia, a Model for Egypt's Transition," *Wall Street Journal,* February 12, 2011.

50 **fighting in just one province—Maluku:** "Troops Sent After Deadly Clashes in Indonesia's Ambon," BBC News, September 12, 2011.

51 **extremists successfully staged more than one hundred attacks:** See the University of Maryland Global Terrorism Database page for Indonesia, http://www.start.umd.edu/gtd/search/Results.aspx?chart=country& casualties_type=&casualties_max=&country=93.

52 **October 12, 2002:** Brian A. Jackson, John C. Baker, Kim Cragin, John Parachini, Horacio R. Trujillo, and Peter Chalk, *Aptitude for Destruction,* vol. 2, *Case Studies of Organizational Learning in Five Terrorist Groups* (Washington, DC: Rand Corporation, 2005), 70.

53 **202 people were dead:** Sara Schonhardt, "Bali Bombings: 10 Years Later, Progress and Some Bumps Ahead," *Christian Science Monitor,* October 12, 2012.

54 **insisting that JI did in fact not exist:** "Dispense with the Pieties."

55 **a broad new antiterrorism law:** Sidney Jones, "Indonesian Government Approaches to Radical Islam Since 1998," in *Democracy and Islam in Indonesia,* ed. Mirjam Künkler and Alfred C. Stepan (New York: Columbia University Press, 2013), 117.

56 **Densus 88 (Detachment 88):** Author interview with Sidney Jones, director of the Institute for Policy Analysis of Conflict, Jakarta, September 5, 2014. All following Jones quotations are from this interview unless otherwise specified.

57 **Indonesia's allies also flew Detachment 88 members:** Leonard C. Sebastian, *Realpolitik Ideology: Indonesia's Use of Military Force* (Singapore: Institute of Southeast Asian Studies, 2006), 176n172.

58 **Western states also provided:** Jones, "Indonesian Government Approaches to Radical Islam," 115.

59 **"one of the world's most determined campaigns":** Hannah Beech, "What Indonesia Can Teach the World About Counterterrorism," *Time,* June 7, 2010.

60 **the group has officially renounced violence in Indonesia:** Jones interview.

61 **officers apprehended a number of senior leaders:** International Crisis Group, "How Indonesia Extremists Regroup" (Asia Report, July 16, 2012), i, http://www.crisisgroup.org/~/media/Files/asia/south-east-asia/indonesia/228-how-indonesian-extremists-regroup.pdf.

62 **jailed a total of about nine hundred terrorists:** Author interview with Solahudin, Institute for Policy Analysis of Conflict, September 7, 2014.

63 **only detained terrorism suspects:** Ibid.

64 **numerous suspects widely thought guilty:** Ibid.

65 **Jakarta's use of public hearings:** Ibid.

66 **often share meals:** Hamish McDonald, "Fighting Terrorism with Smart Weaponry," *Sydney Morning Herald,* May 31, 2008.

67 **join them in prayer:** Beech, "What Indonesia Can Teach the World About Counterterrorism."

68 **the campaign has involved setting up moderate pesantrens:** Jones, "Indonesian Government Approaches to Radical Islam," 120.

69 **getting prominent local and Middle Eastern imams:** Solahudin interview.

70 **trotting former terrorists out on TV:** Joshua Kurlantzick, "A Muslim Model: What Indonesia Can Teach the World," *Boston Globe,* September 13, 2009.

71 **enlisting everyone from comic-book artists to pop stars:** Magnus Ranstorp, "Preventing Violent Radicalization and Terrorism: The Case of Indonesia" (Center for Asymmetric Threat Studies, Swedish National Defence College, 2009), 6–13, https://www.fhs.se/Documents/Externwebben/ forskning/

centrumbildningar/CATS/publikationer/Preventing%20Violent%20Radicalization%20and%20Terrorism%20-%20The%20Case%20of%20Indonesia.pdf.

72 **one of the most systematic and successful antiextremism initiatives:** Ibid., 23.

73 **one of the world's "fragile five" economies:** "Tales from the Emerging World: Elections 2014: How Fragile Are the 'Fragile Five'?" Morgan Stanley, December 3, 2013, https://www.morganstanley.com/public/Tales_from_ the_Emerging_World_Fragile_Five.pdf.

74 **43 percent of the population:** Michael Bristow, "Can Indonesia's Jokowi Meet Expectations?" BBC News, August 22, 2014.

75 **the chairman and the treasurer of Yudhoyono's Democratic Party:** "The Great Unravelling," *The Economist,* February 25, 2012.

76 **no longer count on public or bureaucratic backing:** Kanupriya Kapoor and Randy Fabi, "Special Report: Indonesia's Graftbusters Battle the Establishment," Reuters, November 18, 2013.

77 **Allegations of torture, unlawful detention, and "encounter killings":** Jim Della-Giacoma, "Indonesia's Police: The Problem of Deadly Force," *Interpreter,* June 18, 2013. See also Tom Allard, "Indonesia's New Danger from Within," *Sydney Morning Herald,* September 13, 2010.

78 **experts put the figure at several hundred:** Chilkoti, "Indonesia: A Challenge to Tradition."

79 **the son of a carpenter:** Mishra, "The Places in Between,"

80 **as mayor he declined to draw a salary:** Bristow, "Can Indonesia's Jokowi Meet Expectations?"

81 **Jokowi made merit, not religion, the core principle:** Jonah Blank, "Good Guy Gamble: What to Expect from Indonesia's Jokowi," *Foreign Affairs,* July 16, 2014.

82 **"pork-eating infidel":** Tobias Basuki, "First Ethnic Chinese Governor of Jakarta Takes Indonesia Forward," *Jakarta Globe,* August 22, 2014.

Chapter 4: Learn to Live with It

1 **the Interahamwe:** Human Rights Watch, "Rwanda: Justice After Genocide—20 Years On," March 28, 2014, 2, https://www.hrw.org/news/2014/03/28/rwanda-justice-after-genocide-20-years.

2 **trained and amply equipped by its great-power patron, France:** Stephen Kinzer, "A Devastating Report on France's Role," *New York Times,* August 15, 2008.

3 **the word means "the Invincibles":** Jean Hatzfeld, *The Antelope's Strategy: Living in Rwanda After the Genocide* (New York: Picador, 2010), 11.

4 **a nation that the World Bank had deemed "nonviable":** Philip Gourevitch, "The Life After," *The New Yorker,* May 4, 2009.

5 **More than 40 percent of Rwanda's total population:** John Norris, "In the Wake of Mass Murder," *Foreign Policy,* April 7, 1994.

6 **Conditions among the general population:** Swanee Hunt, "The Rise of Rwanda's Women: Rebuilding and Reuniting a Nation," *Foreign Affairs,* May/June 2014.

7 **Malaria, HIV, tuberculosis, and other infectious diseases:** Neal Emery, "Rwanda's Historic Health Recovery: What the U.S. Might Learn," *Atlantic,* February 20, 2013.

8 **Four-fifths of them had lost at least one relative:** L. Gupta, "1998 Rwanda: Follow-up Survey of Rwandan Children's Reactions to War Related Violence from the 1994 Genocide" (UNICEF, 1998), http://www .unicef.org/evaldatabase/index_14242.html.

9 **Close to one hundred thousand minors had been orphaned:** "Ten Years After Genocide, Rwandan Children Suffer Lasting Impact," UNICEF press release, April 6, 2004, http://www.unicef.org/media/media_20325 .html.

10 **some form of post-traumatic stress disorder:** Stephen Kinzer, *A Thousand Hills: Rwanda's Rebirth and the Man Who Dreamed It* (New York: John Wiley & Sons, 2009), 254.

11 **a land of "confusion, death, and despair":** "Rebooting Rwanda," *Foreign Affairs*, May/June 2014. All following Kagame quotations are from this

interview unless otherwise specified.

12 **the number of suspected génocidaires was enormous:** Phil Clark, "The Rules (and Politics) of Engagement: The *Gacaca* Courts and Post-Genocide Justice, Healing and Reconciliation in Rwanda," in *After Genocide: Transitional Justice, Post-Conflict Reconstruction and Reconciliation in Rwanda and Beyond*, ed. Phil Clark and Zachary D. Kaufman (New York: Columbia University Press, 2009), 226.

13 **numerous ICTR administrators were accused of sexual harassment:** Barbara Crossette, "On Eve of U.N. Rwanda Trials, Reports of Misconduct," *New York Times,* January 9, 1997.

14 **RPF troops had killed tens of thousands:** Alison Des Forges, *Leave None to Tell the Story: Genocide in Rwanda* (New York: Human Rights Watch, 1999), 1052.

15 **by 2000 the number would exceed 130,000:** Human Rights Watch, "Rwanda: Justice After Genocide," 4.

16 **detainees were "underfed, drinking dirty water":** Clark, "The Rules (and Politics) of Engagement," 297.

17 **it would take about two hundred years to process the rest:** "Rwanda to Use Traditional Justice in '94 Killings," *New York Times,* October 7, 2001.

18 **the cost and economic impact of locking up so many people:** Clark, "The Rules (and Politics) of Engagement," 297.

19 **"There [was] no way to ignore the responsibility"**: Kinzer, *Thousand Hills,* 256.

20 **reconciliation: a somewhat nebulous term:** Geneviève Parent, "Reconciliation and Justice After Genocide: A Theoretical Exploration," *Genocide Studies and Prevention: An International Journal* 5, no. 3 (2010): 278.

21 **"not a rational thing to do":** Kinzer, *Thousand Hills,* 254.

22 **the six-foot-two general:** Raymond Bonner, "How Minority Tutsi Won the War," *New York Times,* September 6, 1994.

23 **Though he'd been born into relative luxury:** Kinzer, *Thousand Hills,* 13–39.

24 **he named Kagame his chief of military intelligence:** Aimable Twagilimana, *Historical Dictionary of Rwanda* (New York: Rowman & Littlefield, 1997), 94.

25 **it began working to extend both education and health care:** Tina Rosenberg, "In Rwanda, Health Care Coverage That Eludes the U.S.," *New York Times,* July 3, 2012.

26 **it slashed red tape and embraced technology:** Nicholas Kulish, "Rwanda Reaches for New Economic Model," *New York Times,* March 23, 2014.

27 **it created a national ombudsman and an auditor-general's office:** World Bank, *World Development Report 2011: Conflict, Security, and Development* (Washington, DC: World Bank, 2011), 158.

28 **passed a law requiring all public officials to disclose their net worth annually:** Robert I. Rotberg, "Leadership Alters Corrupt Behavior," in *Corruption, Global Security, and World Order,* ed. Robert I. Rotberg (Washington, DC: Brookings Institution Press, 2009), 355.

29 **created a process known as imihigo:** Daniel Scher and Christine MacAulay, "The Promise of Imihigo: Decentralized Service Delivery in Rwanda, 2006–2010" (Innovations for Successful Societies, Princeton University, 2010), http://successfulsocieties.princeton.edu/sites/successful societies/files/Policy_Note_ID133.pdf.

30 **Such divisions had taken fluid form:** Kinzer, *Thousand Hills,* 22.

31 **Since the Tutsi were the most European-looking of the locals:** Des Forges, *Leave None to Tell the Story,* 36.

32 **formally forbade ethnic discrimination:** Freedom House, *Countries at the Crossroads 2011: An Analysis of Democratic Governance* (New York: Rowman & Littlefield, 2012), 11:567.

33 **stripped all references to Hutu, Tutsi, and Twa:** Marc Lacey, "A Decade After Massacres, Rwanda Outlaws Ethnicity," *New York Times,* April 9, 2004.

34 **"reflection meetings":** Hatzfeld, *Antelope's Strategy,* 125.

35 **it would abandon its attempts to process:** Phil Clark, *The* Gacaca *Courts, Post-Genocide Justice and Reconciliation in Rwanda: Justice Without*

Lawyers (Cambridge: Cambridge University Press, 2010), 57.

36 **huge numbers of revenge killings:** Author interview with Phil Clark, April 14, 2015. All following Clark quotations are from this interview unless otherwise specified.

37 **gacaca:** Max Rettig, "*Gacaca*: Truth, Justice, and Reconciliation in Postconflict Rwanda?," *African Studies Review* 51, no. 3 (December 2008): 25–50.

38 **Entire communities would be required to attend:** Kinzer, *Thousand Hills,* 258.

39 **"one of the most ambitious transitional justice projects":** Rettig, "*Gacaca,*" 25.

40 **"This is government enforced reconciliation"**: Human Rights Watch, *Justice Compromised: The Legacy of Rwanda's Community-Based* Gacaca *Courts* (New York: Human Rights Watch, 2011), 120.

41 **Human rights groups like Amnesty International also condemned gacaca:** Amnesty International, "*Gacaca:* A Question of Justice," December 17, 2002, https://www.amnesty.org/en/documents/afr47/007/2002/en/.

42 **close to two million cases:** Human Rights Watch, "Rwanda: Justice After Genocide," 5.

43 **"wide range of fair trial violations":** Human Rights Watch, "Rwanda: Mixed Legacy for Community-Based Genocide Courts: Serious Miscarriages of Justice Need National Court Review" (May 31, 2011), https://www.hrw.org/news/2011/05/31/rwanda-mixed-legacy-community -based-genocide-courts.

44 **elevated levels of mental disorders:** Karen Brounéus, "The Trauma of Truth Telling: Effects of Witnessing in the Rwandan *Gacaca* Courts on Psychological Health," *Journal of Conflict Resolution* 54, no. 3 (June 2010): 408–37.

45 **"You have to remember":** Author interview with Max Rettig, March 29, 2015. All following Rettig quotations are from this interview unless otherwise specified.

46 **ukuri, ubutabera, and ubwiyunge:** Rettig, "*Gacaca,*" 30.

47 **"simultaneously one of the best":** Peter Uvin, "The Introduction of a Modernized *Gacaca* for Judging Suspects of Participation in the Genocide and the Massacres of 1994 in Rwanda" (discussion paper, Belgian Secretary of State of Development Cooperation, 2000), 14, https://www.research gate.net/publication/260399376_The_Introduction_of_a_Modernized_Gacaca_for_Judging_Suspects_of_Participation_in_the_Genocide_and_the_Massacres_of_1994_in_Rwanda_A_Discussion_Paper.

48 **"active engagement between parties":** Clark, "The Rules (and Politics) of Engagement," 315.

49 **"reconciliation naturally promotes":** Hatzfeld, *Antelope's Strategy,* 129.

50 **"Did gacaca, in its own terms":** Author interview with Philip Gourevitch, April 1, 2015. All following Gourevitch quotations are from this interview unless otherwise specified.

51 **Life expectancy has risen by ten years:** Swanee Hunt, "Rebuilding Rwanda: Reflections on a Nation Two Decades After Genocide," *Global Post,* December 23, 2013.

52 **deaths from HIV, TB, and malaria have all fallen:** Emery, "Rwanda's Historic Health Recovery."

53 **the highest level of female representation:** Roopa Gogineni, "Rwandan Parliament's Female Majority Focuses on Equality," Voice of America, September 26, 2013.

54 **"the harsh politics of reconciliation":** Hatzfeld, *Antelope's Strategy,* 83.

55 **held positive views about the overall process:** Joanna Pozen, Richard Neugebauer, and Joseph Ntaganira, "Assessing the Rwanda Experiment: Popular Perceptions of *Gacaca* in Its Final Phase," *International Journal of Transitional Justice* 8, no. 1 (2014): 11.

56 **"at the market, we sell to one another without a qualm":** Hatzfeld *Antelope's Strategy,* 83.

57 **"when we realize that we cannot kill one another":** Ibid., 208.

58 **"we get more done in Rwanda than anywhere else in the world":** Hunt, "Rebuilding Rwanda."

59 **"freed the heart and the mind of his people":** Kevin Sack and Sheri Fink, "Rwanda Aid Shows Reach and Limits of Clinton Foundation," *New York Times,* October 18, 2015.

60 **Patrick Karegeya:** "Rwanda's President Paul Kagame Warns Traitors," BBC News, January 13, 2014.

61 **Kayumba Nyamwasa:** Daniel Donovan, "Kagame's Iron Fist Stokes Fires in Rwanda," *U.S. News & World Report,* January 10, 2014.

Chapter 5: Assume the Worst

1 **Edwin Yeo:** Chun Han Wong, "Singapore Jails Anticorruption Official for Misappropriation of Public Funds," *Wall Street Journal,* February 21, 2014.

2 **they almost never take place there:** Alfred Oehlers, "Corruption: The Peculiarities of Singapore," in *Corruption and Good Governance in Asia,* ed. Nicholas Tarling (London: Routledge, 2005), 149.

3 **its debaucherous embrace of vice and iniquity:** Robert I. Rotberg, "Leadership Alters Corrupt Behavior," in *Corruption, Global Security, and World Order,* ed. Robert I. Rotberg (Washington, DC: Brookings Institution Press, 2009), 346.

4 **fought turf wars in the streets:** C. M. Turnbull, *A History of Singapore, 1819–1988.* (Oxford: Oxford University Press, 1989), 138.

5 **you'd have to pay off the ambulance crew:** Lee Kuan Yew, *From Third World to First: The Singapore Story, 1965–2000* (New York: HarperCollins, 2000), 158.

6 **Lee survived the hard years of occupation:** Lee Kuan Yew, *The Singapore Story: Memoirs of Lee Kuan Yew* (Singapore: Times Editions, 1998), 66.

7 **among his tutors was the same Harold Laski:** Ibid., 104.

8 **proceeded to berate the hapless civil servant:** Ibid., 135.

9 **infuriated with the island's complacent and incompetent colonial administrators:** Ibid., 137.

10 **"the percentage, kickback, baksheesh, slush":** Lee, *From Third World to First,* 163.

11 **"supine, feeble, self-serving, [and] opportunistic":** Lee, *Singapore Story,* 160.

12 **the PAP even accused members of its main rival:** Irene Ng, *The Singapore Lion: A Biography of S. Rajaratnam* (Singapore: Institute of South East Asia Studies, 2010), 279.

13 **"a victory of right over wrong":** Jon S. T. Quah, "Curbing Corruption in a One-Party Dominant System: Learning from Singapore's Experience," in *Preventing Corruption in Asia: Institutional Design and Policy Capacity,* ed. Ting Gong and Stephen K. Ma (London: Routledge, 2009), 134.

14 **another "undeveloped country of the Third World":** Raj Vasil, *Governing Singapore: A History of National Development and Democracy* (St. Leonards, NSW, Australia: Allen & Unwin, 2000), 45.

15 **The new country was tiny:** Quah, "Curbing Corruption in a One-Party Dominant System," 131.

16 **diverse and divided:** Rotberg, "Leadership Alters Corrupt Behavior," 347.

17 **"Singapore is walking on a razor's edge":** Lee, *From Third World to First,* 49.

18 **"First World standards of reliability and predictability":** Lee Kuan Yew, "Why Singapore Is What It Is" (speech to the International Bar Association, October 14, 2007).

19 **"different from our neighbors":** Ibid.

20 **without rapid reform, "then verily shall we perish":** Lee Kuan Yew, *The Wit and Wisdom of Lee Kuan Yew* (Singapore: Editions Didier Millet, 2013), 61.

21 **an "absolute jihad" against bribery and graft:** Rotberg, "Leadership Alters Corrupt Behavior," 346.

22 **the theft of eighteen hundred pounds of opium:** Jon S. T. Quah, *Combating Corruption Singapore-Style,* Maryland Series in Contemporary Asian Studies, no. 2 (Baltimore: University of Maryland Franics King Carey School of Law, 2007), 15–16.

23 **"any other service, favour, or advantage":** Quah, "Curbing Corruption in a

One-Party Dominant System," 136.

24 **The law even criminalized bribe paying:** Author interview with K. Shanmugam, September 9, 2014.

25 **POCA created several powerful new legal presumptions:** Ibid.

26 **the new legislation granted the CPIB great independence:** Quah, "Curbing Corruption in a One-Party Dominant System," 136.

27 **Singapore's legislature also granted:** Quah, *Combating Corruption Singapore-Style,* 20.

28 **the bureau was removed from the attorney general's supervision:** Ibid., 23.

29 **the right to overrule the prime minister:** Constitution of Singapore, part 5, chapter 1, article 22g.

30 **"the disinfecting has to start from the top":** Lee, *Wit and Wisdom,* 62.

31 **Lee fired and ostracized him anyway:** Lee, *From Third World to First,* 160.

32 **"As an honourable oriental gentleman":** Lee, *From Third World to First,* 162–63.

33 **"completely incorruptible":** Author interview with K. Shanmugam, September 9, 2014. All following Shanmugam quotations are from this interview unless otherwise specified.

34 **"that the governing elite":** Rotberg, "Leadership Alters Corrupt Behavior," 348.

35 **police officers are required to report:** Robert E. Klitgaard, *Controlling Corruption* (Berkeley: University of California Press, 1988), 129.

36 **CPIB inspectors regularly troll:** "Effective Rules, Procedures Prop Up Singapore's Anti-corruption System," Xinhua News Agency, September 8, 2014.

37 **Prime Minister Lee Hsien Loong formally reprimanded his boss:** Chun Han Wong, "Singapore Jails Anticorruption Official for Misappropriation of Public Funds," *Wall Street Journal,* February 21, 2014.

38 **Political scientists distinguish between two types of corruption:** Robert I. Rotberg, "How Corruption Compromises World Peace and Stability," in

Rotberg, *Corruption, Global Security, and World Order,* 4.

39 **an official at the Singapore Land Authority:** Ann Koh and Andrea Tan, "Koh Seah Wee Sentenced to 22 Years for Singapore's Public Sector Fraud," Bloomberg.com, November 4, 2011.

40 **another Singapore resident:** Elena Chong, "Man Fined $3,000 for Offering a Bribe of $40 to a Cop," *Strait Times,* September 26, 2013.

41 **The government also rewards officials who reject bribes:** Klitgaard, *Controlling Corruption,* 128.

42 **it now compensates its officials more generously:** Quah, "Different Paths to Curbing Corruption," 245.

43 **The state also regularly rotates its employees:** Jakob Svensson, "Eight Questions About Corruption," *Journal of Economic Perspectives* 19, no. 3 (Summer 2005): 35.

44 **"the government feels":** Author interview with Simon Tay, September 10, 2014.

45 **the agency's then director ordered his entire staff:** Quah, *Combating Corruption Singapore-Style,* 42.

46 **Lee actually reduced government pay:** Quah, "Curbing Corruption in a One-Party Dominant System," 135.

47 **the country's microscopic geography:** Quah, *Combating Corruption Singapore-Style,* 5.

48 **he admitted to having done "some nasty things":** Seth Mydans, "Days of Reflection for Man Who Defined Singapore," *New York Times,* September 10, 2010.

49 **various safeguards:** Klitgaard, *Controlling Corruption,* 133.

50 **Governments from Argentina to Hong Kong:** Patrick Meagher, "Anti-corruption Agencies: A Review of Experience" (paper prepared for the World Bank, IRIS Center, University of Maryland, August 2002), 14–33, http://www1.worldbank.org/publicsector/anticorrupt/feb06course/summaryWBPaperACagencies.pdf.

51 **"leadership precedes institutional safeguards":** Rotberg, "Leadership

Alters Corrupt Behavior," 343.

Chapter 6: Diamonds Aren't Forever

1 **no natural resources:** Keith Jefferis, "Macroeconomic Management in a Mineral-Rich Economy" (International Growth Center Policy Note 14/0105, March 2014), 4, http://www.theigc.org/wp-content/uploads/ 2014/09/Jefferis-2013-Policy-Brief.pdf.

2 **There were a lot of cows:** Ibid.

3 **"We have no interest in the country":** Daron Acemoglu and James A. Robinson, *Why Nations Fail: The Origins of Power, Prosperity, and Poverty* (New York: Crown Business, 2013), 405.

4 **as of 1921 there were only 1,743 Europeans living in the vast country:** "South Africa Seeks to Annex Two States," *New York Times,* December 13, 1924.

5 **that number would just barely double:** Zdenek Červenka, *Republic of Botswana: A Brief Outline of Its Geographical Setting, History, Economy and Policies* (Uppsala, Sweden: Scandinavian Institute of African Studies, 1970), 25.

6 **"far below an acceptable level":** J. Clark Leith, *Why Botswana Prospered* (Montreal: McGill-Queens University Press, 2005), 24–25.

7 **just twenty-two university graduates:** Daron Acemoglu, Simon Johnson, and James A. Robinson, "An African Success Story: Botswana" (Massachusetts Institute of Technology Working Paper, July 2001), 1, http://economics.mit.edu/files/284.

8 **only one doctor for every twenty-six thousand people:** Charles Harvey and Stephen R. Lewis Jr., *Policy Choice and Development Performance in Botswana* (New York: St. Martin's Press, 1990), 22.

9 **eight kilometers of paved roads:** Quett Ketumile Joni Masire, *Very Brave or Very Foolish? Memoirs of an African Democrat* (Gaborone: Macmillan Botswana, 2006), ix.

10 **the Brits had run Bechuanaland remotely:** Leith, *Why Botswana Pros-*

pered, 24.

11 **"everything needed doing, and there was money for none of it":** Harvey and Lewis, *Policy Choice and Development Performance in Botswana,* 50.

12 **some two metric tons of gemstones:** Author interview with Debswana executives, Jwaneng mine, Botswana, May 13, 2015.

13 **its GDP grew faster than any other nation's:** Leith, *Why Botswana Prospered,* 3.

14 **just two full-fledged secondary schools at independence:** Acemoglu, Johnson, and Robinson, "An African Success Story," 17.

15 **bout of hyperinflation:** Leith, *Why Botswana Prospered,* 103.

16 **famine:** John D. Holm, "Botswana: A Paternalistic Democracy," *World Affairs* 150, no. 1 (Summer 1987): 25.

17 **"The chief provided leadership":** Leith, *Why Botswana Prospered,* 20.

18 **the Batswana took advantage of London's indifference:** Isaac Schapera, "The Political Organization of the Ngwato of Bechuanaland Protectorate," in *African Political Systems,* ed. E. E. Evans-Pritchard and Meyer Fortes (Oxford: Oxford University Press, 1940), 72.

19 **"Ntwa kgolo ke ya molomo":** James Raymond Denbow and Phenyo C. Thebe, *Culture and Customs of Botswana* (Westport, CT: Greenwood Press, 2006), 22–23.

20 **any leader foolish enough to ignore the will of his people:** John L. Comaroff and Simon Roberts, *Rules and Processes: The Cultural Logic of Dispute in an African Context* (Chicago: University of Chicago Press, 1981), 26.

21 **"Kgosi ke kogsi ka morafe":** Leith, *Why Botswana Prospered,* 21.

22 **the tribes became expert at sidelining unpromising aristocrats:** Acemoglu and Robinson, *Why Nations Fail,* 407.

23 **born to rule:** Thomas Tlou, Neil Parsons, and Willie Henderson, *Seretse Khama, 1921–1980* (Braamfontein: Macmillan South Africa, 1995), 30–58.

24 **Their 1948 wedding:** Ibid., ix–84.

25 **"a very disreputable transaction":** Robert I. Rotberg, *Transformative*

Political Leadership: Making a Difference in the Developing World (Chicago: University of Chicago Press, 2012), 72–73.

26 **"develop a democratic system":** Ibid., 75.

27 **none of them have managed to capitalize on it:** Acemoglu, Johnson, and Robinson, "An African Success Story," 27–29.

28 **"Our nation is defined by its common ideals":** Tlou, Parsons, and Henderson, *Seretse Khama,* 280.

29 **which at independence was just one-quarter black:** Acemoglu, Johnson, and Robinson, "An African Success Story," 17.

30 **they "called on anyone who would help":** Author interview with James A. Robinson, April 27, 2015. All following Robinson quotations are from this interview unless otherwise specified.

31 **The government made English and Setswana its sole official languages:** Lydia Nyati-Ramahobo, "The Language Situation in Botswana," in *Language Planning and Policy in Africa,* vol. 1, *Botswana, Malawi, Mozambique, and South Africa,* ed. Richard B. Baldauf and Robert B. Kaplan (Clivedon: Multilingual Matters, 2004), 44.

32 **banned the use of racial or tribal categories in census taking:** Acemoglu and Robinson, *Why Nations Fail,* 412–13.

33 **outlawed hiring discrimination of any sort:** Lawrence E. Harrison, *The Central Liberal Truth: How Politics Can Change a Culture and Save It from Itself* (Oxford: Oxford University Press, 2008), 181.

34 **"we cannot remain a stable and peaceful nation":** Sandy Grant, *Botswana: An Historical Anthology* (Cambridgeshire, UK: Melrose Books, 2012), 69.

35 **They also banned the kgosi from running for political office:** Holm, "Botswana: A Paternalistic Democracy," 23.

36 **gave the government the sole right to hire and fire them:** Ato Kwamena Onoma, *The Politics of Property Rights Institutions in Africa* (Cambridge: Cambridge University Press, 2010), 94.

37 **the Mineral Rights in Tribal Territories Act:** Harvey and Lewis, *Policy Choice and Development Performance in Botswana,* 114.

38 **"everything . . . had to go through cabinet":** Author interview with Stephen R. Lewis, May 4, 2015. All following Lewis quotations are from this interview unless otherwise specified.

39 **"we were an amalgam of tribes":** Author interview with Quett Masire, May 12, 2015. All following Masire quotations are from this interview unless otherwise specified.

40 **he would only telephone his boss:** Tlou, Parsons, and Henderson, *Seretse Khama,* 274.

41 **the government soon managed to balance its books:** Jerker Carlsson, Gloria Somolekae, and Nicolas Van de Walle, *Foreign Aid in Africa: Learning from Country Experiences* (Uppsala, Sweden: Nordic Africa Institute, 1997), 18–19.

42 **by 1984 Botswana was producing:** Harvey and Lewis, *Policy Choice and Development Performance in Botswana,* 120.

43 **"There are times I haven't liked it":** Author interview with Bruce Cleaver, May 11, 2015.

44 **"The culture here was forged by farming or ranching":** Author interview with Keith Jefferis, May 12, 2015.

45 **it would hold conferences in local hotels:** Harvey and Lewis, *Policy Choice and Development Performance in Botswana,* 63.

46 **a choice that kept it from hosting Henry Kissinger:** Tlou, Parsons, and Henderson, *Seretse Khama,* 327.

47 **his annual compensation was just $24,000:** Masire interview.

48 **"So they started factoring manpower into the budgeting process":** Author interview with Jay Salkin, May 14, 2015.

49 **multiyear National Development Plans:** Keith Jefferis, "Macroeconomic Management," 6.

50 **any individual official who spends money outside the NDP:** Salkin interview.

51 **investing heavily in human development and basic physical infrastructure:** Keith Jefferis, "Botswana and Diamond-Dependent Development," in

Botswana: Politics and Society, ed. W. A. Edge and M. H. Lekorwe (Pretoria: J. L. van Schaik, 1998), 305.

52 **such spending has averaged between 20 and 30 percent of GDP:** Acemoglu, Johnson, and Robinson, "An African Success Story," 19.

53 **the country's manufacturing sector grew by 12.5 percent a year:** Harvey and Lewis, *Policy Choice and Development Performance in Botswana,* 159.

54 **eschewing motorcades:** Robert I. Rotberg, "Leadership Alters Corrupt Behavior," in *Corruption, Global Security, and World Order,* ed. Robert I. Rotberg (Washington, DC: Brookings Institution Press, 2009), 352.

55 **a secondhand Plymouth Valiant:** Robyn Scott, *Twenty Chickens for a Saddle: The Story of an African Childhood* (New York: Penguin Press, 2008), 252.

56 **every member of Parliament recently got a $100,000 Lexus:** Michael Specter, "Extreme City: The Severe Inequality of the Angolan Oil Boom," *The New Yorker,* June 1, 2015.

57 **Khama also barred ministers from flying first class:** Rotberg, *Transformative Political Leadership,* 87.

58 **"the president of Zaire's parliament was very angry at us":** Author interview with Festus Mogae, May 11, 2015. All following Mogae quotations are from this interview unless otherwise specified.

59 **"More important than specific legislation":** Masire, *Very Brave or Very Foolish?,* 240.

60 **export revenues fell 64 percent:** Charles Harvey, "Banking Policy in Botswana: Orthodox but Untypical" (Institute of Development Studies Working Paper, January 1996), 9, http://www.ids.ac.uk/publication/banking-policy-in-botswana-orthodox-but-untypical.

61 **Gaborone reluctantly decided to stop selling its stones:** Marvin Zonis, Dan Lefkovitz, and Sam Wilkin, *The Kimchi Matters: Global Business and Local Politics in a Crisis-Driven World* (Chicago: Agate Publishing, 2003), 258.

62 **"like eating a dairy cow that should have been saved for milking":** Masire, *Very Brave or Very Foolish?,* 205.

63 **all mineral earnings be used solely for "investment expenditure":** Atushi Iimi, "Did Botswana Escape from the Resource Curse?" (International Monetary Fund Working Paper, African Department, June 2006), 10, https://www.imf.org/external/pubs/ft/wp/2006/wp06138.pdf.

64 **the state already employs close to 40 percent of the workforce:** Jefferis interview.

65 **mining as a share of GDP has fallen:** Keith Jefferis, "The Botswana Development Model Since 1966: Evaluation of Diversification Efforts. What Worked? What Didn't?" (paper presented to BIDPA-UB-FES Conference, "Are Diamonds There Forever?," August 28, 2014), 5, available at http://www.fes-botswana.org/pages/conference-papers/sustainable_development.php. Current figure supplied by author.

66 **"We were lucky enough to have diamonds":** Author interview with Gape Kaboyakgosi, May 12, 2015.

67 **funnel most of their resource earnings directly to their citizens:** Larry Diamond and Jack Mosbacher, "Petroleum to the People," *Foreign Affairs,* September/October 2013.

Chapter 7: This Land Is My Land

1 **US oil and natural gas production were both dwindling:** Edward L. Morse, "Welcome to the Revolution: Why Shale Is the Next Shale," *Foreign Affairs,* May/June 2014.

2 **the United States had grown dangerously dependent:** Martin Feldstein, "Oil Dependence and National Security: A Market-Based System for Reducing U.S. Vulnerability" (paper, National Bureau of Economic Research, October 2001), http://www.nber.org/feldstein/oil.html.

3 **"energy haves and have-nots":** Matthew R. Simmons, "The Peak Oil Debate" (presentation for the EIA 2008 Energy Conference, April 7, 2008), https://www.eia.gov/conference/2008/conf_pdfs/Monday/Simmons.pdf.

4 **"starvation, economic recession":** Michael C. Ruppert, "Colin Campbell on Oil," *From the Wilderness,* October 23, 2002.

5 **"major economic upheaval":** Robert L. Hirsch, Roger Bezdek, and Robert Wendling, "Peaking of World Oil Production: Impacts, Mitigation, and Risk Management" (paper sponsored by the National Energy Technology Laboratory, February 2005), 66, http://www.netl.doe.gov/energy -analyses/pubs/Oil_Peaking_NETL.pdf.

6 **in 2014 its output hit its highest level:** Eduardo Porter, "Behind the Drop in Oil Prices, Washington's Hand," *New York Times,* January 20, 2015.

7 **stop importing crude altogether:** Gregory Zuckerman, *The Frackers: The Outrageous Inside Story of the New Billionaire Wildcatters* (New York: Portfolio, 2013), 3.

8 **According to a Yale study group:** Robert Ames, Anthony Corridore, Joel N. Ephross, Edward A. Hirs III, Paul W. MacAvoy, and Richard Tavelli, "The Arithmetic of Shale Gas" (Yale Graduates in Energy Study Group Report, June 15, 2012), http://marcelluscoalition.org/wp-content/uploads/2012/07/The-Arithmetic-of-Shale-Gas.pdf.

9 **America's four big airlines:** James Surowiecki, "Tanking," *New Yorker,* February 8 and 15, 2016.

10 **spared US homeowners some $30 billion:** Morse, "Welcome to the Revolution."

11 **the shale boom has already reduced emissions:** Mark Drajem, "Fracking Boom Has U.S. Cutting Climate Warming Emissions," BloombergBusiness, March 27, 2012.

12 **"challenging but manageable":** Roberta Rampton and Jeff Mason, "Obama Considering MIT Physicist Moniz for Energy Secretary—Sources," Reuters, February 6, 2013.

13 **have already cut methane gas leaks significantly**: Kevin Begos, "EPA Methane Report Further Divides Fracking Camps," Associated Press, April 28, 2013.

14 **Fred Krupp:** Fred Krupp, "Drill, Baby, Drill—but Carefully," *Foreign Affairs,* May/June 2004.

15 **Asian oil consumption grew by less:** Michael Levi, "Go East, Young

Oilman: How Asia Is Shaping the Future of Global Energy," *Foreign Affairs,* July/August 2015.

16 **the equivalent of a 2 percent pay raise:** "Sheiks vs. Shale," *The Economist,* December 6, 2014.

17 **"the world of commodities":** Clifford Krauss and Ian Austen, "If It Owns a Well or a Mine, It's Probably in Trouble," *New York Times,* December 8, 2008.

18 **hundreds of thousands of jobs:** Ibid.

19 **to a collective tune of $260 billion:** "Shale Oil: In a Bind," *The Economist,* December 6, 2014.

20 **"The gains are going to accelerate":** Author interview with Edward Morse, February 13, 2015. All following Morse quotations are from this interview unless otherwise specified.

21 **the United States should remain:** Alex Lawler, "U.S. Oil Output 'Party' to Last to 2020: IEA," Reuters, February 10, 2015.

22 **was expected to cost about $6 billion:** "Exxon British Unit, Shell Plan $6 Billion North Sea Program," *Wall Street Journal,* May 7, 1976.

23 **It was soon burning through $2.7 million a day:** Walter Sullivan, "North Sea Getting Its Test as Oil Drilling Site," *New York Times,* May 31, 1976.

24 **a combined total of about $150 billion:** Zuckerman, *Frackers,* 69.

25 **"classic Yankee ingenuity":** Robert A. Hefner III, "The United States of Gas," *Foreign Affairs,* May/June 2014.

26 **the US oil and gas industry had long suspected:** Daniel Yergin, *The Quest: Energy, Security, and the Remaking of the Modern World* (New York: Penguin Press, 2011), 328.

27 **A crude form of this technique:** Russell Gold, *The Boom: How Fracking Ignited the American Energy Revolution and Changed the World* (New York: Simon & Schuster, 2014), 76.

28 **son of an illiterate Greek goatherd:** Daniel Yergin, "Your Dot" blog post as quoted in Andrew C. Revkin, "Daniel Yergin on George Mitchell's Shale Energy Innovations and Concerns," *New York Times,* July 23, 2013, http://

dotearth.blogs.nytimes.com/2013/07/29/daniel-yergin-on-george -mitchells-shale-energy-innovations-and-concerns/.

29 **Mitchell Energy:** Zuckerman, *Frackers,* 19–26.

30 **"downhole bazooka":** Loren King, Ted Nordhaus, and Michael Shellenberger, "Shale Gas and Innovation Policy: Lessons from the Field" (paper prepared for the Breakthrough Institute, January 2015), 3. Cited with author's permission.

31 **a moment of atomic-age madness:** Holmes & Narver, Inc., *Project Gasbuggy Site Restoration Final Report* (United States Department of Energy, Nevada Operations Office, July 1983), 1, www.lm.doe.gov/Gasbuggy/GSB000018.pdf.

32 **swapping water for gel would cut the per-well cost:** Michael Shellenberger, "Interview with Dan Steward, Former Mitchell Energy Vice President," *The Breakthrough Institute,* December 12, 2011, http://the breakthrough.org/archive/interview_with_dan_steward_for.

33 **almost twice the size:** Douglas Martin, "George Mitchell, a Pioneer in Hydraulic Fracturing, Dies at 94," *New York Times,* July 26, 2013.

34 **threw the federal government's weight behind this effort:** Michael Shellenberger, Ted Nordhaus, Alex Trembath, and Jesse Jenkins, "Where the Shale Gas Revolution Came From: Government's Role in the Development of Hydraulic Fracturing in Shale" (paper prepared for the Breakthrough Institute, May 2012), 6, http://thebreakthrough.org/index.php/programs/energy-and-climate/where-the-shale-gas-revolution-came -from. See also Zuckerman, *Frackers,* 56; Eduardo Porter, "Behind the Drop in Oil Prices, Washington's Hand," *New York Times,* January 20, 2015; and King, Nordhaus, and Shellenberger, "Shale Gas and Innovation Policy," 7 (cited with author's permission).

35 **it created a tax credit as well:** Yergin, *The Quest*, 328.

36 **the Department of Energy spent some $24 billion:** Michael Shellenberger and Ted Nordhaus, "A Boom in Shale Gas? Credit the Feds," *Washington Post,* December 16, 2011.

37 **"what really made it happen":** Author interview with Robert A. Hefner III, February 13, 2015.

38 **Michael Giberson:** Michael Giberson, "Did the Federal Government Invent the Shale Gas Boom?," KnowledgeProblem.com, December 20, 2011, http://knowledgeproblem.com/2011/12/20/did-the-federal-government -invent-the-shale-gas-boom/.

39 **openly acknowledged the state's role:** Ted Nordhaus and Michael Shellenberger, "Lessons from the Shale Revolution," American Enterprise Institute, February 22, 2012.

40 **"did a hell of a lot of work":** Shellenberger, "Interview with Dan Steward."

41 **"If there is one key lesson":** Porter, "Behind the Drop in Oil Prices."

42 **"marvelously elegant system":** Gold, *The Boom,* 24.

43 **why the United States has so many independent energy firms:** Robert A. Hefner III, "United States of Gas."

44 **this high-tech free-for-all:** Ibid.

45 **only managed to bore about 1.5 million:** Ibid.

46 **Europe sits on about as much shale gas as the United States does:** "Frack to the Future," *The Economist,* February 2, 2013.

47 **The entire region produces no commercial shale gas:** Gregor Erbach, "Shale Gas and EU Energy Security" (European Parliament Briefing, December 2014), http://www.europarl.europa.eu/RegData/etudes/BRIE/2014/542167/EPRS_BRI(2014)542167_REV1_EN.pdf.

48 **Spencer Dale:** "BP Doesn't See Significant Shale Gas Production in Europe by 2035," Natural Gas Europe, February 18, 2015.

49 **Europe's much higher population density:** Paul Stevens, "The 'Shale Gas Revolution': Hype and Reality" (Chatham House Report, September 2010), 25, https://www.chathamhouse.org/sites/files/chathamhouse/public/Research/Energy,%20Environment%20and%20Development/r_0910stevens.pdf.

50 **"popular ignorance overrul[ing] science":** Ibid., 8.

51 **Russian imports account for about a third of Europe's total consumption:** Daniel Gross, "Russia Is Europe's Gas Station," July 24, 2014.

52 **have accused Moscow of funding:** Andrew Higgins, "Russian Money Suspected Behind Fracking Protests," *New York Times,* November 30, 2014.

53 **dividing up a bear hide:** Marek Strzelecki, "Poland Shale Boom Falters as State Targets Higher Taxes," Bloomberg, May 21, 2013.

54 **has up to 50 percent more recoverable gas:** Steven Mufson, "China Struggles to Tap Its Shale Gas," *Washington Post,* April 30, 2013.

55 **China only managed to produce:** China's total shale gas production in 2014 totaled 46 billion cubic feet; see "China 2014 Gas Output Growth Quickens," Reuters, January 13, 2015. In 2013 the United States produced 82 billion cubic feet per day; see United States Energy Information Administration, "Shale Gas Provides Largest Share of U.S. Natural Gas Production in 2013," *Today in Energy,* November 25, 2014.

56 **the same number that tiny North Dakota drilled:** Mufson, "China Struggles to Tap Its Shale Gas."

57 **created new subsidies for shale producers:** Keith Bradsher, "Natural Gas Production Falls Short in China," *New York Times,* August 21, 2014.

58 **waived import duties:** Lei Tian, Zhongmin Wang, Alan Krupnick, and Xiaoli Liu, "Stimulating Shale Gas Development in China: A Comparison with the US Experience" (Resources for the Future Discussion Paper, July 2014), 113, http://www.rff.org/files/sharepoint/WorkImages/Download/RFF-DP-14-18.pdf.

59 **is thought to hold 55 percent of the country's shale gas:** Alan Krupnick, Zhongmin Wang, and Yushuang Wang, "Environmental Risks of Shale Gas Development in China," *Energy Policy* 75 (December 2014): 118.

60 **folded together in ridges:** United States Energy Information Administration, *Technically Recoverable Shale Oil and Shale Gas Resources: An Assessment of 137 Shale Formations in 41 Countries Outside the United States* (Washington, DC, 2013), xx–9, http://www.eia.gov/analysis/studies/worldshalegas/archive/2013/pdf/fullreport_2013.pdf.

61 **"a major sticking point":** Richard Anderson, "Shale Industry Faces Global Reality Check," BBC News, April 7, 2014.

62 **fracking is a thirsty process:** Ryan Holeywell, "A Dash of Saltwater Could Make Fracturing More Palatable," *Houston Chronicle,* March 21, 2014.

63 **"Nobody gets fired for partnering with Shell":** Author interview with Elizabeth Muller, February 17, 2015.

64 **But China's market remains very far:** Tian, Wang, Krupnick, and Liu, "Stimulating Shale Gas Development in China," 113–14.

65 **ten years before China produces shale energy:** Anderson, "Shale Industry Faces Global Reality Check."

66 **which the government quietly lowered:** Anthony Fensom, "China: The Next Shale-Gas Superpower?," *National Interest,* October 9, 2014.

67 **"You can forget about the next five to 10 years":** Anderson, "Shale Industry Faces Global Reality Check."

Chapter 8: Manufacture Your Miracle

1 **a tenth of the population was dead:** Iain Marlow, "South Korea's *Chaebol* Problem," *Globe and Mail,* April 24, 2015.

2 **half of all houses on the peninsula were leveled:** Daniel Tudor, *Korea: The Impossible Country* (North Clarendon, VT: Tuttle Publishing, 2012), 21.

3 **nine hundred factories:** Gregg A. Brazinsky, *Nation Building in South Korea: Koreans, Americans, and the Making of a Democracy* (Chapel Hill: University of North Carolina Press, 2007), 32.

4 **the average South Korean male now stands 3.5 inches taller:** Choe Sang-hun, "South Korea Stretches Standards for Success," *New York Times,* December 22, 2009.

5 **he would blame his small stature:** Chong-Sik Lee, *Park Chung-Hee: From Poverty to Power* (Palos Verdes, CA: KHU Press, 2012), 34.

6 **three out of every five citizens were subsistence farmers:** Mark Clifford, *Troubled Tiger: Businessmen, Bureaucrats, and Generals in South Korea* (Armonk, NY: M. E. Sharpe, 1998), 43.

7 **mostly rice and fish:** Barry Eichengreen, Dwight H. Perkins, and Kwanho Shin, *From Miracle to Maturity: The Growth of the Korean Economy* (Cam-

bridge, MA: Harvard University Press, 2012), 135.

8 **totaled a paltry $41 million a year:** Bruce Cumings, *Korea's Place in the Sun: A Modern History,* updated ed. (1997; repr., New York: W. W. Norton, 2005), 355.

9 **Washington made its displeasure clear:** Ibid., 359.

10 **"Park was basically illegitimate":** Author interview with Marcus Noland, June 11, 2015. All following Noland quotations are from this interview unless otherwise specified.

11 **its population ate most of what it managed to grow**: Author interview with Dwight Perkins, June 15, 2015. All following Perkins quotations are from this interview unless otherwise specified

12 **"military-backed forced-pace industrialization":** Cumings, *Korea's Place in the Sun,* 311.

13 **a subject he'd study obsessively:** Chung-in Moon and Byung-joon Jun, "Modernization Strategy: Ideas and Influences," in *The Park Chung Hee Era: The Transformation of South Korea,* ed. Byung-Kook Kim and Ezra F. Vogel (Cambridge, MA: Harvard University Press, 2011), 120.

14 **Korean wages averaged about a tenth of those in the United States:** Cumings, *Korea's Place in the Sun,* 313.

15 **puguk kangbyông:** Byung-Kook Kim, "Introduction: The Case for Political History," in Byung-Kook Kim and Vogel, *Park Chung Hee Era,* 3.

16 **"Confrontation between democracy and Communism":** Park Chung Hee and Shin Bum Shik, *Major Speeches by Korea's Park Chung Hee* (Seoul: Hollym Corporation, 1970), 124.

17 **"let's fight while we work":** Ibid., 243.

18 **building schools, highways, ports:** Stephan Haggard and Myung-koo Kang, "The Politics of Growth in South Korea: Miracle, Crisis, and the New Market Economy," 3, in *Oxford Handbook on the Politics of Development,* ed. Carol Lancaster and Nicolas van de Walle (Oxford: Oxford University Press, forthcoming).

19 **the technocratic competence and the can-do spirit:** Hyung-A Kim, "State

Building: The Military Junta's Path to Modernity Through Administrative Reform," in Byung-Kook Kim and Vogel, *Park Chung Hee Era,* 103.

20 **Park despised these firms:** Eun Mee Kim and Gil-sung Park, "The *Chaebol,*" in Kim and Vogel, *Park Chung Hee Era,* 271.

21 **In Park's mind that made them parasites:** Hyung-A Kim, "State-Building," 94.

22 **Only after the unlucky executives agreed:** Haggard and Kang, "Politics of Growth in South Korea," 5.

23 **Park "coaxed, wheedled, intimidated":** Cho Mu-hyun, "The *Chaebols*: The Rise of South Korea's Mighty Conglomerates," CNET.com, April 6, 2015.

24 **Those who did were richly rewarded:** See Eichengreen, Perkins, and Shin, *From Miracle to Maturity,* and Dani Rodrik, Gene Grossman, and Victor Norman, "Getting Interventions Right: How South Korea and Taiwan Grew Rich," *Economic Policy* 10, no. 20 (April 1995): 53–107.

25 **often getting them thirdhand from the southern United States:** Noland interview.

26 **spooked by a sudden reduction in US economic assistance:** Moon and Jun, "Modernization Strategy," 119.

27 **South Korea needed to move up the value chain:** Haggard and Kang, "Politics of Growth in South Korea," 7.

28 **the notion that refined iron ore could be a source and symbol of national strength:** Byung-Kook Kim, "The Leviathan: Economic Bureaucracy Under Park," in Byung-Kook Kim and Vogel, *Park Chung Hee Era,* 223.

29 **the Heavy and Chemical Industrialization Plan:** Eichengreen, Perkins, and Shin, *From Miracle to Maturity,* 78.

30 **"a proven track record of risk taking":** Eun Mee Kim and Park, "*Chaebol,*" 267.

31 **the "Gold Pagoda Industrial Medal":** Cumings, *Korea's Place in the Sun,* 312.

32 **Park also carefully protected his new corporate champions:** Wonhyuk Lim, "The Emergence of the *Chaebol* and the Origins of the '*Chaebol*

Problem,' " in *Economic Crisis and Corporate Restructuring in Korea,* ed. Stephan Haggard, Wonhyuk Lim, and Euysung Kim (Cambridge: Cambridge University Press, 2003), 42.

33 **The move single-handedly kept the company afloat:** Rodrik, Grossman, and Norman, "Getting Interventions Right," 81–82.

34 **he even banned miniskirts and rock music:** Euny Hong, *The Birth of Korean Cool: How One Nation Is Conquering the World Through Pop Culture* (New York: Picador, 2014), 109.

35 **a poll by the newspaper JoongAng Ilbo:** Won-Taek Kang, "Missing Dictator in a New Democracy: Analyzing the 'Park Chung Hee Syndrome' in South Korea," *Political and Military Sociology: An Annual Review* 38 (2010): 2.

36 **Park had increased South Korea's literacy rate:** John McKay, *South Korea's Education and Skills Development: Some Lessons from Africa,* Global Best Practices, Report No. 2 (Johannesburg: South African Institute of International Affairs, 2005), 17, http://dspace.africaportal.org/jspui/bitstream/123456789/30299/1/REPORT%202%20(2005)%20-%20SOUTH%20KOREA'S%20EDUCATION%20SKILLS%20DEVELOPMENT%20-%20SOME%20LESSONS%20FOR%20AFRICA.pdf?1.

37 **a "competent, honest, and efficient bureaucracy":** Rodrik, Grossman, and Norman, "Getting Interventions Right," 91.

38 **yogurt was a "strategic industry":** Hugo Dixon, "Do National Champions Merit Protection?," Reuters, May 5, 2014.

39 **muneo kyeongyeong:** Tudor, *Korea,* 71.

40 **the top fifty of them accounted for 94 percent:** Marlow, "South Korea's *Chaebol* Problem."

41 **just wasn't very interested in the economy:** Perkins interview.

42 **allowing the conglomerates to virtually capture:** Eichengreen, Perkins, and Shin, *From Miracle to Maturity,* 81.

43 **the first time an OECD member had asked the IMF for help:** Ibid., 275.

44 **Kim had paid a huge price for such principles:** Cumings, Korea's Place in

the Sun, 396.

45 **a last-minute intervention by a mysterious plane:** Mary Jordan, "Now Kim Governs After Being Jailed by the Dictators He Fought," *Washington Post,* December 19, 1997.

46 **It took a second American intervention:** Cumings, *Korea's Place in the Sun,* 366.

47 **the "collusive intimacy between business and government":** Ibid., 398.

48 **"democracy and the market economy":** Stephan Haggard, *The Political Economy of the Asian Financial Crisis* (Washington, DC: Institute for International Economics, 2000), 101.

49 **"do whatever it takes to realize politics":** "Words of Kim Dae Jung: Call for Reconciliation," *New York Times,* February 25, 1998.

50 **His election so panicked investors:** Susan L. Kang, *Human Rights and Labor Solidarity: Trade Unions in the Global Economy* (Philadelphia: University of Pennsylvania Press, 2012), 93.

51 **he'd long favored precisely such changes:** Cumings, *Korea's Place in the Sun,* 397.

52 **he went beyond them in many cases:** Eichengreen, Perkins, and Shin, *From Miracle to Maturity,* 82.

53 **To weaken the power of corrupt bureaucrats:** Haggard and Kang, "The Politics of Growth in South Korea," 14.

54 **To rekindle growth:** Ibid., 22.

55 **To promote competition:** Eichengreen, Perkins, and Shin, *From Miracle to Maturity,* 238.

56 **"one of the most significant events":** Haggard and Kang, "The Politics of Growth in South Korea," 17.

57 **"Samsuck":** Hong, *Birth of Korean Cool,* 223.

58 **grow at twice the OECD average:** Jahyeong Koo and Sherry L. Kiser, "Recovery from a Financial Crisis: The Case of South Korea," *Economic and Financial Review* (Fourth Quarter 2001): 25.

59 **to rebound from the 2008 Great Recession faster:** "What Do You Do When

You Reach the Top?," *The Economist,* November 9, 2011.

60 **almost never grow by more than 4 percent a year:** Eichengreen, Perkins, and Shin, *From Miracle to Maturity,* 2.

61 **"Transitioning from agriculture to industry":** Author interview with Stephan Haggard, June 10, 2015.

62 17 **"companies like Samsung couldn't manufacture":** Hong, *Birth of Korean Cool,* 226.

63 **large cash gifts to the Blue House:** Haggard and Kang, "The Politics of Growth in South Korea."

64 **new Internet portals:** Hong, *Birth of Korean Cool,* 6.

65 **25 percent of the venture capital:** Andrew Woodman, "South Korea VC: State Subsidies," *Asian Venture Capital Journal,* October 31, 2012.

66 **States shouldn't even try:** Author interview with Barry Eichengreen, June 12, 2015.

67 **82 percent of the country's GDP:** "South Korea's Confused Growth Plan," *Wall Street Journal,* November 3, 2014.

68 **currently employing just 5 percent of South Korea's working population:** Jack Kim and Ju-Min Park, "South Korea's Unloved *Chaebol,*" Reuters, April 5, 2012.

69 **the most innovative country in the world:** Bloomberg Innovation Index, http://www.bloomberg.com/graphics/2015-innovative-countries/.

70 **relatively equitable:** "What Do You Do When You Reach the Top?"

Chapter 9: Give to Get

1 **solidly middle-class country:** About half of Mexico's population now qualifies for the term. See Shannon K. O'Neil, "Six Markets to Watch: Mexico; Viva las Reformas," *Foreign Affairs,* January/February 2014.

2 **the world's most open market:** Mexico has signed forty-four free-trade agreements, more than any other in the world. See Thomas L. Friedman, "How Mexico Got Back in the Game," *New York Times,* February 23, 2013.

3 **He derided his party's old guard as "dinosaurs":** Randal C. Archibold, "In

Mexico, a Candidate Stands Out Despite Attacks," *New York Times,* June 11, 2012.

4 **"in the Mexico we want, there is no room for corruption":** Dave Graham and Anahi Rama, "Enrique Pena Nieto, the New Face of Mexico's Old Rulers," Reuters, July 2, 2012.

5 **"bombón, te quiero en mi colchón"**: Silvana Paternostro, "Beauty and the Beast," *Atlantic,* October 2011.

6 **a "political hologram":** Juan Villoro, "Falla de origen," *Reforma,* January 27, 2012.

7 **Atlacomulco Group:** Nick Miroff and William Booth, "Mexico's Leading Presidential Candidate Is Handsome, Popular and a Mystery," *Washington Post,* May 14, 2012.

8 **"the most ambitious process of economic reform seen in any country":** Author interview with Juan Pardinas, November 6, 2014. All following Pardinas quotations are from this interview unless otherwise specified.

9 **"we have come not to manage but to transform":** Author interview with Enrique Pena Nieto; see "Pact for Progress: A Conversation with Enrique Pena Nieto," *Foreign Affairs,* January/February 2014. All following Pena Nieto quotations are from this interview unless otherwise specified.

10 **hydrocarbon sales account for a full third:** Richard Fausset, "After President's First Year, Mexico Still a Mess by Many Measures," *Los Angeles Times,* December 1, 2013.

11 **"one of the most restrictive regimes in the world":** "Unfixable Pemex," *The Economist,* August 8, 2013.

12 **production had dropped by 25 percent:** Michael Crowley, "Mexico's New Mission," *Time,* February 24, 2014.

13 **lacked the wherewithal to tap its own huge shale reserves:** Elisabeth Malkin, "Mexico's State-Owned Oil Giant, Pemex, Is in Uncharted Waters," *New York Times,* October 28, 2014.

14 **80 percent of the nation's landlines and 75 percent of its broadband hookups:** "Let Mexico's Moguls Battle," *The Economist,* February 4, 2012.

15 **Less than half of the country's children were graduating from high school:** Michael Weissenstein, "Mexico Education Reform Passed by Senate, Looks to Remake Public School System," *Huffington Post,* September 4, 2013.

16 **the least effective in all of Latin America:** "The Siesta Congress," *The Economist,* January 21, 2012.

17 **"a common feeling that we needed to do something different":** Author interview with Luis Videgaray, November 5, 2014. All following Videgaray quotations are from this interview unless otherwise specified.

18 **"They said to themselves":** Author interview with Shannon O'Neil, October 30, 2014.

19 **"We had to wait sixty-one years":** Author interview with Gustavo Madero, November 4, 2014. All following Madero quotations are from this interview unless otherwise specified.

20 **"We had two avenues":** Author interview with Santiago Creel, November 6, 2014. All following Creel quotations are from this interview unless otherwise specified.

21 **"six years of confrontation":** Author interview with Jesús Zambrano, November 5, 2014. All following Zambrano quotations are from this inter view unless otherwise specified.

22 **"monopolist firms, drug traffickers [and] the unions":** Juan Montes, "How Mexico Ended Political Gridlock," *Wall Street Journal,* August 15, 2013.

23 **"We had to overcome a very old maxim":** Author interview with Jesús Ortega, November 5, 2014. All following Ortega quotations are from this interview unless otherwise specified.

24 **"all three parties felt":** Author interview with Aurelio Nuño, November 4, 2014.

25 **Peña Nieto was "open to dialogue":** Graham and Rama, "Enrique Pena Nieto."

26 **Zambrano told an old friend in the PRI:** Montes, "How Mexico Ended Political Gridlock."

27 **the intimate domestic setting for the talks:** Ibid.

28 **"nothing is agreed until all is agreed":** Ibid.

29 **"substituted unelected leaders for Congress":** Author interview with Ernesto Cordero, November 3, 2014.

30 **"would have made the founding fathers turn in their graves":** Author interview with Luis Rubio, November 3, 2014.

31 **The ultimate education reform:** Fausset, "After President's First Year."

32 **generally with 80 percent legislative support:** Dave Graham, "Mexican Reform Drive Bogged Down by Opposition Strife," Reuters, April 28, 2014.

33 **they even increased tariffs on junk food:** Sarah Boseley, "Mexico to Tackle Obesity with Taxes on Junk Food and Sugary Drinks," *Guardian,* November 1, 2013.

34 **ever since President Lázaro Cárdenas nationalized the sector:** Joshua Partlow and Nick Miroff, "Mexican Senate Approves Changes to the Oil Industry," *Washington Post,* December 11, 2013.

35 **state control of the sector and the lack of competition:** Pamela K. Starr, "Mexico's Problematic Reforms," *Current History* 113, no. 760 (February 2014): 54.

36 **Peña Nieto formally announced the Pact's completion:** Enrique Peña Nieto, "Our Reform Programme Will Build a Better Future for Mexico," *Financial Times,* August 20, 2014.

37 **"Mexico is trying to do a lot of stuff":** Author interview with Pamela Starr, October 30, 2014.

38 **angry businesses decided to sit on their hands:** Rubio interview.

39 **46 percent of whom still live at or beneath the poverty level:** "Mexican Government Says Poverty Rate Rose to 46.2 Percent in 2014," Reuters, July 23, 2015.

40 **a lackluster response to Mexico's first open oil exploration auction:** Laurent Thomet, "Few Big Foreign Firms Bid in Mexico's First Oil Auction," Agence France-Presse, July 15, 2015.

41 **the oil reforms will eventually attract huge amounts of investment:** "A

New Mexican Revolution," *The Economist,* November 15, 2014.

42 **dramatically increase oil output:** Peña Nieto, "Our Reform Programme Will Build a Better Future for Mexico."

43 **the date when such payoffs should arrive:** Elisabeth Malkin, "In Mexico Oil Market, Mood Moves from Excited to Anxious," *New York Times,* March 13, 2015.

44 **"encourage innovation":** Franklin Templeton Investments, "Mexico's Road to Reform," June 18, 2014, http://mobius.blog.franklintempleton.com/2014/06/18/mexicos-road-reform/.

45 **Foreign investment rose dramatically in 2013:** Damien Cave, "In Middle of Mexico, a Middle Class Rises," *New York Times,* November 18, 2013.

46 **Mexico's government bonds earned an "A" rating:** Erin McCarthy and Anthony Harrup, "Moody's Upgrades Mexico Bond Ratings; Government Bonds Lifted to A3, a Notch Further into Investment-Grade," *Wall Street Journal,* February 5, 2014.

47 **New gas pipelines from the United States:** "A New Mexican Revolution."

48 **homicides declined by 29 percent:** Whitney Eulich, "Mexico's Missing Students: Will Case Prove a Tipping Point?," *Christian Science Monitor,* November 6, 2014.

49 **drug-related deaths spiked in some regions:** Starr, "Mexico's Problematic Reforms," 56.

50 **kidnappings and extortion increased:** Fausset, "After President's First Year."

51 **the couple had grown concerned:** "Missing Mexico Students: Iguala Mayor 'Ordered Attack,' " BBC News, October 23, 2014.

52 **one hundred thousand people have been killed by the cartels:** "Law and Order in Mexico," *New York Times,* November 11, 2014.

53 **a $7 million mansion:** Jo Tuckman, "Mexican President Enrique Peña Nieto Faces Outcry over £4.4M Mansion," *Guardian,* November 10, 2014.

54 **Similar allegations were soon made:** Jorge Ramos, "Mexico: Three Houses, One Ostrich," *Fusion,* January 27, 2015.

55 **take a number of substantial steps to address them:** Jude Webber, "Mexico to Reform Police and Justice Systems," *Financial Times,* November 27, 2014.

56 **National Anticorruption System:** Shannon K. O'Neil, "Mexico's Fight Against Corruption," *Development Channel,* Council on Foreign Relations, May 5, 2015, http://blogs.cfr.org/development-channel/2015/05/05/mexicos-fight-against-corruption/.

57 **had been appointed by Peña Nieto himself:** Rafa Fernandez De Castro, "Government Probe Clears Mexican President and First Lady of Wrongdoing in Housing Scandal," *Fusion,* August 21, 2015.

Chapter 10: DIY Defense

1 **Bush and his top advisers had brushed off explicit warnings:** "Two Months Before 9/11, an Urgent Warning to Rice," *Washington Post,* October 1, 2006.

2 **"gave little guidance to executive branch agencies":** National Commission on Terrorist Attacks upon the United States, *The 9/11 Commission Report,* 106, http://www.9-11commission.gov/report/911Report.pdf.

3 **"I'd seen the federal government up close":** Author interview with Ray Kelly, April 4, 2014. All following Kelly quotations are from this interview unless otherwise specified.

4 **"secretary of defense, head of the CIA":** Len Levitt, "Ray Kelly: Things Falling Apart," *Huffington Post,* July 1, 2013.

5 **had cost the city some 140,000 jobs:** Lydia Polgreen, "Study Confirms 9/11 Impact on New York City Economy," *New York Times,* June 30, 2004.

6 **the city's comptroller would estimate New York's total economic losses:** Michael Cooper, "Economic Anguish of 9/11 Is Detailed by Comptroller," *New York Times,* September 5, 2002.

7 20 **its biggest deficit in thirty years:** Craig Horowitz, "The NYPD's War on Terror," *New York,* February 3, 2003.

8 **"didn't know what was going on in our own city":** Ibid.

9 **But the FBI and CIA gave the cops such a runaround:** Benjamin R. Bar-

ber, *If Mayors Ruled the World: Dysfunctional Nations, Rising Cities* (New Haven, CT: Yale University Press, 2013), 107.

10 **"The police could joke about the Feds":** Christopher Dickey, *Securing the City: Inside America's Best Counterterror Force—the NYPD* (New York: Simon & Schuster, 2009), 40.

11 **"When the FBI obtained information on a possible threat":** Thomas A. Reppetto, *Battleground New York City: Countering Spies, Saboteurs, and Terrorists Since 1861* (Washington, DC: Potomac Books, 2012), 237.

12 **the FBI hadn't shown the files to anyone in the NYPD:** Michael A. Sheehan, *Crush the Cell: How to Defeat Terrorism Without Terrorizing Ourselves* (New York: Three Rivers Press, 2008), 185.

13 **He sent one hundred cops:** Horowitz, "NYPD's War on Terror."

14 **Kelly's pushiness:** Ibid.

15 **the plan also worked:** Sheehan, *Crush the Cell,* 171.

16 **merely an "escort service":** Horowitz, "NYPD's War on Terror."

17 **a job other cops derisively referred to as coat holding:** Reppetto, *Battleground New York City,* 60.

18 **"It was like putting tires on a speeding car":** Dickey, *Securing the City,* 37.

19 **Their job was to serve as a sort of in-house brain trust:** Alan Feuer, "The Terror Translators," *New York Times,* September 17, 2010.

20 **Operation Nexus:** William K. Rashbaum, "Terror Makes All the World a Beat for New York Police," *New York Times,* July 15, 2002.

21 **forced the first redesign of the Freedom Tower:** William K. Rashbaum, "City to Lose Man Who Led Terror Fight," *New York Times,* May 6, 2006.

22 **It initiated the now-familiar bag checks:** Sheehan, *Crush the Cell,* 238–39.

23 **"part think tank, part detective agency":** Lydia Khalil, "Is New York a Counterterrorism Model?," Council on Foreign Relations, September 10, 2009, http://www.cfr.org/united-states/new-york-counterterrorism-model / p20174.

24 **"for 30 years, [the police] measured":** Robert Keough, "Bill Bratton on the New Crime Paradigm," *CommonWealth,* Winter 2002.

25 **had been treated as isolated events:** Paul Howard and Mark Riebling, eds., *Hard Won Lessons: Problem-Solving Principles for Local Police* (New York: Manhattan Institute for Policy Research, May 2005), 2–3, http://www.manhattan-institute.org/pdf/scr_02.pdf.

26 **they subsequently blocked other American cities:** Michael A. Sheehan, "The Hatfields and McCoys of Counterterrorism," *New York Times,* September 26, 2009.

27 **"Do you think anybody in Washington has the balls":** William Finnegan, "The Terrorism Beat: How Is the NYPD Defending the City?" *The New Yorker,* July 25, 2005.

28 **New York was able to get an officer on the ground:** Sheehan, *Crush the Cell,* 179.

29 **a New York detective was already riding the system:** Ibid., 239.

30 **Washington gave Wyoming seven times as much funding:** Edward Wyatt, "Wyoming Insists It Needs Its Share of Terror Funds," *New York Times,* June 1, 2004.

31 **Congress actually cut antiterror grants to New York City:** Eric Lipton, "Homeland Security Grants to New York Slashed," *New York Times,* May 31, 2006.

32 **"We're still defending the city pretty much on our own dime":** Finnegan, "Terrorism Beat."

33 **the smallest "air gap between information and action":** Ibid.

34 **"I thought we discussed this already":** Sheehan, *Crush the Cell,* 231–32.

35 **"tomorrow is zero hour":** Daniel Klaidman, "Lost in Translation," *Newsweek,* October 26, 2003.

36 **Almost all aspiring agents with dual citizenship:** Tim Starks, "Need Linguists? Call the NYPD," *CQ Weekly,* November 16, 2009.

37 **90 percent of those hoping to work as translators:** Klaidman, "LostiIn Translation."

38 **sixty fluent Arabic speakers:** Dickey, *Securing the City,* 140.

39 **certified in fifty-six languages:** Starks, "Need Linguists?"

40 **the FBI, the CIA, the Secret Service:** "NYPD's Foreign Language Outreach," http://www.nyc.gov/html/nypd/html/news/news_foreign_lang_outreach.shtml.

41 **"cutting-edge" security operation:** Finnegan, "Terrorism Beat."

42 **it was recently shut down:** Matt Apuzzo and Joseph Goldstein, "New York Drops Unit That Spied on Muslims," *New York Times,* April 15, 2014.

43 **"the mayors of this country":** Hunter Walker, "Mayor Bloomberg: 'I Have My Own Army,' " *Observer,* November 30, 2011.

44 **New York City had already made impressive strides:** *PlaNYC: Progress Report 2014*, 24, http://www.nyc.gov/html/planyc2030/downloads/pdf/140422_PlaNYCP-Report_FINAL_Web.pdf.

45 **"We saw that there was no possible way":** Author interview with Dan Doctoroff, May 20, 2004. All following Doctoroff quotations are from this interview unless otherwise specified.

46 **the rail extension would have met a "terminal death":** Barbara Goldberg, "NYC Subway Extension May Transform Manhattan Neighborhood," Reuters, December 18, 2014.

47 **the city lost thirty-six thousand Wall Street jobs:** Bruce Katz and Jennifer Bradley, *The Metropolitan Revolution: How Cities and Metros Are Fixing Our Broken Politics and Fragile Economy* (Washington, DC: Brookings Institution Press, 2013), 18.

48 **tens of thousands of new construction jobs:** Richard Pérez-Peña, "Cornell Alumnus Is Behind $350 Million Gift to Build Science School in City," *New York Times,* December 19, 2011.

49 **will increase the number of engineering graduate students:** Eric P. Newcomer, "Columbia Gets $15 Million to Expand a School," *New York Times,* July 30, 2012.

50 **"Unlike most new campuses":** Author interview with Seth Pinsky, March 25, 2014.

51 **these took the form of cheap leases for city buildings:** Newcomer, "Columbia Gets $15 Million to Expand a School."

52 **Bloomberg "believed you get the data":** Jonathan Lemire, "Michael Bloomberg Reshaped New York City, but Leaves Behind a Debated Legacy," Associated Press, December 14, 2013.

53 **Bloomberg "never seemed quite to get the outrage":** Barber, *If Mayors Ruled the World,* 26.

54 **New York "cannot wait for Washington to act":** Michael M. Grynbaum and Kirk Semple, "De Blasio Plans a Minimum Wage and City ID Cards," *New York Times,* February 10, 2014.

55 **"exactly the kind of challenge":** "Remarks by the President in Announcing the Clean Power Plan," White House, August 3, 2015.

Conclusion

1 **"If it works, we do it":** Author interview with Stephen R. Lewis, May 4, 2015.

參考書目

Acemoglu, Daron, and James A. Robinson. *Why Nations Fail: The Origins of Power, Prosperity, and Poverty*. New York: Crown Business, 2012.

Acemoglu, Daron, Simon Johnson, and James A. Robinson. "An African Success Story: Botswana." Massachusetts Institute of Technology Working Paper, July 2001. http://economics.mit.edu/files/284.

Ames, Robert, Anthony Corridore, Joel N. Ephross, Edward A. Hirs III, Paul W. MacAvoy, and Richard Tavelli. "The Arithmetic of Shale Gas." Yale Graduates in Energy Study Group Report, June 15, 2012. http://marcellus coalition.org/wp-content/uploads/2012/07/The-Arithmetic-of-Shale -Gas.pdf.

Amnesty International. "*Gacaca:* A Question of Justice." December 17, 2002. https://www.amnesty.org/en/documents/afr47/007/2002/en/.

Apuzzo, Matt, and Adam Goldman. *Enemies Within: Inside the NYPD's Secret Spying Unit and bin Laden's Final Plot Against America*. New York: Touchstone, 2013.

Arnold, Catherine, Tim Conway, and Matthew Greenslade. "Cash Transfers Evidence Paper." United Kingdom Department for International Development, April 2011. http://webarchive.nationalarchives.gov.uk/+/http:/www.dfid.gov.uk/Documents/publications1/cash-transfers-evidence -paper.pdf.

Barber, Benjamin R. *If Mayors Ruled the World: Dysfunctional Nations, Rising Cities*. New Haven, CT: Yale University Press, 2013.

Barr, Michael D. *Lee Kuan Yew: The Beliefs Behind the Man*. Washington, DC: Georgetown University Press, 2000.

Bastagli, Francesca. "Poverty, Inequality and Public Cash Transfers: Lessons from Latin America." Paper presented at ERD Conference on Experiences and Lessons from Social Protection Programmes Across the Developing Word,

Paris, France, June 17–18, 2010. http://eprints.lse.ac.uk/36840/1/Poverty%20 inequality%20and%20public%20cash%20transfers%20(lsero).pdf.

Bernanke, Ben. *The Courage to Act: A Memoir of a Crisis and Its Aftermath*. New York: W. W. Norton, 2015.

Bloemraad, Irene. "Understanding 'Canadian Exceptionalism' in Immigration and Pluralism Policy." Migration Policy Institute, July 2012. http://www .migrationpolicy.org/research/TCM-canadian-exceptionalism.

Board of Governors of the Federal Reserve System. *Report on the Economic Well-Being of U.S. Households in 2014*. Washington, DC: May 2015. http:// www.federalreserve.gov/econresdata/2014-report-economic-well-being -us-households-201505.pdf.

Braconier, Henrik, Giuseppe Nicoletti, and Ben Westmore. "Policy Challenges for the Next 50 Years." Paris: OECD Publishing, 2014. http://www.oecd .org/ economy/Policy-challenges-for-the-next-fifty-years.pdf.

Brazinsky, Gregg A. *Nation Building in South Korea: Koreans, Americans, and the Making of a Democracy*. Chapel Hill: University of North Carolina Press, 2007.

Brounéus, Karen. "The Trauma of Truth Telling: Effects of Witnessing in the Rwandan *Gacaca* Courts on Psychological Health." *Journal of Conflict Resolution* 54, no. 3 (2010): 408–37.

Burgis, Tom. *The Looting Machine: Warlords, Oligarchs, Corporations, Smugglers, and the Theft of Africa's Wealth*. New York: Public Affairs, 2015.

Cameron, Elspeth. "Introduction." In Cameron, *Multiculturalism and Immigration in Canada,* xv–xxiv.

——, ed. *Multiculturalism and Immigration in Canada: An Introductory Reader*. Toronto: Canadian Scholars' Press, 2004.

Campello, Tereza, and Marcello Côrtes Neri, eds. "Bolsa Família Program: A Decade of Social Inclusion in Brazil." Institute for Applied Economic Research, 2014, 24. http://www.ipea.gov.br/portal/images/stories/ PDFs/140321_pbf_sumex_ingles.pdf.

Carlsson, Jerker, Gloria Somolekae, and Nicolas Van de Walle. *Foreign Aid in*

Africa: Learning from Country Experiences. Uppsala, Sweden: Nordic Africa Institute, 1997.

Červenka, Zdenek. *Republic of Botswana: A Brief Outline of Its Geographical Setting, History, Economy and Policies*. Uppsala, Sweden: Scandinavian Institute of African Studies, 1970.

Chang, Sea-jin. *Financial Crisis and Transformation of Korean Business Groups: The Rise and Fall of Chaebol*. Cambridge: Cambridge University Press, 2003.

Chung, Young-Iob. *South Korea in the Fast Lane: Economic Development and Capital Formation*. Oxford: Oxford University Press, 2007.

Clark, Phil. *The* Gacaca *Courts, Post-Genocide Justice and Reconciliation in Rwanda: Justice Without Lawyers*. Cambridge: Cambridge University Press, 2010.

——. "The Rules (and Politics) of Engagement: The *Gacaca* Courts and Post-Genocide Justice, Healing and Reconciliation in Rwanda." In *After Geno cide: Transitional Justice, Post-Conflict Reconstruction and Reconciliation in Rwanda and Beyond*, edited by Phil Clark and Zachary D. Kaufman, 297-319. New York: Columbia University Press, 2009.

Clifford, Mark L. *Troubled Tiger: Businessmen, Bureaucrats, and Generals in South Korea*. Armonk, NY: M. E. Sharpe, 1998.

Comaroff, John L., and Simon Roberts. *Rules and Processes: The Cultural Logic of Dispute in an African Context*. Chicago: University of Chicago Press, 1981.

Cook, Amelia, and Jeremy Sarkin. "Is Botswana the Miracle of Africa? Democracy, the Rule of Law, and Human Rights Versus Economic Development." *Transnational Law and Contemporary Problems* 19, no. 453 (2010): 453-89.

Crisafulli, Patricia, and Andrea Redmond. *Rwanda, Inc.: How a Devastated Nation Became an Economic Model for the Developing World*. New York: Palgrave Macmillan, 2012.

Cumings, Bruce. *Korea's Place in the Sun: A Modern History*. Reprint, New York: W. W. Norton, 2005.

Day, Richard J. F. *Multiculturalism and the History of Canadian Diversity*. Toronto: University of Toronto Press, 2000.

De Brauw, Alan, Daniel O. Gilligan, John Hoddinott, and Shalini Roy. "The Impact of Bolsa Família on Schooling." International Food Policy Research Institute Discussion Paper, January 2014. http://papers.ssrn.com/sol3/papers.cfm?abstract_id=2405714&download=yes.

Denbow, James, and Phenyo C. Thebe. *Culture and Customs of Botswana*. Westport, CT: Greenwood Press, 2006.

Des Forges, Alison. *Leave None to Tell the Story: Genocide in Rwanda*. New York: Human Rights Watch, 1999.

Díaz Langou, Gala, and Paula Forteza. "Validating One of the World's Largest Conditional Cash Transfer Programmes: A Case Study on How an Impact Evaluation of Brazil's Bolsa Família Programme Helped Silence Its Critics and Improve Policy." International Initiative for Impact Evaluation Working Paper, August 2012. http://www.3ieimpact.org/media/filer _ public/2012/11/30/wp-_16_brazil_case_study_-_final.pdf.

Dickey, Christopher. *Securing the City: Inside America's Best Counterterror Force—the NYPD*. New York: Simon & Schuster, 2009.

Dizard, Jake, Christopher Walker, and Vanessa Tucker, eds. *Countries at the Crossroads: An Analysis of Democratic Governance, 2011*. New York: Freedom House; Lanham, MD: Rowman & Littlefield, 2011.

Dunn, Christopher. "Intergenerational Earnings Mobility in Brazil and Its Determinants." Unpublished paper, University of Michigan, September 2003.

Easterly, William. *The Tyranny of Experts: Economists, Dictators, and the Forgotten Rights of the Poor.* New York: Basic Books, 2013.

Economist Intelligence Unit. *Democracy Index 2014: Democracy and Its Dis contents. The Economist* 2015. http://www.sudestada.com.uy/Content/Articles/421a313a-d58f-462e-9b24-2504a37f6b56/Democracy -index-2014.pdf.

Eichengreen, Barry J. *The Korean Economy: From a Miraculous Past to a Sustainable Future*. Cambridge, MA: Harvard University Press, 2015.

Eichengreen, Barry J., Dwight H. Perkins, and Kwanho Shin. *From Miracle to*

Maturity: The Growth of the Korean Economy. Cambridge, MA: Harvard University Press, 2012.

El-Gamal, Mahmoud A., and Amy Myers Jaffe. *Oil, Dollars, Debt, and Crises: The Global Curse of Black Gold*. Cambridge: Cambridge University Press, 2010.

Emmerson, Donald K. "Minding the Gap Between Democracy and Governance." In *Democracy in East Asia: A New Century,* edited by Larry Diamond, Marc F. Plattner, and Yun-han Chu, 227–36. Baltimore: Johns Hopkins University Press, 2013.

English, John. *Citizen of the World: The Life of Pierre Elliott Trudeau.* Vol. 1, *1919–1968*. Toronto: Alfred A. Knopf Canada, 2006.

——. *Just Watch Me: The Life of Pierre Elliott Trudeau, 1968–2000*. Toronto: Alfred A. Knopf Canada, 2009.

Erbach, Gregor. "Shale Gas and EU Energy Security." European Parliament Briefing, December 2014. http://www.europarl.europa.eu/RegData/etudes/BRIE/2014/542167/EPRS_BRI(2014)542167_REV1_EN.pdf.

Feldstein, Martin. "Oil Dependence and National Security: A Market-Based System for Reducing U.S. Vulnerability." Paper, National Bureau of Economic Research, October 2001. http://www.nber.org/feldstein/oil.html.

Fiszbein, Ariel, Norbert Schady, Francisco H. G. Ferreira, Margaret Grosh, Nial Kelleher, Pedro Olinto, and Emmanuel Skoufias. *Conditional Cash Transfers: Reducing Present and Future Poverty*. Washington, DC: World Bank, 2009.

Font, Mauricio A. *Transforming Brazil: A Reform Era in Perspective*. Lanham, MD: Rowman & Littlefield, 2003.

Fried, Brian J. "Distributive Politics and Conditional Cash Transfers: The Case of Brazil's Bolsa Família." *World Development* 40, no. 5 (2012): 1042–53.

Gillespie, Angus Kress. *Crossing Under the Hudson: The Story of the Holland and Lincoln Tunnels*. New Brunswick, NJ: Rivergate Books, 2011.

Gold, Russell. *The Boom: How Fracking Ignited the American Energy Revolution and Changed the World*. New York: Simon & Schuster, 2014.

Goldman Sachs Financial Workbench. *Emerging Markets Strategy: The Lulameter.*

Goldman Sachs, June 2002. http://moya.bus.miami.edu/~sandrade/Lulameter_GS.pdf.

Gordon, Alastair. *Naked Airport: A Cultural History of the World's Most Revolutionary Structure*. Chicago: University of Chicago Press, 2004.

Gourevitch, Philip. *We Wish to Inform You That Tomorrow We Will Be Killed with Our Families.* New York: Farrar, Straus and Giroux, 1998.

Grant, Sandy. *Botswana: An Historical Anthology*. Cambridgeshire, UK: Melrose Books, 2012.

Gupta, L. "1998 Rwanda: Follow-Up Survey of Rwandan Children's Reactions to War Related Violence from the 1994 Genocide." UNICEF, 1998. http://www.unicef.org/evaldatabase/index_14242.html.

Hadiwinata, Bob S. *The Politics of NGOs in Indonesia: Developing Democracy and Managing a Movement*. London: RoutledgeCurzon, 2003.

Haggard, Stephan. *The Political Economy of the Asian Financial Crisis*. Washington, DC: Institute for International Economics, 2000.

Haggard, Stephan, and Myung-koo Kang. "The Politics of Growth in South Korea: Miracle, Crisis, and the New Market Economy." In *Oxford Handbook on the Politics of Development*, edited by Carol Lancaster and Nicolas van de Walle, Oxford: Oxford University Press, forthcoming.

Han, Yong-Sup. "The May Sixteenth Military Coup." In Byung-Kook Kim and Vogel, *Park Chung Hee Era,* 35–57.

Hanlon, Joseph, Armando Barrientos, and David Hulme. *Just Give Money to the Poor: The Development Revolution from the Global South.* Sterling, VA: Kumarian Press, 2010.

Harrison, Lawrence E. *The Central Liberal Truth: How Politics Can Change a Culture and Save It from Itself.* Oxford: Oxford University Press, 2008.

Harvey, Charles. "Banking Policy in Botswana: Orthodox but Untypical." Institute of Development Studies Working Paper, January 1996. http://www.ids.ac.uk/publication/banking-policy-in-botswana-orthodox-but -untypical.

Harvey, Charles, and Stephen R. Lewis Jr. *Policy Choice and Development Performance in Botswana*. New York: St. Martin's Press, 1990.

Hatzfeld, Jean. *The Antelope's Strategy: Living in Rwanda After the Genocide*. New York: Picador, 2010.

Hawkens, Freda. "Immigration Policy in the Late 1960s." In Cameron, *Multiculturalism and Immigration in Canada,* 59–64.

Hefner, Robert W. *Civil Islam: Muslims and Democratization in Indonesia*. Princeton, NJ: Princeton University Press, 2000.

——. "Shari'a Politics and Indonesian Democracy." *Review of Faith and International Affairs* 10, no. 4 (2012): 61–69.

Hinojosa-Ojeda, Raúl. "Raising the Floor for American Workers: The Economic Benefits of Comprehensive Immigration Reform." Center for American Progress and the Immigration Policy Center, January 2010. https://cdn.americanprogress.org/wp-content/uploads/2012/09/immigrationecon report3.pdf.

Hirsch, Robert L., Roger Bezdek, and Robert Wendling. "Peaking of World Oil Production: Impacts, Mitigation, and Risk Management." Paper sponsored by the National Energy Technology Laboratory, February 2005.

Holm, John D. "Botswana: A Paternalistic Democracy." *World Affairs* 150, no. 1 (Summer 1987): 21–30.

Holmes & Narver, Inc. *Project Gasbuggy Site Restoration Final Report*. United States Department of Energy, Nevada Operations Office, July 1983.

Hong, Euny. *The Birth of Korean Cool: How One Nation Is Conquering the World Through Pop Culture*. New York: Picador, 2014.

Howard, Paul, and Mark Riebling, eds. *Hard Won Lessons: Problem-Solving Principles for Local Police*. New York: Manhattan Institute for Policy Research, May 2005. http://www.manhattan-institute.org/pdf/scr_02.pdf.

Hughes, John. *Islamic Extremism and the War of Ideas*: *Lessons from Indonesia*. Stanford, CA: Hoover Institution Press, 2010.

Human Rights Watch. *Justice Compromised: The Legacy of Rwanda's Community-Based* Gacaca *Courts*. New York: Human Rights Watch, 2011.

Humphreys, Macartan, Jeffrey D. Sachs, and Jospeh E. Stilgitz, eds. *Escaping the Resource Curse*. New York: Columbia University Press, 2007.

Hunter, Wendy, and Timothy J. Power. "Rewarding Lula: Executive Power, Social Policy, and the Brazilian Elections of 2006." *Latin American Politics and Society* 49, no. 1 (Spring 2007): 1–30.

Hunter, Wendy, and Natasha Borges Sugiyama. "Assessing the Bolsa Família: Successes, Shortcomings, and Unknowns." Paper presented at Democratic Brazil Emergent, Brazilian Studies Programme, University of Oxford and the Brazil Institute, King's College London, February 21–22, 2013.

——. "Transforming Subjects into Citizens: Insights from Brazil's Bolsa Família." *Perspectives on Politics* 12, no. 4 (December 2014): 1–17.

Iimi, Atsushi. "Did Botswana Escape from the Resource Curse?" International Monetary Fund Working Paper, June 2006. https://www.imf.org/external/pubs/ft/wp/2006/wp06138.pdf.

Institute for Policy Analysis of Conflict. *Weak, Therefore Violent: The Mujahidin of Western Indonesia*. IPAC, 2013. http://file.understandingconflict.org/file/2013/11/IPAC_Weak_Therefore_Violent.pdf.

International Business Publications. *Indonesia Country Study Guide.* Vol. 1, *Strategic Information and Developments*. Washington, DC: International Business Publications, 2013.

International Crisis Group. "How Indonesia Extremists Regroup." Asia Report, July 16, 2012. http://www.crisisgroup.org/~/media/Files/asia/south-east-asia/indonesia/228-how-indonesian-extremists-regroup.pdf.

Jefferis, Keith. "Botswana and Diamond-Dependent Development." In *Botswana: Politics and Society*, edited by W. A. Edge and M. H. Lekorwe, 300–318. Pretoria: J. L. van Schaik, 1998.

——. "Macroeconomic Management in a Mineral-Rich Economy." Inter national Growth Center Policy Note 14/0105, March 2014. http://www .theigc.org/wp-content/uploads/2014/09/Jefferis-2013-Policy-Brief.pdf.

Jones, Seth G. *A Persistent Threat: The Evolution of al Qa'ida and Other Salafi Jihadists*. Santa Monica, CA: Rand Corporation, 2014.

Jones, Sidney. "Indonesian Government Approaches to Radical Islam Since 1998." In Künkler and Stepan, *Democracy and Islam in Indonesia,* 109–25.Kallen,

Evelyn. "Multiculturalism: Ideology, Policy and Reality." In Cameron, *Multiculturalism and Immigration in Canada,* 78–85.

Kang, Susan L. *Human Rights and Labor Solidarity: Trade Unions in the Global Economy*. Philadelphia: University of Pennsylvania Press, 2012.

Kang, Won-Taek. "Missing Dictator in a New Democracy: Analyzing the 'Park Chung Hee Syndrome' in South Korea." *Political and Military Sociology: An Annual Review* 38 (2010): 1–25.

Katz, Bruce, and Jennifer Bradley. *The Metropolitan Revolution: How Cities and Metros Are Fixing Our Broken Politics and Fragile Economy*. Washington, DC: Brookings Institution Press, 2013.

Kelley, Ninette, and Michael Trebilcock. *The Making of the Mosaic: A History of Canadian Immigration Policy*. 2nd ed. Toronto: University of Toronto Press, 2010.

Kharas, Homi, and Geoffrey Gertz. "The New Global Middle Class: A Cross-Over from West to East." In *China's Emerging Middle Class: Beyond Economic Transformation*, edited by Cheng Li, 32–51. Washington, DC: Brookings Institution Press, 2010.

Kim, Byung-Kook. "Introduction: The Case for Political History." In Kim and Vogel, *Park Chung Hee Era,* 1–31.

——. "The Leviathan: Economic Bureaucracy under Park." In Kim and Vogel, *Park Chung Hee Era,* 200–232.

Kim, Byung-Kook, and Ezra F. Vogel, eds. *The Park Chung Hee Era: The Transformation of South Korea.* Cambridge, MA: Harvard University Press, 2011.

Kim, Eun Mee, and Gil-Sung Park. "The *Chaebol*." In Kim and Vogel, *Park Chung Hee Era,* 265–94.

Kim, Hyung-A. "State Building: The Military Junta's Path to Modernity Through Administrative Reform." In Kim and Vogel, *Park Chung Hee Era,* 85–112.

Kinzer, Stephen. *A Thousand Hills: Rwanda's Rebirth and the Man Who Dreamed It*. New York: John Wiley & Sons, 2009.

Klitgaard, Robert E. *Controlling Corruption*. Berkeley: University of California Press, 1988.

——. *Tropical Gangsters*. New York: Basic Books, 1990.

Knowles, Valerie. *Strangers at Our Gates: Canadian Immigration and Immigration Policy, 1540–2006*. Toronto: Dundurn Press, 2007.

Koo, Jahyeong, and Sherry L. Kiser. "Recovery from a Financial Crisis: The Case of South Korea." *Economic and Financial Review* (Fourth Quarter 2001): 24–36.

Krupnick, Alan, Zhongmin Wang, and Yushuang Wang. "Environmental Risks of Shale Gas Development in China." *Energy Policy* 75 (2014): 117–25.

Künkler, Mirjam, and Alfred C. Stepan, eds. *Democracy and Islam in Indonesia*. New York: Columbia University Press, 2013.

——. "Indonesian Democratization in Theoretical Perspective." In Künkler and Stepan, *Democracy and Islam in Indonesia,* 3–23.

Larson, Catherine Claire. *As We Forgive: Stories of Reconciliation from Rwanda*. Grand Rapids, MI: Zondervan, 2009.

Lavinas, Lena. "21st Century Welfare." *New Left Review* 84, no. 6 (November/December 2013): 5–40.

Lee, Chong-Sik. *Park Chung-Hee: From Poverty to Power*. Palos Verdes, CA: KHU Press, 2012.

Lee, Jeff. "The Failure of Political Islam in Indonesia: A Historical Narrative." *Stanford Journal of East Asian Affairs* 4, no. 1 (Winter 2004): 85–104.

Lee, Kuan Yew. *From Third World to First: The Singapore Story, 1965–2000*. New York: HarperCollins, 2000.

——. *The Singapore Story: Memoirs of Lee Kuan Yew*. Singapore: Times Editions, 1998.

——. *The Wit and Wisdom of Lee Kuan Yew*. Singapore: Editions Didier Millet, 2013.

Leith, J. Clark. *Why Botswana Prospered*. Montreal: McGill-Queen's University Press, 2005.

Li, Peter S. *Destination Canada: Immigration Debates and Issues*. Don Mills, ON: Oxford University Press, 2003.

Lim, Wonhyuk. "The Emergence of the *Chaebol* and the Origins of the '*Chaebol*

Problem.' " In *Economic Crisis and Corporate Restructuring in Korea,* edited by Stephan Haggard, Wonhyuk Lim, and Euysung Kim, 35–52. Cambridge: Cambridge University Press, 2003.

Lindert, Kathy, and Vanina Vincensini. "Social Policy, Perceptions and the Press: An Analysis of the Media's Treatment of Conditional Cash Transfers in Brazil." World Bank Social Protection Discussion Paper, December 2010. http://siteresources.worldbank.org/SOCIALPROTECTION/ Resources/SP-Discussion-papers/Safety-Nets-DP/1008.pdf.

Lindert, Kathy, Anja Linder, Jason Hobbs, and Bénédicte de la Brière. "The Nuts and Bolts of Brazil's Bolsa Família Program: Implementing Conditional Cash Transfers in a Decentralized Context." World Bank Special Protection Discussion Paper, May 2007. http://siteresources.worldbank .org/INTLACREGTOPLABSOCPRO/Resources/BRBolsaFamilia DiscussionPaper.pdf.

Masire, Quett Ketumile Joni. *Very Brave or Very Foolish? Memoirs of an African Democrat.* Gaborone: Macmillan Botswana, 2006.

McKay, John. *South Korea's Education and Skills Development: Some Lessons from Africa,* Global Best Practices, Report No. 2. Johannesburg: South African Institute of International Affairs, 2005, 17. http://dspace. africaportal .org/jspui/bitstream/123456789/30299/1/REPORT%202%20 (2005)%20-%20SOUTH%20KOREA'S%20EDUCATION%20SKILLS% 20DEVELOPMENT%20-%20SOME%20LESSONS%20FOR%20 AFRICA. pdf?1.

McKinsey Global Institute. *Reverse the Curse: Maximizing the Potential of Resource-Driven Economies*. McKinsey & Company, December 2013. http:// www.mckinsey.com/insights/energy_resources_materials/reverse_the_curse_ maximizing_the_potential_of_resource_driven_economies.

Meagher, Patrick. "Anti-Corruption Agencies: A Review of Experience." Paper Prepared for the World Bank. IRIS Center, University of Maryland, August 2002. http://www1.worldbank.org/publicsector/anticorrupt/feb 06course/ summaryWBPaperACagencies.pdf.

Meijia, Paul Ximena, and Vincent Castel. *Could Oil Shine Like Diamonds? How Botswana Avoided the Resource Curse and Its Implications for a New Libya.* African Development Bank, 2012. http://www.afdb.org/en/news-and -events/article/could-oil-shine-like-diamonds-how-botswana-avoided -the-resource-curse-and-its-implications-for-a-new-libya-9979/.

Mo, Jongryn, and Barry R. Weingast. *Korean Political and Economic Development: Crisis, Security, and Institutional Rebalancing.* Cambridge, MA: Harvard University Press, 2013.

Molyneux, Maxine. "Mothers at the Service of the New Poverty Agenda: Progresa/Oportunidades, Mexico's Conditional Transfer Programme." *Social Policy and Administration* 40, no. 4 (August 2006): 425–49.

Moon, Chung-in, and Byung-joon Jun. "Modernization Strategy: Ideas and Influences." In Kim and Vogel, *Park Chung Hee Era,* 115–39.

Mujani, Saiful, and R. William Liddle. "Muslim Indonesia's Secular Democracy." *Asian Survey* 49, no. 4 (July/August 2009): 573–90.

Mungazi, Dickson A. *We Shall Not Fail: Values in the National Leadership of Seretse Khama, Nelson Mandela, and Julius Nyerere*. Trenton, NJ: Africa World Press, 2005.

Mushabac, Jane, and Angela Wigan. *A Short and Remarkable History of New York City*. New York: Fordham University Press, 1999.

National Commission on Terrorist Attacks upon the United States. *The 9/11 Commission Report*. July 22, 2004. http://www.9-11commission.gov/report/911Report.pdf.

Ng, Irene. *The Singapore Lion: A Biography of S. Rajaratnam*. Singapore: Institute of Southeast Asian Studies, 2010.

Noland, Marcus. "Post-Conflict Planning and Reconstruction: Lessons from the American Experience in Korea." East-West Center Working Paper, June 2010. http://www.eastwestcenter.org/system/tdf/private/econwp112.pdf?file=1&type=node&id=32422.

Nyati-Ramahobo, Lydia. "The Language Situation in Botswana." In *Language Planning and Policy in Africa.* Vol. 1, *Botswana, Malawi, Mozambique*, *and*

South Africa, edited by Richard B. Baldauf and Robert B. Kaplan, 21–78. Clevedon: Multilingual Matters, 2004.

Nyirubugara, Olivier. *Complexities and Dangers of Remembering and Forgetting in Rwanda.* Vol. 1, *Memory Traps*. Leiden, Netherlands: Sidestone Press, 2013.

Oehlers, Alfred. "Corruption: The Peculiarities of Singapore." In *Corruption and Good Governance in Asia*, edited by Nicholas Tarling, 149–64. London: Routledge, 2005.

Onoma, Ato Kwamena. *The Politics of Property Rights Institutions in Africa.* Cambridge: Cambridge University Press, 2010.

Orrú, Marco. "Dirigiste Capitalism in France and South Korea." In *The Economic Organization of East Asian Capitalism,* edited by Marco Orrú, Nicole Woolsey Biggart, and Gary G. Hamilton, 368–82. Thousand Oaks, CA: Sage, 1997.

Parent, Geneviève. "Reconciliation and Justice After Genocide: A Theoretical Exploration." *Genocide Studies and Prevention: An International Journal* 5, no. 3 (2010): 277–92.

Park, Chung Hee, and Shin Bum Shik. *Major Speeches by Korea's Park Chung Hee*. Seoul: Hollym Corporation, 1970.

Pegg, Scott. "Has Botswana Beaten the Resource Curse?" In *Mineral Rents and the Financing of Social Policy*, edited by Katja Hujo, 257–84. Basingstoke, UK: Palgrave Macmillan, 2012.

Pinker, Steven. *The Better Angels of Our Nature: Why Violence Has Declined.* New York: Viking, 2011.

Pisani, Elizabeth. *Indonesia, Etc.: Exploring the Improbable Nation*. New York: W. W. Norton, 2014.

Porter, Michael D., Gentry White, and Lorraine Mazerolle. "Innovative Methods for Terrorism and Counterterrorism Data." In *Evidence-Based Counter-terrorism Policy*, edited by Cynthia Lum and Leslie W. Kennedy, 91–112. New York: Springer, 2011.

Pozen, Joanna, Richard Neugebauer, and Joseph Ntaganira. "Assessing the

Rwanda Experiment: Popular Perceptions of *Gacaca* in Its Final Phase." *International Journal of Transitional Justice* 8, no. 1 (2014): 1–22.

Proctor, J. H. "The House of Chiefs and the Political Development of Botswana." *Journal of Modern African Studies* 6, no. 1 (1968): 59–79.

Quah, Jon S. T. *Combating Corruption Singapore-Style*. Maryland Series in Contemporary Asian Studies, no. 2. Baltimore: University of Maryland Francis King Carey School of Law, 2007.

——. "Curbing Corruption in a One-Party Dominant System: Learning from Singapore's Experience." In *Preventing Corruption in Asia: Institutional Design and Policy Capacity,* edited by Ting Gong and Stephen K. Ma, 131–47. London: Routledge, 2009.

——. "Different Paths to Curbing Corruption: A Comparative Analysis." In *Different Paths to Curbing Corruption: Lessons from Denmark, Finland, Hong Kong, New Zealand and Singapore,* edited by Jon S. T. Quah, 1–22. London: Emerald Publishing, 2013.

Ranstorp, Magnus. "Preventing Violent Radicalization and Terrorism: The Case of Indonesia." Center for Asymmetric Threat Studies, Swedish National Defence College, 2009. https://www.fhs.se/Documents/Externwebben/forskning/centrumbildningar/CATS/publikationer/Preventing%20 Violent%20 Radicalization%20and%20Terrorism%20-%20The%20Case%20of%20 Indonesia.pdf.

Redfern, John. *Ruth and Seretse: "A Disreputable Transaction."* London: Camelot Press, 1995.

Reitz, Jeffrey G. "Economic Opportunity, Multiculturalism, and the Roots of Popular Support for High Immigration in Canada." In *Anti-immigrant Sentiments, Actions and Policies in the North American Region and the European Union,* edited by Mónica Verea. Mexico City: Center for Research on North America, Universidad Nacional Autónoma de México, 2012.

——. "Pro-immigration Canada: Social and Economic Roots of Popular Views." Institute for Research on Public Policy Study, paper no. 20. October 2011. http://oppenheimer.mcgill.ca/IMG/pdf/IRPP_Study_no20.pdf.

Reppetto, Thomas A. *Battleground New York City: Countering Spies, Saboteurs, and Terrorists Since 1861*. Washington, DC: Potomac Books, 2012.

Rettig, Max. "*Gacaca*: Truth, Justice, and Reconciliation in Postconflict Rwanda?" *African Studies Review* 51, no. 3 (December 2008): 25–50.

Riccio, James, Nadine Dechausay, Cynthia Miller, Stephen Nuñez, Nandita Verma, and Edith Yang. "Conditional Cash Transfers in New York City: The Continuing Story of the Opportunity NYC–Family Rewards Demonstration." MDRC, September 2013. http://files.eric.ed.gov/fulltext/ED545453.pdf.

Rodrik, Dani, Gene Grossman, and Victor Norman. "Getting Interventions Right: How South Korea and Taiwan Grew Rich." *Economic Policy* 10, no. 20 (April 1995): 53–107.

Ross, Michael L. *The Oil Curse: How Petroleum Wealth Shapes the Development of Nations*. Princeton, NJ: Princeton University Press, 2012.

Rotberg, Robert I., ed. *Corruption, Global Security, and World Order*. Washington, DC: Brookings Institution Press, 2009.

——. "How Corruption Compromises World Peace and Stability." In Rotberg, *Corruption, Global Security, and World Order*, 1–26.

——. "Leadership Alters Corrupt Behavior." In Rotberg, *Corruption, Global Security, and World Order*, 341–58.

——. *Transformative Political Leadership: Making a Difference in the Developing World*. Chicago: University of Chicago Press, 2012.

Sadat, Leila Nadya. "The Legacy of the International Criminal Tribunal for Rwanda." Whitney R. Harris World Law Institute Occasional Paper, July 2012. http://law.wustl.edu/harris/documents/ICTRLecture-Legacy Ad%20 HocTribunals9.12.12.pdf.

Schapera, Isaac. "The Political Organization of the Ngwato of Bechuanaland Protectorate." In *African Political Systems*, edited by E. E. Evans-Pritchard and Meyer Fortes, 56–82. Oxford: Oxford University Press, 1940.

Scher, Daniel, and Christine MacAulay. "The Promise of Imihigo: Decentralized Service Delivery in Rwanda, 2006–2010." Innovations for Successful Societies, Princeton University, 2010. http://successfulsocieties.princeton

.edu/sites/successfulsocieties/files/Policy_Note_ID133.pdf.

Schuck, Peter H. *Why Government Fails So Often: And How It Can Do Better*. Princeton, NJ: Princeton University Press, 2014.

Schwartz, Mildred A. *Public Opinion and Canadian Identity*. Scarborough, ON: Fitzhenry and Whiteside, 1967.

Scott, Robyn. *Twenty Chickens for a Saddle: The Story of an African Childhood*. New York: Penguin Press, 2008.

Sebastian, Leonard C. *Realpolitik Ideology: Indonesia's Use of Military Force*. Singapore: Institute of Southeast Asian Studies, 2006.

Sheehan, Michael A. *Crush the Cell: How to Defeat Terrorism Without Terrorizing Ourselves*. New York: Three Rivers Press, 2008.

Soares, Sergi, Rafael Guerreiro Osório, Fábio Veras Soares, Marcelo Madeiros, and Eduardo Zepeda. "Conditional Cash Transfers in Brazil, Chile, and Mexico: Impacts upon Inequality." International Poverty Center Working Paper, April 2007. http://www.ipc-undp.org/pub/IPCWorkingPaper35 .pdf.

Starr, Pamela K. "Mexico's Problematic Reforms." *Current History* 113, no. 760 (February 2014): 51–56.

Stevens, Paul. "The 'Shale Gas Revolution': Hype and Reality." Chatham House Report, September 2010. https://www.chathamhouse.org/sites/files/chathamhouse/public/Research/Energy,%20Environment%20and%20Development/r_0910stevens.pdf.

Steward, John. "Only Healing Heals: Concepts and Methods of Psycho-Social Healing in Post-Genocide Rwanda." In *After Genocide: Transitional Justice, Post-Conflict Reconstruction and Reconciliation in Rwanda and Beyond*, edited by Phil Clark and Zachary D. Kaufman, 171–90. New York: Columbia University Press, 2009.

Stiglitz, Joseph E. *Globalization and Its Discontents*. New York: W. W. Norton, 2002.

Straus, Scott, and Lars Waldorf, eds. *Remaking Rwanda: State Building and Human Rights After Mass Violence*. Madison: University of Wisconsin Press, 2011.

Sugiyama, Natasha Borges, and Wendy Hunter. "Whither Clientelism? Good Governance and Brazil's Bolsa Família Program." *Comparative Politics* 46, no. 1 (October 2013): 43–62.

Svensson, Jakob. "Eight Questions About Corruption." *Journal of Economic Perspectives* 19, no. 3 (Summer 2005): 19–42.

Tian, Lei, Zhongmin Wang, Alan Krupnick, and Xiaoli Liu. "Stimulating Shale Gas Development in China: A Comparison with the US Experience." Resources for the Future Discussion Paper, July 2014. http://www .rff.org/files/sharepoint/WorkImages/Download/RFF-DP-14-18.pdf.

Tlou, Thomas, Neil Parsons, and Willie Henderson. *Seretse Khama, 1921–80*. Braamfontein: Macmillan South Africa, 1995.

Triadafilopoulos, Triadafilos. "Dismantling White Canada: Race, Rights, and the Origins of the Points System." In *Wanted and Welcome?: Policies for Highly Skilled Immigrants in Comparative Perspective*, edited by Triadafilos Triadafilopoulos. New York: Springer Science and Business Media, 2013.

Trudeau, Pierre Elliott. *Memoirs*. Toronto: McClelland & Stewart, 1993.

Tudor, Daniel. *Korea: The Impossible Country*. North Clarendon, VT: Tuttle Publishing, 2012.

Turnbull, C. M. *A History of Singapore, 1819–1988*. Oxford: Oxford University Press, 1989.

Twagilimana, Aimable. *Historical Dictionary of Rwanda*. New York: Rowman & Littlefield, 1997.

United States Department of State. *Country Reports on Terrorism 2013*. http://www.state.gov/j/ct/rls/crt/2013.

United States Energy Information Administration. *Annual Energy Outlook 2014: With Projections to 2040*. http://www.eia.gov/forecasts/aeo/pdf/0383(2014).pdf.

——. *Technically Recoverable Shale Oil and Shale Gas Resources: An Assessment of 137 Shale Formations in 41 Countries Outside the United States*. Washington, DC, 2013. http://www.eia.gov/analysis/studies/worldshalegas/archive/2013/pdf/fullreport_2013.pdf.

Uvin, Peter. "The Introduction of a Modernized *Gacaca* for Judging Suspects of Participation in the Genocide and the Massacres of 1994 in Rwanda." Discussion paper prepared for the Belgian Secretary of State for Development Cooperation, 2000. https://www.researchgate.net/publication/260399376_The_Introduction_of_a_Modernized_Gacaca_for_Judging_Suspects_of_Participation_in_the_Genocide_and_the_Massacres_of_1994_in_Rwanda_A_Discussion_Paper.

Vasil, Raj. *Governing Singapore: A History of National Development and Democracy*. St. Leonards, NSW, Australia: Allen & Unwin, 2000.

Vogel, Ezra F. "Nation Rebuilders: Mustafa Kemal Atatürk, Lee Kuan Yew, Deng Xiaoping, and Park Chung Hee." In Byung-Kook Kim and Vogel, *Park Chung Hee Era,* 513–41.

Waters, Mary C., and Marisa Gerstein Pineau, eds. *The Integration of Immigrants into American Society*. Washington, DC: National Academies Press, 2015.

Waugh, Colin M. *Paul Kagame and Rwanda: Power, Genocide and the Rwandan Patriotic Front*. Jefferson, NC: McFarland & Company, 2004.

Williams, Susan. *Colour Bar: The Triumph of Seretse Khama and His Nation*. New York: Penguin, 2007.

World Bank. *World Development Report 2011: Conflict, Security, and Development*. Washington, DC: World Bank, 2011.

Yergin, Daniel. *The Quest: Energy, Security, and the Remaking of the Modern World*. New York: Penguin Press, 2011.

Zonis, Marvin, Dan Lefkovitz, and Sam Wilkin. *The Kimchi Matters: Global Business and Local Politics in a Crisis-Driven World*. Chicago: Agate Publishing, 2003.

Zuckerman, Gregory. *The Frackers: The Outrageous Inside Story of the New Billionaire Wildcatters*. New York: Portfolio, 2013.

社會人文 BGB462

國家為什麼會成功

The Fix: How Nations Survive and Thrive in a World in Decline

國家圖書館出版品預行編目(CIP)資料

國家為什麼會成功 / 強納森．迪波曼(Jonathan Tepperman) 著；譚天譯. -- 第一版. -- 臺北市：遠見天下文化, 2018.10
面； 公分. -- (社會人文；BGB462)
譯自：The Fix : How Nations Survive and Thrive in a World in Decline
ISBN 978-986-479-565-9 (平裝)

1.國家經濟發展 2.社會政策 3.國際政治

552.15 107017761

作　者 — 強納森．迪波曼 Jonathan Tepperman
譯　者 — 譚天

事業群發行人／CEO／總編輯 — 王力行
資深行政副總編輯 — 吳佩穎
責任編輯 — 賴仕豪
封面設計 — 斐類設計

出版者 — 遠見天下文化出版股份有限公司
創辦人 — 高希均、王力行
遠見．天下文化．事業群 董事長 — 高希均
事業群發行人／CEO — 王力行
天下文化社長／總經理 — 林天來
國際事務開發部兼版權中心總監 — 潘欣
法律顧問 — 理律法律事務所陳長文律師
著作權顧問 — 魏啟翔律師
地址 — 台北市 104 松江路 93 巷 1 號 2 樓
讀者服務專線 — 02-2662-0012 ｜ 傳真 — 02-2662-0007, 02-2662-0009
電子郵件信箱 — cwpc@cwgv.com.tw
直接郵撥帳號 — 1326703-6 號　遠見天下文化出版股份有限公司

電腦排版 — 極翔企業有限公司
製版廠 — 東豪印刷事業有限公司
印刷廠 — 祥峰印刷事業有限公司
裝訂廠 — 中原造像股份有限公司
登記證 — 局版台業字第 2517 號
總經銷 — 大和圖書書報股份有限公司　電話／(02)8990-2588
出版日期 — 2018/10/30 第一版第 1 次印行

定價 — NT 550 元
ISBN — 978-986-479-565-9
書號 — BGB462
天下文化官網 — bookzone.cwgv.com.tw

天下文化
BELIEVE IN READING